中外关系史研究

Studies on the History of Sino-Foreign Relations Vol.1

第 1 辑

李 兴◎主 编　陈奉林◎副主编

中国社会科学出版社

图书在版编目(CIP)数据

中外关系史研究. 第 1 辑/李兴主编. —北京：中国社会科学出版社，2023.6
ISBN 978－7－5227－2134－7

Ⅰ.①中… Ⅱ.①李… Ⅲ.①中外关系—国际关系史—研究 Ⅳ.①D829

中国国家版本馆 CIP 数据核字(2023)第 118081 号

出 版 人	赵剑英
责任编辑	张　浩
责任校对	姜志菊
责任印制	李寡寡

出　　版	中国社会科学出版社
社　　址	北京鼓楼西大街甲 158 号
邮　　编	100720
网　　址	http://www.csspw.cn
发 行 部	010－84083685
门 市 部	010－84029450
经　　销	新华书店及其他书店
印　　刷	北京明恒达印务有限公司
装　　订	廊坊市广阳区广增装订厂
版　　次	2023 年 6 月第 1 版
印　　次	2023 年 6 月第 1 次印刷
开　　本	710×1000　1/16
印　　张	20.75
插　　页	2
字　　数	320 千字
定　　价	105.00 元

凡购买中国社会科学出版社图书，如有质量问题请与本社营销中心联系调换
电话：010－84083683
版权所有　侵权必究

学术顾问：张宏毅　徐天新　徐　蓝　蒋重跃
编辑委员会（排名不分先后）：
　　　　　　张　皓　耿向东　刘林海　李　兴
　　　　　　陈奉林　郭家宏　张建华　安　然
　　　　　　庞冠群　魏志江
主　　　编：李　兴
副 主 编：陈奉林
编　　　辑（排名不分先后）：
　　　　　　江天岳　贾　珺　王广坤　刘少楠
　　　　　　张瑞胜　胡　莉　吴　愁

目　录

理论探讨

全球史视域下的东西方比较:逆转时间视角与学科
　　建构思考……………………………………………… 李　兴（3）
中国千年外交的基本轨迹刍议 ……………………………… 袁南生（37）

中外关系史

西辽帝国对中亚的治理与文明的多元共生
　　——兼评亨廷顿"文明冲突论"……………… 魏志江　卢颖琳（59）
近代日本人游记所见中华文明与中日关系 ………………… 陈奉林（77）
战后美国对华经济政策的政治化:两种战略的博弈 ………… 魏楚雄（104）
培育中国的农业工程师
　　——国民政府农林部与美国万国农机公司的
　　　　合作（1945—1948）…………………………… 张瑞胜（136）
《环球航行记》与18世纪欧洲中国观的转变 ……………… 陈鸣悦（160）
探秘"外交核爆炸"
　　——中国学术界对中法建交史的研究述评 ………… 姚百慧（179）
中国搪瓷与尼日利亚家用容器的历史变迁 ………………… 刘少楠（197）

区域国别(史)

中国参与中东热点问题的大国协调历程 ············ 汪　波　穆春唤(231)
19世纪老乔治·凯南对俄国国家形象的建构研究 ············ 戴博元(259)

翻译与综述

辛亥革命前后工部局万国商团有关海军参与租界防卫计划的
　　相关史料选译 ················ 江天岳　贾　浩　郝小雯(277)
基于知识图谱的国内中外关系史研究计量分析
　　(2012—2021) ········ 林霄楠　肖　明　吴　涵　陈柯文　王紫晨(306)

《中外关系史研究》稿约 ··(325)

理论探讨

全球史视域下的东西方比较：
逆转时间视角与学科建构思考

李 兴[*]

【内容摘要】 全球史时代，关于东西方力量对比发生逆转、西方全面超过东方的时间，中外史学界虽未达到共识，但主流观点一般以作为新航路开辟和地理大发现标志的1500年为界线。笔者对此不敢苟同，认为该逆转要迟至18世纪中期至19世纪早期英国工业革命完成前后。在此期间国际格局尽管西升东降，但仍然是东强西弱。只有19—20世纪中期才真正是"以西统东"、西强东弱的"西方世纪"。而在此之前的欧洲中世纪时期，东强西弱、东富西追几乎是国际史学界共识。至21世纪，国际格局西强东弱和东升西降趋势同时并存，世界面临百年未有之大变局。由此可见，近现代以来根深蒂固的所谓世界文明和国际体系"西方中心论"是重构的历史叙事和神话，并不符合历史实际。在全球史视域下，批判和摆脱传统的"欧洲中心论"和"西方中心化"，坚持"欧亚平衡论"和"东西平衡论"，构建客观、平衡、科学、具有中国特色的东西文明比较和国际关系史学术体系、学科体系和话语体系，是我国世界史学界的历史使命。

【关键词】 东西方比较；逆转时间；学科体系；建构

---

[*] 李兴，北京师范大学历史学院二级教授，博士生导师，国际关系（史）教研室主任，历史学博士（后）。主要研究领域：国际关系（史）与中国外交，世界近现代史，中西比较与中外关系史。

国际关系史是人类文明史的重要组成部分。近现代国际关系史学科体系的"西方中心论""欧美中心论"根深蒂固，似乎约定俗成，但其实这种传统史观并不符合历史事实，更不符合历史的科学精神，很大程度上是后来西方的"东方叙事"重塑而成的。国际关系史学科体系急需"东方性"建构。公元1500年以前，国际关系史发源于亚欧大陆东西部之间的互动，中心游牧民族与边缘农耕民族之间的博弈，东西方的划分不仅是相对的，并无高低主次之分，而且不存在全球意义上的东西方国际体系。而1500年以后全球性的国际体系的历史来源也不是单一的，而是多中心的。欧洲的威斯特伐利亚体系，中国的朝贡体系，中东南亚的穆斯林体系，以及位于亚欧中心地带的斯拉夫—俄罗斯体系同时存在，并行发展。与"西方中心"的扩张性、引领性、主导性不同，东方地理位置和地缘空间，东方独特的历史传统、民族性格、宗教文化、思维方式、价值观念、发展道路、外交政策、领导人因素，东方国家利益的定义和认知，西方的东方政策等因素，决定了国际关系史中"东方性"的属性和性质。中国是最具代表性的东方国家。我们要以习近平新时代中国特色社会主义思想和习近平外交思想为指导，秉持人类命运共同体和新型国际关系理念，运用多学科、跨学科和交叉学科的方法，以"东方性"建构和重塑国际关系史学术体系、学科体系和话语体系。这并不是要完全推倒西方体系另起炉灶，也不是要以"东方中心"取代"西方中心"。国际关系史学科内容上要平衡、全面，时间上要宏观、整体，国际关系史学科体系建设上不能以偏概全，也不能厚此薄彼，而要坚持唯物史观，尊重历史的客观性，实事求是，东西平衡、兼顾，反对历史唯心论和历史宿命论。

一 关于全球时代东西方发展逆转时间的辨析

关于东西方发展比较，主要是指欧亚大陆的两端，即欧洲与亚洲。欧洲主要是指西欧，特别是指英国。而亚洲主要是指以中国为代表的东亚,其次是指以印度为代表的南亚。西方学者基本都同意1500年以后有一个很长的时间,东方还是比西方发达、富裕、先进,东强西弱,东富西追。关于西方逆袭超过东方的时间,众说纷纭。

(一)西方学者的看法

第一种明确地指出西方的兴起始于1500年,比如保罗·肯尼迪的《大国的兴衰:1500—2000年的经济变迁与军事冲突》;斯塔夫里阿诺斯著《全球通史:1500年以后的世界》等。① 霍华德·斯波特著《世界通史:公元前10000年至公元2009年》中的第五部分"全球贸易:现代世界的开端——公元1300年至公元1700年";第六部分"社会变革:西方的革命及其影响——公元1640年至公元1914年",其中两个历史进程的交叉时间是1640年—1700年,② 这是第二种看法。西方学者的第三种看法是1700年说,③ 如麦克尼尔《西方的兴起:人类共同体史》。第四种是18世纪末说,④ 如加布里埃尔·马丁内斯-格罗斯《历史上的大帝国:2000年暴力与和平的全球简史》。第五种有1750—1800年说。⑤ 如伊恩·莫里斯《西方将主宰多久?东方为什么会落后,西方为什么能崛起》。他推测说:"或者,考虑到合理的误差范围,大约是1750—1800年间西方社会的发展赶超东方,结束了长达1200年的东方时代"⑥,在此之前,"对于大多数西方人来说,东方大陆仍然只是一些神秘的地名;对大多数

---

① 参见[美]保罗·肯尼迪《大国的兴衰:1500—2000年的经济变迁与军事冲突》,金景彪等译,国际文化出版公司2006年版;[美]斯塔夫里阿诺斯《全球通史:1500年以后的世界》,吴象婴、梁赤民译,上海社会科学院出版社1992年版。
② 参见[美]霍华德·斯波特《世界通史:公元前10000年至公元2009年》(第四版),吴金平、潮龙起、何立群等译,吴金平校订,山东书画出版社2013年版。
③ 参见[美]威廉·麦克尼尔《西方的兴起:人类共同体史》,孙岳、陈志坚、于展等译,中信出版社2018年版。
④ 参见[法]加布里埃尔·马丁内斯-格罗斯《历史上的大帝国:2000年暴力与和平的全球简史》,陈煊译,常绍民校,中信出版社2020年版。
⑤ 参见[美]伊恩·莫里斯《西方将主宰多久?东方为什么会落后,西方为什么能崛起》,钱峰译,中信出版社2014年版。
⑥ [美]伊恩·莫里斯:《西方将主宰多久?东方为什么会落后,西方为什么能崛起》,钱峰译,中信出版社2014年版,第277页。

东方人来说,葡萄牙甚至都无法引起他们的兴趣"①。在同一本书中,后来他根据东西方社会发展的指数,把"西方超越东方"的时间确定在1773年即乾隆时期。②

持1750—1800年说的还有大名鼎鼎的德国学者贡德·弗兰克③。不过,后来他又把时间往后推了。他说:"如果我们必须要为亚洲的衰退和屈服确定一个时间的话,那它更可能是20年后的1870年,而这一转变或许开始于1860年。"④"也许更为重要的是,仅在这始于1870年的40年里,全球性的大转型才得以现身:'发达'的西方或北方,与起初是不发达(Undeveloped),后来是欠发达(Underdeveloped),近来是(处于?)发展中(Developing)的'第三世界'、东方和(或)南方之间,在经济增长、地缘政治、经济实力、国民收入和人均收入等方面,才出现了巨大的差距"⑤。

有的学者虽然没有明确指出东西方社会发展逆转时间,但从其著述中可以推算出来。如杰里·本特利、赫伯特·齐格勒、希瑟·斯特里兹的合著《简明新全球史》,其第五部分"全球一体化的缘起(1500—1800年)",第六部分"革命、工业和帝国时代:1750—1914年",其中两个关联的历史进程的交叉年代就是1750—1800年,这也就可以理解为东西方文明发展逆转的时间。⑥ 著名学者伊曼纽尔·沃勒斯坦在《现代世界体系》中大体也持1750年说。⑦

第六种看法,即1783年说。如斯塔夫里阿诺斯的《全球通史:1500

---

① [美]伊恩·莫里斯:《西方将主宰多久?东方为什么会落后,西方为什么能崛起》,钱峰译,中信出版社2014年版,第278页。
② [美]伊恩·莫里斯:《西方将主宰多久?东方为什么会落后,西方为什么能崛起》,钱峰译,中信出版社2014年版,第314、319页。
③ 参见[德]贡德·弗兰克《白银资本:重视经济全球化中的东方》,刘北成译,四川人民出版社2017年版。
④ [德]贡德·弗兰克、[美]罗伯特·A.德内马克编:《19世纪大转型》,吴廷民译,中信出版集团2019年版,第159页。
⑤ [德]贡德·弗兰克、[美]罗伯特·A.德内马克编:《19世纪大转型》,吴廷民译,中信出版集团2019年版,第210页。
⑥ 参见[美]杰里·本特利、赫伯特·齐格勒、希瑟·斯特里兹《简明新全球史》(第三版),魏凤莲译,北京大学出版社2018年版。
⑦ 参见[美]伊曼纽尔·沃勒斯坦《现代世界体系》(第二卷),庞卓恒译,高等教育出版社1998年版。

年以后的世界》①。第七种观点是1800年说。如约翰·霍布斯的《西方文明的东方起源》②。相似的，第八种看法是19世纪（1800年）说。如菲利普·霍夫曼《欧洲何以征服世界》。③ 第九种看法是1860年说。如彭慕兰《大分流》（又名《欧洲、中国及现代世界经济的发展》④。第十种看法，是1871年说。如R. R. 帕尔默的《现代世界史》。⑤ 第十一种看法，是1850年说。日本学者滨下武志指出，最近500年的东西方关系史中有两个重要的谜团，其中之一是欧洲国家体系的地理上迅速扩张的原因之谜。"从1850年或稍早些开始，该体系逐渐控制了全球，从而也把以中国为中心的朝贡贸易体系压缩为欧洲主导的全球经济体系的一个地区性分支。"⑥第十二种看法，是工业革命说。如斯塔夫里阿诺斯著《全球分裂：第三世界的历史进程》。"在19世纪以前，亚洲仍是处于全球性市场经济之外的一个区域，它既没有像东欧和拉丁美洲那样被纳入全球性市场经济成为其中一部分，也没有像非洲和中东那样成为全球性市场经济的外缘地区"，"在工业革命给19世纪欧洲带来所向无敌的经济和军事力量之前，亚洲作为一个外部区域保持了自己的独立性和固有特点"⑦。布罗代尔在他的名著《十五至十八世纪的物质文明、经济和资本主义》中没有直接谈到东西方逆转时间，似乎倾向于把资本主义文明的发展看成一个历史过程。⑧

---

① 参见［美］斯塔夫里阿诺斯《全球通史：1500年以后的世界》，吴象婴、梁赤民译，上海社会科学院出版社1999年版。
② 参见［英］约翰·霍布斯《西方文明的东方起源》，孙建党译，山东画报出版社2009年版。
③ 参见［美］菲利普·霍夫曼《欧洲何以征服世界》，赖希倩译，中信出版社2017年版。
④ 参见［美］彭慕兰《大分流：欧洲、中国及现代世界经济的发展》，史建云译，江苏人民出版社2014年版。
⑤ 参见［美］R. R. 帕尔默《现代世界史》，何兆武、孙福生、陈敦全等译，世界图书出版公司2009年版。
⑥ ［美］乔万里·阿里吉、［日］滨下武志、［美］马克·塞尔登编：《东亚的复兴：以500年、150年和50年为视角》，马援译，社会科学文献出版社2006年版，第332页。
⑦ ［美］斯塔夫里阿诺斯：《全球分裂：第三世界的历史进程》，王红生等译，北京大学出版社2017年版，第142页。
⑧ 参见［法］费尔南·布罗代尔《十五至十八世纪的物质文明、经济和资本主义》（第二卷），顾良、施康德译，商务印书馆2018年版。

（二）中国学者的看法

第一种观点，是 15 世纪后以及 16—17 世纪。如潘润涵、林承节、王建吉《简明世界近代史》；齐世荣总主编，刘新成、刘北成主编《世界史：近代卷》。① 后者明确指出："在近代早期，无论中国、日本还是三个伊斯兰帝国，都没有像美洲社会那样由于受到冲击而解体，甚至没有像撒哈拉沙漠以南非洲那样发生明显的社会改变，而是继续保持着国家的独立和稳定。保守的政治立场，中央集权的专制统治，坚持本民族历史文化传统，对外商和传教士的活动严加限制，是近代早期东方国家的共同特点……这些国家正在失去创新和进取的力量。东方帝国的全面衰退不久即将开始。"② 第二种观点，是 18—19 世纪说。"实际上至到 18、19 世纪，海洋国家才取代了欧陆国家的势力——而且并不是完全的、彻底的。"③

刘宗绪主编《世界近代史》，刘祚昌、光仁洪、韩承文主编《世界通史·近代卷（上下）》等④，基本也持此说。这些教材史料详实，写作专业，文笔流畅，关于东方的内容不多，基本以西方政治、军事、殖民主义、资本主义、帝国主义和工业革命为中心，关于殖民地、文化、社会、社会主义的内容相对偏少。在东西关系发生所谓逆转的问题上，涉及不多，鲜有论述，甚至完全没有涉及这一话题。⑤

第三种观点是 18 世纪中叶说。刘德斌在主编的《国际关系史》中写道："1500 年被看作世界历史的重要分割点，从这一时间节点开始，西方开始超越非西方并且逐渐成为全球性国际体系的构建者和主宰者，但直到 18 世纪中期，中国的综合国力依然属于世界首位……然而，18 世纪中

---

① 参见潘润涵、林承节、王建吉《简明世界近代史》，北京大学出版社 2001 年版；参见齐世荣总主编，刘新成、刘北成主编《世界史·近代卷》，高等教育出版社 2007 年版。
② 齐世荣总主编，刘新成、刘北成主编：《世界史·近代卷》，高等教育出版社 2007 年版，第 144 页。
③ ［新加坡］黄基明：《王赓武谈世界史：欧亚大陆与三大文明》，刘怀昭译，当代世界出版社 2020 年版，第 18 页。
④ 参见刘宗绪主编《世界近代史》，北京师范大学出版社 2018 年版；刘祚昌、光仁洪、韩承文主编《世界通史·近代卷（上下）》，人民出版社 2017 年版。
⑤ 参见傅聚文《世界近现代史》，高等教育出版社 1995 年版（2001 后重印）。

叶以后，欧洲已经开始进入工业革命时期，闭关自守的中国，仍然在传统的农业文明道路上蹒跚而行。从中西对比来看，中国的生产力和生产关系的发展水平已经开始落后于西方世界，尽管其经济总量仍旧首屈一指，但历史发展的天平已经开始向西方倾斜。"①

第四种观点以吴于廑先生为代表。吴于廑先生在东西方逆转的时间节点问题上向来比较谨慎。他似乎主张视之为一个历史进程，不一定有非常具体的年份，但倾向于英国工业革命及其在欧洲扩张的时间。他认为奥斯曼土耳其、萨非伊朗、莫卧尔印度三大帝国"对东来的西方力量感到可虑，那是16、17世纪稍后的事。从通商利益方面看，伊朗和印度都有比较丰足的特产，可供西方海商转运欧洲。而当时的荷、英等国，还没有什么特别拥有优势的产品，足以占领东方国家的市场。两相权衡，得多于失。奥斯曼以地处亚欧陆海通道的要冲，从来自东方的转口贸易中也可以获得利益。后来这一形势之所以发生有利于西方的决定性的转变，关键是英国发生了工业革命，稍后工业革命又扩及欧洲大陆诸国"②。而英国工业革命起源的时间，吴先生只是引用了罗斯托的观点，即英国工业革命起飞于1783年③。

第五种观点是1800年。原因是1800年以后"世界的生产中心转移到了欧洲和北美，世界贸易的路线发生了根本性的变化，中国不再是世界生产的中心……在军事上，弓箭骑兵彻底地失去了机动性的优势，火药为主的来福枪占据了优势"④。

（三）西方发展超过东方（中国）的历史时间问题

在这个问题上，中国学者往往语焉不详，或者避而不语；缺乏详细的历史叙事过程，或简单地一笔带过。其原因何在？笔者认为，西方中

---

① 刘德斌主编：《国际关系史》（第二版），高等教育出版社2018年版，第245页。
② 吴于廑：《亚欧大陆传统农耕世界不同国家在新兴工业世界冲击下的反应》，载吴于廑《吴于廑文选》，武汉大学出版社2007年版，第164—165页。
③ [美] Wait Whitman Rostow, *The process of Economic Growth*, New York, 1962, pp. 105, 313.
④ 任洪生：《霸权之间：世界体系与亚欧大陆腹地的发展》，北京大学出版社2006年版，第177页。

心论—欧美中心论根深蒂固;对历史发展的复杂性和多线条认识不清,把世界历史发展简单化和公式化;受阶级斗争、东西方斗争思维和单线论的影响,把东方的落后完全怪罪于西方的侵略和掠夺;受苏联学术界变相的"西方中心论"思想的影响。由于历史的原因,中国学者本身对世界历史不熟悉,缺乏精深研究,发言权不大,难免人云亦云。

"上古—中古—近代—现代",是中国历史学家对世界历史最为常见的阶段划分,这是从苏联移植过来的一种世界历史阐释体系,实际上是西方学术界"三分法"(上古—中古—近代)的变种,把"中世纪"这个西欧独有的历史阶段说成是人类历史共同的阶段和"规律"①。

笔者认为,1750—1800 年,也即 18 世纪下半叶至 19 世纪初期,可以理解为东西方文明发生逆转的时间。即从 1500 年以来东强西弱、东富西追,经过 250 年左右的西升东降,逆转为西强东弱,西富东穷,世界历史才进入以西统东、一统天下的西方中心时代。这不是一个简单的历史时间,而是一个历史过程。在这一历史过程中,以英国为代表的西方工业革命开始和扩张时间,取得了对以中印为代表的东方农业文明的优势和弯道超车;机器经济战胜了体力经济;西方军事技术和殖民主义也取得了对东方的武力优势。这是从东西方经济(经济规模、总量、GDP,特别是东西方在世界经济和货币体系中的地位等)、军事(军事技术和军事能力)等实力对比而得出的结论。近代初期,从时间上说,是东方的衰落在西方兴起之前,而不是西方的崛起在东方的衰落之前。也就是说,东方的衰落主要是自身的原因,并非西方的兴起。

二 "西方中心论"其实是历史的神话

1500 年被作为世界历史的一个转折点,也是历史分期时间上的共同契合点。"公元 1500 年被许多学者当作近代和现代的分界线,这个时候

---

① 刘德斌:《国际关系研究的历史路径》,社会科学文献出版社 2022 年版,第 351 页。

欧洲的居民们绝对看不出他们的大陆即将统治其余的大部分地球。当时人们对东方的伟大文明的知识是支离破碎的,而且常常是错误的。这些知识主要来源于旅行者的故事,他们在重述这些故事时常常添油加醋。尽管如此,许多人对拥有神话般的财富和庞大军队的广袤的东方帝国的想象,还是相当准确的。当初次接触这些社会时,它们必定显得比西欧的人民和国家得天独厚。的确,若拿其他重要文化和经济活动中心同这些社会比较,欧洲的相对弱势就比其实力更加明显。"① 以此观之,"西方中心论"根本站不住脚,是一个历史的神话。

(一)"西方中心论"的形成

1500年前后亚欧大陆历史的真实是:发达的东方,落后的西方。"欧洲中心论"对历史的重塑是:先进的西方,落后的东方。兼具东西方特性的俄罗斯因地大物博,自给自足,避免了成为像东欧那样的第三世界。②

文艺复兴时期意大利人文主义历史学家 A. 萨贝利科(1436—1506)著《恩奈阿德》,记述了古代至16世纪的世界历史。这是具有近代意义的世界史著述的开端。特别是一反欧洲中世纪史学的神本思想,开始把世界历史理解为一个世俗的、以人为本的演变过程。至18世纪,法国启蒙思想家伏尔泰(1694—1778)著《风俗论》(或译《论各民族的风俗与精神》),突破自古以来传统史学以局部世界为全部世界的局限,试图勾画一幅新的、完整的世界历史图景。从时间来说,他废洪水创世之误解,从他当时认为最远古的中国讲起。以空间来论,他跨出了欧洲的狭隘范围,把当时已知的欧、亚、非、美几大洲的国家和民族全写入了历史。伏尔泰、莱布尼茨(1646—1716)以及魁奈(1694—1774)等人把中国视为道德的楷模,制度发展的导师。同时,中国也是他们倡导的绝对行善主义、德化统治以及农

---

① [美]保罗·肯尼迪:《大国的兴衰:1500—2000年的经济变迁与军事冲突》,金景彪、王保存、王章辉、余昌楷译,国际文化出版公司2006年版,第3页。
② [美]斯塔夫里阿诺斯:《全球分裂:第三世界的历史进程》,王红生等译,北京大学出版社2017年版,第56—59页。

业经济的一个现实的标本。疆域广大，人丁兴旺，科举制度，安定祥和，特别是与欧洲社会冲突和战乱连绵相比，被视为"中国奇迹"①。伏尔泰称赞中国，② 莱布尼茨首次发出中国与欧洲相当，应该通过交流取长补短，慎重对待中国文化的呼吁。

从1736年始，英国史学界推出了60多卷本以各民族史为单位的世界史巨著，彻底改变了欧洲学术界以往受《圣经》影响的狭隘的世界史观念，但缺少内在的联系性与系统性。1748年出版的《环球航行记》是英国海军准将乔治·安森远征的官方叙事，充斥着对中国的负面评价，涉及国民性、政治、军事、科学、艺术、文学等多个方面。③ 而从康德（1724—1804）到费希特（1762—1814）再到黑格尔（1770—1831），通常把人类历史解释为一部逐步实现自我完美的进步史，并把欧洲置于其先锋地位，对"中国"持一种批判性立场。黑格尔就认为，中国虽然延续几千年文明，看起来十分了不起，但"中国历史从本质上看是没有历史的，它只是君主覆灭的一再重复而已，任何进步都不可能从中产生"④。1810年洪堡大学从创建之始就特别重视对希腊历史和文化的研究。令人惊讶的是，大历史学家兰克（1795—1886）把古代中国排除在其世界古代史之外，不同意以往把"某个东方民族"视为世界历史的出发点的做法，认为不能从处于"永久的停滞状态"的民族即中国出发，来理解世界历史的内在运动。在对中国无真正历史进步、只有朝代更替重复的认识上，兰克继承了黑格尔。19世纪中叶，德国兴起了由兰克首倡的客观主义批判史学。兰克晚年编著、身后由其弟子据遗稿补足《世界历史》7卷，是一部以拉丁、日耳曼六大民族为主体的世界史。这部世界史反映了西方殖民大国在掌控世界日益上升的支配地位，由此形成了西方史学中的"西欧中心

---

① ［美］乔万里·阿里吉、［日］滨下武志、［美］马克·塞尔登主编：《东亚的复兴：以500年、150年和50年为视角》，马援译，社会科学文献出版社2006年版，第361页。

② 关于伏尔泰对中国的称赞，参见［美］威尔·杜兰《世界文明史：东方的遗产》（卷一），东方出版社1998年版，第874—879页。

③ 参见 Richard Walter, *A Voyage Round the World in the Years 1740 to 1744*, London: Printed for the Author, by John and Paul Knapton, in Ludgate-Street, 1748.

④ 参见卿文光《论黑格尔的中国文化观》，社会科学文献出版社2005年版。

论",借兰克批判史学的权威而广泛扩散影响。① 兰克认为,世界历史的核心虽然最初起源于古埃及,但是欧洲多民族国际体系的起源与发展的历史,在以后的历史进程中,逐步形成了新的越来越广泛的、以欧洲为核心的近代世界体系。由于兰克是19世纪欧美西方学术界最负盛名和最有影响的历史学家,他的思想观点对后来国际学术界"欧洲中心论"乃至"西方中心论"产生了巨大的影响。从康德开始,几乎所有的德国启蒙哲学家都一反"颂华"态度,几无例外地对中国持强烈的否定态度。中国不仅不再是未来欧洲的参照样本,而且成了比现实的欧洲更需要否定与避免的对象。中国不再是将来的,倒是已然成了过去了的。1736—1765年,英国J.坎普贝尔等人辑集了一部《从远古迄今的世界历史》,全书多达38卷。德国哥廷根学派曾译出30卷。此后,新的大型汇编相继出现。其中最著名的有英国"剑桥三史",即《剑桥古代史》《剑桥中古史》《剑桥近代史》,以及法国的《人类文明进化史》等,这些史学著作在学术界产生了很大的影响,但总的倾向上是以欧洲尤其是西欧为世界历史的中心,把欧洲以外的地区视同陪衬。②

遗憾的是,后来的苏联学者和中国学者也深受"欧洲中心论"的学术影响。苏联科学院于20世纪50—60年代出版了多卷本的《世界通史》,与西方同类编著相比具有明显特色,它以社会经济形态作为划分历史阶段的标准,重视被压迫、被侵略民族的历史,重视人民群众在历史上的作用。但这部巨著也存在着缺点:它没有完全从"欧洲中心论"的陈旧观念中摆脱出来,仍然以欧洲历史的分期决定世界历史的分期。西方史学界特别是苏联史学界的"欧洲中心论"观念对新中国我国史学界产生了巨大的影响。

(二)东西方逆转时间说明"西方中心论"是一个神话

历史科学领域的"西方中心论",就是最先产生于欧洲,18世纪产

---

① 吴于廑、齐世荣主编:《世界史·现代编(上卷)》,高等教育出版社1995年版,第5页。
② 吴于廑、齐世荣主编:《世界史·现代编(上卷)》,高等教育出版社1995年版,第5—6页。

生、19世纪以来影响到国际学术界的一种占主导地位的历史观,认为西方从来就是先进、文明、进步的,西方是世界历史特别是近现代史历史发展的动力、核心、主角和主流。而东方是落后、野蛮和专制的,只是世界近现代史和国际关系史的配角、边缘、西方的附庸和追随者。①"西方中心论"又称为"欧洲中心论"或"欧美中心论"。

第一,公元500—1500年:东强西弱,东富西穷,东稳西乱,东进西滞,东学西传。

尽管西欧中世纪受到了最早的人文主义者和启蒙学者的贬损(野蛮、黑暗、落后的中世纪),尽管马可·波罗对中国的物质财富的富裕、经济的繁荣、技术的先进、文明的发达描述有所夸大,但从社会发展指数来看,西方与东方差距明显,西方远远落后于东方,却是一个国内外学界基本公认的历史事实。②"在1200年的时候,中国的工业发展仍然领先西方一个世纪左右"③。

第二,1500—1750年:东强西弱,东富西追,西升东降,陆滞海进。

滨下武志指出,在欧洲新航路开辟前,"欧洲国家体系只是全球经济中一个边缘性的和不稳定的组成部分。而很久以来,全球体系就是以亚洲为中心的。即使欧洲人很早就开始了第一次远航,但在接下来的两个世纪中,无论是欧洲还是美洲,其经济规模、先进水平及繁荣程度仍无法与中国相提并论"④。由于中国的相对强大,西方殖民者在全球范围内建立殖民地之初,并没能直接挑战中国的地位,也没有挑战中国建构的朝贡体系,相反为了从中国为中心的贸易圈中获得更

---

① 参见[美]伊恩·莫里斯《西方将主宰多久?东方为什么会落后,西方为什么能崛起》,钱峰译,中信出版社2014年版,第247—248页。

② Robert B. Marks, The Origins of the Modern World: A Global and Ecological Narrative, Lanham, MD (Rowman & Little-field) 2002, (8);参见[美]安东尼·帕戈登《两个世界的战争:2500年来东方与西方的竞逐》,方宇译,民主与建设出版社2018年版,第304页;潘岳《中西文明根性比较》,新世界出版社2022年版,第146页。

③ [美]伊恩·莫里斯:《西方将主宰多久?东方为什么会落后,西方为什么能崛起》,钱峰译,中信出版社2014年版,第249页;参见葛兆光《"蒙古时代"之后,东部亚洲海域成了一个历史世界》,《文史哲》2022年第4期。

④ [美]乔万里·阿里吉、[日]滨下武志、[美]马克·塞尔登主编:《东亚的复兴:以500年、150年和50年为视角》,马援译,社会科学文献出版社2006年版,第332页。

多的经济收益，它们采取了中国愿意见到的方式，在表面上加入这一体系之中。如1557年葡萄牙侵占澳门，其实是经由中国政府的同意之后取得的永久居住权。澳门仍处在当时明朝政府的控制之下。葡萄牙商人在澳门的行动自由也长期受到严格限制。在17世纪下半叶，曾有三个荷兰使团和两个葡萄牙使团到达北京觐见中国皇帝。这几个欧洲使团不仅在觐见皇帝时叩头，将其作为外交礼节的一部分，还按照朝贡体系的原则，在外交使团的旗舰上插上贡旗，声称献给皇帝的礼品为贡品。①

即便"欧洲中心论"色彩很重的《西方的兴起：人类共同体史》也承认："在1500至1700年之间……伊斯兰世界、印度教徒和中国各地还未曾受到欧洲新兴力量的重大影响。直到1700年以后，这些地区仍在按照各自的传统、沿着各自熟悉的途径发展着各自的历史……1500年以来的世界历史实际上应当被看作一部竞争史，一方面是西方不断增长的干扰世界其他地区的力量；一方面是其他民族为赶走欧洲人而进行的越来越绝望的努力。"②《欧洲何以征服世界》一书不得不承认："直到19世纪，欧洲人也未能征服非洲，也无法任意摆布中国人或日本人。葡萄牙和荷兰人必须按照中国人和日本人设定的条件开展贸易，欧洲人在东亚占领的小小领土在军事上仍然非常脆弱，比如在中国台湾，郑成功赶走了荷兰人。西欧人在南亚和东南亚也受到了限制……他们在那里实际上只占领了极少的领土以及有限防御的贸易港口。"③从经济的规模、总量以及人员的流动、社会的稳定等情况来看，东方胜于西方。

第三，公元1750—2000年：西强东弱，西富东穷，西扩东衰，以西塑东，西学东渐，海权战胜陆权，东西彻底逆转、易位。西方取代东方成为历史主流。

---

① 刘德斌主编：《国际关系史》（第二版），高等教育出版社2018年版，第245页。
② [美]威廉·麦克尼尔：《西方的兴起：人类共同体史》，孙岳、陈志坚、于展等译，中信出版社2018年版，第660—661页。
③ [美]菲利浦·霍夫曼：《欧洲何以征服世界？》，赖希倩译，中信出版社2017年版，第101—102页。

从世界经济体系来看，中国逐渐成为第三世界；俄成为地处边缘的"第三世界"，但俄率先走出第三世界。① 不过，"在政治上，世界仍完全不是一个单一的整体。震撼欧洲的有名的七年战争未曾影响到密西西比河以西的南北美洲、非洲内地、中东大部分地区和整个东亚……他们在非洲、印度和东印度群岛仅拥有少数飞地，而在远东，只能作为商人从事冒险活动，而且，即使以商人身份活动，他们还必须服从最具有限制性、最任意的规章制度"②。这一时期"总的讲，欧亚大陆诸古代文明给欧洲人的印象和影响较后者给前者的印象和影响更深。当欧洲人发现新的海洋、大陆和文明时，他们有一种睁大眼睛的惊讶感觉。他们在贪婪地互相争夺掠夺物和贸易的同时，还表现出某种谦卑。他们有时甚至经历了令人不安的良心的反省，如在对待西属美洲的印第安人时所显示的那样。但是，在这一时期逝去之前，欧洲对世界其余地区的态度起了显著变化，欧洲的态度变得愈来粗暴、冷酷和偏狭"③。19世纪中叶，法国汉学家纪尧姆·波蒂厄曾抱怨说，在莱布尼茨时代曾强烈地使欧洲感兴趣的中国文明，"如今几乎没有引起少数杰出人物的注意……这些人，我们平日视作野蛮人，不过，在我们的祖先居住于高卢和德意志的森林地带的数世纪以前，已达到很高的文化水平，如今，他们却仅仅使我们产生极大的轻蔑"④。

"这些使节和使臣尽管来自西方自豪的独立主权国家，却无一例外地恪守繁缛的中国礼仪以表示对皇帝的尊崇，包括三跪九扣首以及使用自我贬低性的语言。这些礼仪被中国人视为朝贡体系重要的组成部分。为了获取短期利益，他们不惜放弃主权国家间新近达成的外交规范。西方人

---

① [美]斯塔夫里阿诺斯：《全球分裂：第三世界的历史进程》，王红生等译，北京大学出版社2017年版，第277、283—284页。
② [美]斯塔夫里阿诺斯：《全球通史：1500年以后的世界》，吴象婴、梁赤民译，上海社会科学院出版社1999年版，第236页。
③ [美]斯塔夫里阿诺斯：《全球通史：1500年以后的世界》，吴象婴、梁赤民译，上海社会科学院出版社1999年版，第236页。
④ [美]斯塔夫里阿诺斯：《全球通史：1500年以后的世界》，吴象婴、梁赤民译，上海社会科学院出版社1999年版，第236页。

这样做不自觉地支撑起清朝眼中中华帝国的优越感。"① 1793 年，英王乔治三世派遣使臣马戛尔尼以给乾隆皇帝贺寿的名义出使中国，发生了礼仪之争，乾隆仍只把中国看成天下的中心，物产丰饶，无所不有，将自身看作天下所有人的皇帝，表现出了居高临下的优越感。②

乾隆帝 1793 年回英王乔治三世的信说："……奇珍异宝，并无贵重……(天朝)无所不有，尔之正使等所亲见。然从不贵奇巧，并无更需尔国制办物件"③。直到"18 世纪末期，督政府统治的法国社会中，东方仍旧遮着神秘、光荣而富有的面纱"④，而这在当时是深入人心的文化特色。总之，在 17 和 18 世纪，欧洲人对中华文明非常尊崇，因为它有儒家伦理道德，它有选拔政府官员的科举制度，它推崇学问而不是崇尚武力，它生产的手工艺品十分精巧。但到了 19 世纪，中国人在战场上表现得软弱可欺，又不愿接受西方的制造品和西方的基督教，于是西方人对待中国人的态度就由尊崇变成蔑视。⑤

直到 19 世纪才真正对东方取得最后优势的西方，一改过去（中世纪和近代初期）对东方的肯定、称赞和仰慕，运用二元分类法"重新塑造"了东西方的形象。归结起来，"就是欧洲历史是一种进步的线性发展史，而东方却是退步与停滞的历史循环"，把西方描绘成理性、独立、具有父亲般意志的"男性"，将东方描绘成一个非理性、不独立、无助的孩童或妇女，需要无私的西方来"救赎"，从而形成了所谓的历史发展的"欧洲中心论"，后来又演变成"西方中心论"。

印度是另一东方文明古国。17 世纪初，印度并不需要与英国贸易，

---

① ［德］贡德·弗兰克：《白银资本：重视全球化中的东方》，刘北成译，中央编译出版社 2000 年版，第 168 页。
② Hao Gao, *Creating the Opium War: British Imperial Attitudes towards China, 1792-1840*, The University of Manchester, 2020.
③ ［美］斯塔夫里阿诺斯：《全球分裂：第三世界的历史进程》，王红生等译，北京大学出版社 2017 年版，第 141 页。
④ ［法］蒂埃里·伦茨：《拿破仑的外交策略》，安康、陈沁译，上海社会科学院出版社 2016 年版，第 76 页。
⑤ ［美］斯塔夫里阿诺斯：《全球分裂：第三世界的历史进程》，王红生等译，北京大学出版社 2017 年版，第 271—272 页。

印度的商人或官员并不真正需要任何英国生产的商品,只不过对西方列强的产品有一定的兴趣而已①。英国人向印度人学会并使用"三边贸易"的技巧②。1633 年英国重要的商人拉尔夫·卡特赖特（Ralph Cartwright）来到莫卧尔帝国。孟加拉的行政长官阿伽穆罕默德扎曼伸出他的光脚指头让卡特赖特亲吻，"英国人并没有骄傲到拒绝在印度人面前下跪,拉尔夫·卡特赖特按照莫卧尔的风俗要求他做的去做了"③。

《西方文明的东方起源》一书开宗明义地写道:"东方通过东方全球化发现并主导世界,公元 500—1800 年",并且直截了当地得出结论:"东方化的西方与西方的欧洲中心神话",并明确指出:"在 1700 年后,刺激英国农业和工业革命的主要技术和科技思想都是从中国传播去的。此外,中国的思想还帮助推动了欧洲的启蒙运动"④。

虽然 20 世纪两次世界大战和冷战已经暴露出了西方世界内部的矛盾和面临的危机,但总的来说,西方世界对东方世界的整体优势还是明显的。这一时期可以说是西方世界的高光时刻和辉煌的顶点。

第四,公元 1945 年以来至今:西强东弱,东升西降,东扩西缩,陆进海退,东西胶着,多极平衡。

东西本是相对而言,并且是变化的。相比之下,比起西方,东方更为确定,即地中海以东,或欧亚大陆东部,包括近东、中东、远东等。远东包括中国、日本和朝鲜,主要是以中国为代表;中东包括两河流域、印度和中亚,主要是以印度为代表;近东则主要以埃及为代表。当然,从地理上讲,俄罗斯也属于东方。而所谓西方,近代时期以西欧特别是英法为主要代表,现当代以来则逐渐演变成以美国为主要代表。

---

① ［美］斯坦利·沃尔波特:《印度史》,张建欣、张锦冬译,东方出版中心 2015 年版,第 148 页。
② ［美］斯坦利·沃尔波特:《印度史》,张建欣、张锦冬译,东方出版中心 2015 年版,第 150 页。
③ ［美］斯坦利·沃尔波特:《印度史》,张建欣、张锦冬译,东方出版中心 2015 年版,第 151 页。
④ ［英］约翰·霍布斯:《西方文明的东方起源》,孙建党译,山东画报出版社 2009 年版,第 20 页。

《西方将主宰多久?》一书也断言:"21世纪,财富和力量不可避免地从西方转向东方,正如19世纪,财富和力量从东方转向西方那样。"① 当前,世界面临百年未有之大变局,其实也是千年未有之大变局。以中国为代表的东方国家、金砖国家和新兴经济体迅速崛起,国际格局出现了东升西降、陆进海退的趋势,西方国家一统天下的格局被打破,虽然总体力量对比还是西强东弱。其中,1945—2000年是两个历史时期的过渡阶段和交叉时间。在此期间是一个演变和量变的过程。其特点是,西强东弱、西稳东升。在此之前是以西统东,西统天下。在此以后是东升西降、西强东弱。

(三) 解构"西方中心论"的其他因素

1. 殖民地半殖民地的独立,社会主义运动的发展

资本主义、殖民主义的附属物——殖民地半殖民地纷纷获得独立、解放,资本主义对立面—社会主义从空想到科学,从理论到实践,也从不同的侧面冲击着所谓的"西方中心论"。

早在18世纪,海地就出现了独立运动。19世纪初,拉丁美洲的独立战争风起云涌。19世纪,亚非拉殖民地半殖民地民族运动此起彼伏。20世纪二次世界大战后,非殖化运动、民族解放运动形成历史潮流,一批新的民族国家纷纷独立,殖民主义成为明日黄花。18世纪出现的空想社会主义,19世纪变成了科学社会主义(马克思主义),20世纪初出现了第一个社会主义国家,二战后出现了一批社会主义国家。在国际共产主义运动发展的过程中先后成立过三个国际(第一国际、第二国际和第三国际)。

2. 近代以来东方(亚洲)国家获得国家独立和民族解放的情况

日本是具有西方特点的东方国家、亚洲国家,深受儒家思想和中国文化的影响。但19世纪"文明开化"后日本"脱亚入欧""脱东入西"。近

---

① [美]伊恩·莫里斯:《西方将主宰多久? 东方为什么会落后,西方为什么能崛起》,钱峰译,中信出版社2014年版,第409页。

代早期的欧洲人很尊崇日本武士，这种崇拜并非只是纸上谈兵，16世纪后期和17世纪初期，他们甚至试图聘请日本人作为雇佣兵。①日本明治维新成功，而中国的洋务运动失败。其中一个重要原因，就是西方把注意力更多地放在中国身上。日本独立成为近代化强国。阿富汗、泰国、伊朗、蒙古保持了独立地位。其中，阿富汗主要靠武装斗争，泰国主要源于平衡外交，蒙古则地处亚洲腹地，比较偏远。中国保持了半独立、半殖民地的地位。土耳其也没有完全沦为殖民地。只有印度、朝鲜沦为完全意义上的殖民地。二战后，绝大多数亚洲国家摆脱了殖民统治，获得了独立。

3. 20世纪初期，"欧洲中心论"在西方史学中的统治地位开始受到质疑

有的学者开始以新的眼光对待欧洲历史以外的历史，西方文明以外的文明。还有的一些学者在区域国别研究的基础上试图对人类和世界历史进行综合考察。"全球化从根本上冲击了社会科学以及关于社会变化的主流叙事"，全球史试图超越欧洲中心主义。②不同于兰克等人的"欧洲中心论"观点，施本格勒（1880—1936）和A. J. 汤因比（1889—1975）把世界历史看作是多种文明生长和衰灭的历史，而非单一文明发生和扩散的历史，这在一定意义上是对"欧洲中心论"的突破，虽然并没有实现彻底的克服。20世纪40年代，G. 巴勒克拉夫在《变动世界中的历史》和《泰晤士世界历史地图集》中提出并体现了必须放弃"西欧中心论"的倾向。L. S. 斯塔夫里阿诺斯在他的《全球通史》《全球史纲》《全球分裂》中试图打破分国、分地区的编排方法，更多地关注不同时代世界各地区的共同形势及各文明之间的相互关系。

对"西方中心论"提出质疑，关注东方历史贡献的国外代表性学者有美国学者彭慕兰，德国学者弗兰克，英国学者约翰·霍布斯，日本学者滨下武志等。"在国际关系理论界，迄今对欧洲中心论的揭发和批判可能主要还是来自欧洲学者。除了巴里·布赞、理查德·利特尔对欧洲中心主义五种缺憾的批判之外，约翰·M. 霍布斯更是把欧洲中心主义与欧洲科学的种族主义结合在一起，对欧洲中心主义进行了比较彻底的'清

---

① 参见［美］菲利浦·霍夫曼《欧洲何以征服世界？》，赖希清译，中信出版社2017年版，第203页。

② ［德］塞巴斯蒂安·康拉德：《全球史是什么》，杜宪兵译，中信出版社2018年版，第2页。

算',并强调欧洲中心主义是一种多种形式的话语体系。"①

"尽管欧洲境内在近代早期正在逐渐形成一套比较不一般的科学和技术发展模式,但我们也将看到这些模式本身仍然未保证西欧最终会走上一条与东亚等地截然不同的经济道路……欧洲的工业化程度在英国之外仍相当低,至少在1860年前是如此。因此,建立在西欧共有特征上的'西欧奇迹'一说便值得商榷,特别是这些普遍共有的特征,有许多至少在欧亚大陆其他地方也同样常见,因此这一假说就更让人存疑。"②

在16—17世纪,欧洲的传教士、商人、远洋船长、医生、水手、士兵以及其他旅行者用欧洲各种主要语言撰写、翻印和翻译了数百部有关亚洲的书籍。"印度帝国被认为是世界上最富有、最强大的国家之一、而中国则始终是最令人叹为观止的,被欧洲人当作最高的榜样"③。在19世纪初（或中）期以前,欧洲人把中国当作最高的"榜样和模式",后来则称中国人为"始终停滞的民族"。为什么会突然发生这样惊人的变化？工业革命的来临以及欧洲开始在亚洲推行殖民主义的活动,还有罗马教廷把中国定性为异教国家与异教文化,促成了欧洲思想的转变。结果,人们即使没有"虚构"全部历史,也至少发明了一种以欧洲为首和在欧洲保护下的虚假的普遍主义。到19世纪后半期,不仅世界历史被全盘改写,而且,"普遍性"的社会"科学"也诞生了。这种社会"科学"不仅成为一种欧式学问,而且成为一种欧洲中心论的虚构。④

至此,欧洲中心主义已经形成了一种观念。这种观念在每个学科里都有表现,是以欧洲的历史演进过程为标准和核心的世界史观,根深蒂固,构成了人文社会科学的基础。当20世纪后期西方历史学家试图突破

---

① [英]巴里·布赞、理查德·利特尔：《世界历史中的国际体系：国际关系研究的再构建》,刘德斌主译,世界知识出版社2018年版,第19—20页。
② [美]彭慕兰：《大分流：中国、欧洲与现代世界经济的发展》,黄中宪译,北京日报出版社2021年版,第17页。
③ [德]贡德·弗兰克：《白银资本：重视经济全球化中的东方》,刘北成译,四川人民出版社2017年版,第13页。
④ [德]贡德·弗兰克：《白银资本：重视经济全球化中的东方》,刘北成译,四川人民出版社2017年版,第16页。

欧洲中心主义的限制，并开始撰写新的世界史和全球史的时候。许多非西方国家的历史学家依然在"民族国家"史的"原野"上深耕，因为这些"民族国家"的构建依然任重道远。①

4. 我国学者也在不同时期从不同的视角质疑"西方中心论"

雷海宗、周谷城、吴于廑等老一辈学者就开始关注世界历史的整体性。吴先生提出了从分散到整体的世界历史的观点。刘新成教授推动成立了我国第一个全球史研究中心。刘文明教授出版了《全球史概论》。②还有学者是从"东方外交史"视角批驳"西方中心论"，强调东方外交的特点和贡献。其中，陈奉林和魏楚雄两位学者贡献突出，发表了大量相关成果。③梅俊杰出版了批判西方道路的《自由贸易的神话》④。葛兆光认为从15世纪到19世纪中叶东部亚洲海域成了与西方不同的另一个"历史世界"⑤。中国学者从不同角度向国际学术界既定话语体系发出了中国的声音。

一般来说，在历史发展过程中，前者是后者的历史原因，后者是前者的历史结果。近代初期，从时间上说，东方的长时间衰落在西方很晚兴起之前，而不是西方的兴起在东方的衰落之前。因此，很难得出西方的崛起导致东方的衰落、西方成为历史发展的动力，只有西方推动了历史的前进的结论。东方的长期衰落有其自身的逻辑，至少不是由西方所决定的。西方的兴起是建立在汲取东方、攀上东方的肩膀、被东方成全

---

① 刘德斌：《当代国际关系的历史叠加与观念重塑》，《史学集刊》2020年第4期；刘德斌：《国际关系研究的历史路径》，社会科学文献出版社2022年版，第220—221页。

② 参见刘文明《全球史概论》，北京大学出版社2022年版。

③ 陈奉林：《东方外交史学科体系建设问题的再探讨》，《上海师范大学学报》2022年第1期；《区域性的国际交往与东方外交圈的形成》，《海交史研究》2021年第1期；《中国的东方外交史学科体系建设走到了哪一步》，《世界知识》2021年第6期；《对东方国家崛起趋势下东亚史学科建设的总体构想》，《华中师范大学学报》2020年第2期；《东方外交史学科的创立与编纂实践》，《社会科学战线》2020年第1期；等等。魏楚雄：《东方外交史研究及其现实意义》，《上海师范大学学报》2022年第1期；《向西方学术界既定话语发出的中国声音》，《世界知识》2020年第3期；《中国与西方：海洋意识及国家安全与发展战略》（英语），《海洋史研究》2017年第1期；等等。

④ 梅俊杰：《自由贸易的神话：英美富强之道考辩》，上海三联书店2008年版。

⑤ 葛兆光：《"蒙元时代"之后，东部亚洲海域成了一个历史世界》，《文史哲》2022年第4期。

的基础之上的。①

2021年12月，国务院学位委员会下发《博士、硕士学位授予和人才培养学科专业目录（征求意见稿）》，拟在新增的"交叉学科"门类下增设"区域国别学"一级学科。从理论上说，东方国家、发展中国家、第三世界、中小国家是具有同等重要性和必要性的研究对象，甚至是由于过去比较轻视、忽视而显得更重要的研究对象，不像"国际关系"、"国际政治"、世界历史学科传统上以大国、强国为主要研究对象；在学科建构时间上中国与其他发达国家相差并不远。从某种意义上，区域国别学的设立并提升为一级学科也是对"西方中心论"的冲击和挑战。事实上，西方学术界主导的全球化潮流就要求"全球的非中心化"。

5. 从现实的国际政治来看，不能完全排除国际体系多元中心格局出现的可能

近300年以来，国际体系的"多中心论"或许会再次表现出惊人的生命力和影响力。这就是所谓"风水轮流转"、"西方不亮东方亮"的发展规律在起作用。②晚清重臣李鸿章曾经慨叹中国遭遇"千年未有之大变局"，与当下喜闻乐道的"百年未有之大变局"说法有某种异曲同工之妙，同时也反映了国际体系和中外关系惊人的联系和巨变，所不同的只是，前者反映的是当时国际格局的西升东降，而后者反映的当今国际格局的东升西降。

三 关于东西方比较和国际关系史学科建设的几点思考

在近现代国际关系史学科体系中，西方视角，西方范式，西方中心，

---

① 参见［德］贡德·弗兰克《白银资本：重视经济全球化中的东方》，刘北成译，四川人民出版社2017年版。

② 参见［美］保罗·肯尼迪《大国的兴衰：1500—2000年的经济变迁与军事冲突》，陈景彪等译，国际文化出版公司2006年版。

传统上成为国内外学术界的主流。①其实此种史观经不起认真推敲，很不全面，也很不符合历史实际，因而是很不科学的。故学术界质疑之声一直不断。国际关系史学科体系急需"东方性"建构。而这一点，则为国内外学术界长期忽视，研究极少，亟待加强。国内外学术界已经有一些研究②，但总的说来，还不够充分，不够系统，影响更不够，没有联系百年未有之大变局，更没有体现中国的和平崛起和新型国际关系、人类命运共同体理念的世界意义，以及以中俄为代表的非西方大国（如金砖国家、新兴经济体）崛起的全球影响。国家社科基金以往这方面的立项很少，成果不多，且不系统，影响有限。

当前世界面临百年未有之大变局，国际格局东升西降，学术上更应正本清源，拨乱反正。中国是最具有代表性、典型性的东方国家，其朝贡体系在历史上源远流长、独步一时，其和平崛起和互利共赢的国际理念在现实中影响深远。俄罗斯无论从地理上还是从文化上都是兼具东西的大国，介于东西方之间，不同于西欧，是半东方国家，不是传统的西方。它们在全球国际关系史体系的构建中不是无足轻重的角色。但由于种种原因，在西方学术界遭到了忽视。而国内学术界又多沿袭了西方体系及其观点。国际关系史学科体系研究，是一个非常重大、并且难度很大的学术问题。由于时空过大、内容过多，本文选择以中国和俄罗斯的历史和现实因素作为重点和代表，努力致力于建构东西平衡的、科学的国际关系史学科体系、

---

① 如 David S. Landes, *The Wealth and Poverty of Nations*, London: little Brown, 1998; John M. Roberts, *The Triumph of the West*, London: BBC Books, 1985; Jones, *The European Miracle*, 1981; 美国知名历史学家威廉·麦克尼尔（William H. McNeill）就是这种观点的代表性人物。其代表作为1963年出版的 *The Rise of The West: A History of the Human Community*（西方的兴起：人类共同体史），持有类似观点的还有 [西] 胡里奥·克雷斯波·麦克伦南：《欧洲文明如何塑造现代世界》，黄锦桂译，中信出版社2020年版；[美] R. R. 帕尔默：《现代世界史》，何兆武等译，世界图书出版公司2014年版，等等。

② 如：徐瑾《白银帝国：一部新的中国货币史》，中信出版社2017年版；韩毓海《五百年来谁著史：1500年以来的中国和世界》，中信出版社2018年版；[美] 彭慕兰《大分流：欧洲、中国及现代世界经济的发展》，黄中宪译，北京日报出版社2021年版；[德] 贡德·弗兰克《白银时代：重视经济全球化中的东方》，刘北成译，四川人民出版社2017年版；[英] 约翰·霍布斯《西方文明的东方起源》，孙建党译，山东画报出版社2009年版；陈奉林《东方外交史研究在中国的兴起与发展》，《世界历史》2013年第4期等。

学术体系和话语体系，以有利于我国和东方国家的文化自信、理论自信和道路自信，推进中国特色的哲学社会科学体系和新文科建设，推进中国特色的大国外交、新型国际关系和人类命运共同体的构建。

（一）质疑、破解、解构"西方中心论"的困难和问题

多年来，"西方中心论"根深蒂固的影响，包括对学术思想和学术环境的影响，以致学者知识储备、知识结构，语言、理论功底、思维方式长年累月的固化；难以统合世界历史的多样性与整体性，不具有彻底的自觉与超前的理论储备；世界历史与中国书写之间的平衡；习惯成自然，价值观和历史观短时间内难以根本扭转；历史学科的科学性与政治性之间的纠结；学者个人扬短避长、避实就虚的担忧，等等。还有一些有关学术研究的具体技术问题，比如，东西方之间是否具有可比性？如果可比，标准是什么？是重在社会制度，还是重在经济实力？以前有没有学者从事过相关研究？① 支持"西方中心论"是否就是科学正确，批判"西方中心论"是否就是政治站队？等等。

我个人认为，这些担忧和问题完全可以理解，但并不等于我们完全无能为力，无所作为，而是恰恰相反。

（二）要优先、重点做好以下几方面的工作

1. 以马列主义、毛泽东思想和习近平外交思想为指导，做好国际关系史学科建设基础性工作

包括学术"三论"（本体论，认识论，方法论），"三新"（材料新，方法新，观点新），历史"三交"（文明交往、交流、交融），现实"四化"（政治多极化，经济全球化、文化多样化、社会信息化），六个"结合"（历史与现实相结合，东方与西方相结合，中国与世界相结合，理论

---

① 作为一个先例，美国斯坦福大学著名历史学家伊恩·莫里斯《文明的度量：社会发展如何决定国家命运（*The Measure of Civilization: How social Development decides the fate of Nations*)》，中信出版社 2014 年版。在这本书中，莫里斯独创"社会发展指数"，从能量获取、社会组织、战争能力、信息技术 4 个方面衡量社会发展和文明程度。

与实践相结合,宏观与微观本结合,科学性与政治性相结合),从而实现构建三大体系(学术体系、学科体系、话语体系)的目标。

2. 东西方比较和国际关系史学科体系"西方中心论"的来源、解构与批判

"西方中心论"与西方的中心作用、西方的优势并非一回事。前者是一种意识形态与话语体系。西方中心作用和优势则是一种客观历史事实。批判"西方中心论"并不意味着研究西方国家、西方文明、西方历史不重要,也不意味着所谓的政治上"站队"。

要解决的问题包括但不限于:近代之初的200—300年,国际体系历史多源、多中心、多元并存,相互竞合,并驾齐驱。"西方中心"是阶段性的历史现象,但不是永恒的历史现象。而且从后推前,以成败论英雄,是学术上的"成王败寇"、"趋炎附势"。要解决的问题还包括西方"重塑"了东方;东西方文明的互动;西方文明的东方根源;"西方中心"的均质化错误和片面性单调;"西方中心论"的祛魅过程和遭受拒绝。

人们一般把英国史学家巴勒克拉夫看成当代全球史观理论上的先行者。他在1955年的论文集《处于变动世界中的史学》最先提出了全球史观的问题,后又于1967年《当代史导论》、1978年《当代史学主要趋势》中作了进一步的阐释。主要以突破西方学术界根深蒂固的"欧洲中心论",主张历史研究者"将视线投射到所有的地区和时代",建立"超越民族和地区界线,理解整个世界的历史观"。这种历史观认为,世界上每个地区的每个民族和各个文明都处在平等的地位上,都有权力要求对自己进行同等的思考和考察。他明确反对以西欧为中心的"古代—中古—近代"和"地中海时代—欧洲时代—大西洋时代"的历史阐释体系。①

3. 从东西方比较视角看国际体系的历史演变

公元500—1500年:东强西弱,东富西穷;公元1500—1750年:西升东降,东强西弱;公元1750—2000年:西强东弱,以西统东;公元

---

① 刘德斌:《国际关系研究的历史路径》,社会科学文献出版社2022年版,第349—350页。

2000年至今：东升西降，西强东弱。斯塔夫里阿诺斯在《全球通史》中摒弃了西方传统的世界历史的阐释方法（如上古—中古—近代），将整个人类历史的演进划分成两个基本的阶段，即1500年之前诸孤立地区组成的世界，与1500年以后西方的兴起、占据优势和逐渐衰落的世界。这一方法可以说是从西方中心论向全球史观转变的努力和证据。① "可以将欧洲人到达亚洲理解为欧洲人利用了亚洲的贸易者在印度洋和南中国海开辟的伟大航线。"②

4. 国际关系史学科体系"东方性"建构中的中国因素

何谓"东方性"？国际关系史学科建设的"东方性"，是相对于国际关系史学科体系中的"西方性"而言的，其主要观点是反对"西方中心论"，"欧美中心论"，主张在国际关系史学科体系中应当全面、客观，东西平衡，东西兼顾。

即使到了19世纪80年代，西方列强在与东亚国家打交道时，也不敢忽视缔约国与中国的关系，尤其是与中国邻近和接壤国家的关系，否则缔结的双边条约根本无效。欧洲列强不得不考虑区域的"朝贡圈"（Tributary sphere），以及东亚地区的宗主秩序。欧洲列强试图与东亚、东南亚国家建立条约关系时，会默认他们与中国的从属关系。这样，朝贡体系与国际条约体系并行存在。朝贡体系及其世界历史和文明意义，当今中国和平崛起、新型国际关系、人类命运共同体的理论与实践，中华文明的重新辉煌，对于世界历史和东方发展的意义，都值得深入挖掘和研究。

5. 国际关系史学科体系"东方性"建构中的东方因素

东方文明和东方因素中，具有代表性和典型性的是中国和印度，还包括奥斯曼土耳其、伊朗、韩国等。日本是具有西方特点的东方国家，而俄罗斯是具有东方特点的欧洲国家，是典型的半东方国家。斯坦利·沃尔波特认为，"伟大的莫卧尔帝国"（1605—1707），肯定是印度有史以

---

① 刘德斌：《国际关系研究的历史路径》，社会科学文献出版社2022年版，第350—351页。
② ［日］滨下武志、［日］顾琳、［美］马克·塞尔登编：《中国、东亚与全球经济：区域和历史的视角》，王玉茹、赵劲松、张玮译，社会科学文献出版社2009年版，第52页。

来最强盛的,而且还可能是当时世界上最强盛的;① 莫卧尔帝国的衰落在英国殖民统治之前。17 世纪之初印度并不需要与英国贸易,并不真正需要任何英国的商品。②

斯塔夫里阿诺斯分析 19 世纪以前,亚洲仍然处于西方全球性市场之外、亚洲有被纳入西方体系或成为西方全球体系的外缘地区的原因时说,地理位置遥远是原因之一,中国、日本与西方列强相隔万里,鞭长莫及;东方经济发展水平较高,能够自给自足,对西方商人提供的微不足道的商品不感兴趣;中国明清王朝和印度莫卧尔帝国军事力量强大,西方商人想在美国那样以武力开路,或者在非洲和中东把不平等条约强加于人,都是不可能的。相反,西方人只能是局限于沿海一带建立少数商站,作为从事贸易活动的据点。③

具有比较典型意义的是中俄之间尼布楚—恰克图条约体系的签订。这是东西方历史上条约体系与朝贡体系的第一次碰撞和结合,具有世界历史意义。

6. 百年大变局的学术影响

在百年未有之大变局背景下,如何构建东西方文明比较和国际关系史"东方性"学术体系、学科体系和话语体系?其主要环节、关键节点、重点和难点问题有哪些?要结合以中印俄为代表的东方国家的理论和实践,提炼其特点,凝练其特色,开拓其特质,做出创新性探索和发展。

7. 关注几个方面的学术创新

(1) 新选题。

历史研究选题关照现实发展;个人兴趣选题与国家发展战略相结合;世界历史选题与国际关系相结合;国际关系史选题与历史政治学相结合;从宏观、整体、长时段世界大历史视角,来研究、分析不同历史时期国

---

① [美]斯坦利·沃尔波特:《印度史》,张建欣、张锦冬译,东方出版中心 2015 年版,第 130 页。
② [美]斯坦利·沃尔波特:《印度史》,张建欣、张锦冬译,东方出版中心 2015 年版,第 148 页。
③ [美]斯塔夫里阿诺斯:《全球分裂:第三世界的历史进程》,王红生等译,北京大学出版社 2017 年版,第 142 页。

际关系的演变和特点。选题要兼具学术意义和现实意义。

（2）新方法

运用跨学科、交叉学科的方法：世界历史、国际关系、外交学、国际政治、国际经济、国际法、区域国别研究。采用历史研究、文本研究、案例研究、比较研究相结合的方法。

（3）新观点

这些新观点包括但不限于：反对"西方中心论"、"欧美中心论"，主张东西兼顾、东西平衡论；三大体系（学术、学科、话语）建构促进国家新文科建设；学术研究服务于国家发展战略；作为非西方大国，中国从朝贡体系到和平崛起，新型国际关系和人类命运共同体理念，新冠疫情中的大国担当，中国特色的大国外交；作为半东方大国，俄罗斯是一个独具特色的国际体系，并不完全等同于欧美核心西方。

这种新观点还认为，西方的国际关系史观片面、表面、不客观，不科学。东西互动，不是也不可能是西方单向"统一东方"；东西方分野的西方历史叙事；东方对西方的贡献和成全；西方文明的东方根源；西方语境如何"重塑"了东方？

东西方的划分本来就是相对的，变化的；西方重塑了东方形象；东西方之间互动互含互化，东方成全了西方。与"东方就是东方，西方就是西方，两者永不相交"的传统西方历史观相反，东方也是西方，西方也是东方，两者不可截然分开。东方不是西方经济、文化和思想的殖民地。世界大概任何时候都有先进与落后之分，文明与野蛮之别，西方被视为先进和文明的代名词，东方被视为落后与野蛮的代名词，一成不变，并企图保持永恒不变，这是非历史的，非科学的。东西方的分野，只能说明人类发展形态的多样性，历史发展道路的多元性，世界历史主体的多极性。

根据后来历史发展结果反推前面的历史发展过程，忽视了历史发展的多样性，复杂性，真实性，是基于主观推测臆断，是唯心主义的历史观，离真实的历史有时很远。"西方中心论"在理论上站不住脚，在学术上没有依据，在认识上是错误的，在实践中是有害的。在百年未有之大变局下，重新构建国际关系史学科三大体系，以"东方性"重塑建构，势在必行，迫在眉睫。作为非西方大国，无论是在历史上还是现实国际关系体系中决非无足轻重，中国和俄罗斯责无旁贷，任重道远。本文的研究服务于国家发展大战略和中国特色的大国外交，中国特色的哲学社会科学体系和新文科建设，支撑中华民族的文明自信、道路自信和文化强国。①

四 结论

欧洲中心论或西方中心论，就是欧洲或西方的历史观，这种观点认为欧洲和西方是世界历史的主流，在世界历史和国际关系史的学科体系、学术体系和话语体系中居于主导地位。欧洲或西方中心论在近现代各个学科中都产生了巨大的影响。

其实，"欧洲中心论"或"西方中心论"都是错误的。如果以欧亚大陆为文明的中心，无论是西欧，还是东亚和南亚，都会成为边缘。②"西方中心论"是西方学者最先提出来的，一部分不符合历史事实真相，一部分是西方"重塑""重构""重铸"的东西方历史情景，重塑了西方的先进，重构了东方的落后，重铸了东西方的比较。也有忽视、歪曲、贬低东方，也有历史的推测和想象。还有一部分是因为没有看到历史的变化，是学术原教旨主义。后来者又多人云亦云，以讹传讹。东方学者也信以为真，并且深信不疑。以致"西方中心论"根深蒂固，约定俗成，影响深远。

从经济、贸易、货物流通、体系规模及影响、人员流动等因素来看，以近代西方国家代表英国与东方国家代表中国比较，现代西方国家代表美国与东方国家代表苏联比较，当代西方国家代表美国与东方国家代表中国比较。近代，1750年至1850年是一个时间节点，也是历史转折点，

---

① 参见方军《发展无愧于新时代的中国理论》，《中国社会科学》2022年第1期；曾军《中西文论互鉴中的对话主义问题》，《中国社会科学》2022年第3期。

② 参见黄基明《王赓武谈世界史：欧亚大陆与三大文明》，刘怀昭译，当代世界出版社2020年版，第17页。

前者是英国第一次工业革命开始,后者是西方第一次工业革命基本结束,第二次工业革命已经开始。从1500—1750年,甚至是至1850年,至少至1800年,这二三百年漫长的历史时期,都是东强西弱,东富西追,东优西劣,西方只能参与、纳入朝贡体系,接受东方的条件才能与东方交往,虽然总体趋势是西升东降。在传统的农业文明和封建社会框架下,东方已经发展到极致,西方很难超过东方。是工业革命和殖民主义,使西方工业文明实现了对东方农业文明的弯道超车。然而这一过程并非一蹴而就,也决非一帆风顺。而是历经200—300年,西方才最终胜出。从1750—1945年是以西统东,西学东渐,西方一统天下,是西方的黄金时期和高光时刻,朝贡体系土崩瓦解。即便如此,也有一些东方国家依靠自身努力和各种原因成为独立半独立国家,如日本、阿富汗、暹罗、蒙古、中国、土耳其;两次世界大战,还有第一个社会主义国家——苏联的出现,表明了资本主义危机。

战后社会主义阵营的出现,非殖民化运动的开展,民族解放运动的兴起,殖民体系土崩瓦解,西方危机进一步加深。东西方阵营展开了长期的、全面的"冷战",没有硝烟的战争,经济上两个平行市场。可惜的是,苏联阵营在20世纪90年代解体了。西方阵营貌似赢得了对东方阵营的胜利。然而,至21世纪,随着经济全球化和世界多极化、社会信息化的发展,百年未有之大变局,国际格局出现了东升西降、陆进海退的趋势,虽然西强东弱的总体格局并没有发生根本的、结构性的变化。以中国为代表的金砖国家集团和新兴经济体迅速崛起,成为国际经济政治格局中举足轻重的力量,G20中10个发达国家10个新兴经济体,就非常明确地表明西方一统天下的时代已经过去了。东方从过去跟跑,到与西方并跑,再到一些领域的领跑;东方从过去对西方的盲目仰视和崇拜,到能够相对平和、平衡、平稳地平视,既不妄自尊大,也不妄自菲薄。最有代表性的东方大国——中国、具有代表性的半东方大国——俄罗斯,成为最有代表性的最强大的西方国家——美国的战略竞争对手,不排除将来会成为以整个美国为代表的西方集团的战略竞争对手,虽然这并不符合我们良好的愿望。现在的情况是,西方貌似分裂,关键时候团结；东方貌似团结，关键时刻是分裂的。东西方的斗争与合作并存。斗争处于胶着的相持状态，未定之天，结果难料，具有不确定性，不稳定性，不可测性。"人类文明新形态"呼之欲出，"西方中心论"摇摇欲坠。

社会科学是19世纪最先在欧洲和北美形成的。所以，毫不奇怪，它是以欧洲为中心的。世界历史学自然如此。历史学家布罗代尔说："欧洲最先创造了历史学家，然后充分利用他们来促进欧洲人在国内和世界各地的利益。"① 西方的历史观是：道德+进步。工业革命、殖民主义确实使西方在经济上和技术上进步了，超过东方，胜过东方，有能力抢掠东方，但谈到道德，就不是西方口头上所讲的所谓"自由""博爱""人权"事业，唯利是图和贩卖黑奴、劫杀印第安人、殖民战争和民族屠杀等等，这才是西方历史真实的叙事。历史常常以成败论英雄，并且是胜利者书写的。以19世纪以后的历史结果推导以前的历史过程和历史原因，成为西方并且影响全球的世界历史叙事的主流。

质疑、批判"西方中心"论也多为西方学者，但是要摆脱、批倒"西方中心论"可以说比提出、重构"西方中心论"更不容易，更需要时间，要建构"全球整体论""东西平衡论"，比解构"欧洲中心论""西方中心论"更艰难。因为"西方中心论"已经根深蒂固，约定俗成，习惯成自然。成王败寇，以成败论英雄，人们往往习惯于从后来历史的结果来反推历史的进程和历史的原因。要建构就意味着一定要解构，而解构则不一定要建构。这方面，东方学者具有更多的优势，要更多地承担历史的责任。

首先，我们必须坚持历史精神，还原和恢复历史的真相，针对西方选择性忽视，过滤性选择、局部性歪曲，予以正本清源；其次，以新的历史实践来进行检视，如20世纪下半期以来，随着非殖民化运动的兴起，社会主义阵营的出现，以中国、印度为代表的东方国家的独立、解

---

① ［德］贡德·弗兰克：《白银资本：重视经济全球化中的东方》，刘北成译，四川人民出版社2017年版，第2—3页。

放,以苏联为首的东方阵营与西方阵营的对峙和冷战。21世纪以来,东升西降,世界面临百年未有之大变局。再次,新的历史视野的重新审视、思考。对西方的片面性认识、狭隘性贬低、错误性偏见予以解构和拨乱反正。最后,对于所谓"以西统东"时期,如19世纪也要持客观的、历史的、科学的态度。殖民主义的双重使命,无论是破坏性的,还是建设性的,其实都是双向的、互动的,绝非单向的、单一的。第一个工业化的西方国家英国是擅长模仿的"后发国家"①。西方是攀上东方的肩膀,东方支撑了西方,成全了西方。

通过上述论证还说明,人类文明发展不平衡,东西方交替领先,并非一成不变。只有变是唯一的不变;"西方"的历史演进及其心目中的"东方"不是一成不变的,西方最早意义上的"东方"是西方学界自我构建的一个"他者"。地球是圆的,太阳不可能只是永恒关照一个所谓"中心"。东方也同时参与了整个历史过程。东西方互通互化,共生共进,不存在东风压倒西风、西风压倒东风的问题;"传统的农耕世界孕育了工业世界"②。所谓"中心论"是相对的。人类历史总是要向前发展,东方不亮西方亮,西方不亮东方亮,风水轮流转。近现代"西方中心论"是重塑的历史神话,重构的历史演绎,重铸的历史过程。以致西方挟种族优越、妄自尊大而盲目自信;东方携民族自卑而妄自菲薄,人云亦云,甚至鹦鹉学舌,自我贬低。其实,在19世纪40年代马克思主义唯物史观出现之前,西方无论是唯心主义史学,还是以兰克为代表的历史编纂学,都只是历史学,还不是历史科学。应坚持"两点论"和"平衡论",变"欧洲中心论"为"欧亚平衡论",变"西方中心论"为"东西平衡论",变"欧美中心论"为"全球整体论",变"区域微观一点论"为"全面宏观均衡论"。随着国际政治的发展,以中国为代表的新兴经济体的崛起,中国特色的大国外交的实践,历史提出了新的使命,要建立东西比较和国际关系史学术体系、

---

① [英]约翰·霍布斯:《西方文明的东方起源》,孙建党译,于向东、王琛校,山东画报出版社2009年版,第170页。

② 吴于廑:《亚欧大陆传统农耕世界不同国家在新兴工业世界冲击下的反应》,载吴于廑《吴于廑文选》,武汉大学出版社2007年版,第175页。

学科体系和话语体系，必须吸收中国的实践和经验，中国优秀传统文化和外交思想成就，马克思主义以及一切人类的优秀文化成果。

同时要注意，不能从一个极端走向另一个极端，以至于矫枉过正。我们也反对"中国中心论"①或"东方中心论"，动辄"中国第一""自古领先"，而是主张抱实事求是、客观科学的态度。

以历史视角，"西方中心论"建立在西方强大实力基础上，不是毫无道理。问题是，"西方中心"或"欧美中心"只是阶段性的历史现象，不是普遍性的，更不是不变的。即使在公认的世界近现代史阶段（1500—1945）的初期，东西文明多中心、多体系并驾齐驱。如果东西方逆转以1750年为界，西方占优势大体不到300年。如果以1800年或1850年为界，则西方占优连250年也不到。对于国际关系史学科体系中被"欧美中心论"歪曲和颠倒的东方部分，要再颠倒、扶正过来；对于被"西方中心论"忽视、贬低的东方部分，要重新正本、正位；对于被"欧洲中心论"偏见、片面和想象的东方部分，要全面、客观重构，清源和溯源；当然，对于西方史学中关于东方合理、真实的部分，要予以科学的"确认"。我们既不是推倒重来，也不是另起炉灶。习近平总书记指出："文明因交流而多彩，文明因互鉴而丰富。文明交流互鉴，是推动人类文明进步和世界和平发展的重要动力"②，"世界潮流，浩浩荡荡，顺之则昌，逆之则亡。要跟上时代前进步伐，就不能身体已进入21世纪，而脑袋还停留在过去，停留在殖民扩张的旧时代里，停留在冷战思维、零和博弈的老框框内。"③

如果中国学者只以西方的概念、框架、理论与体系分析一切问题，不能结合新的实践，没有任何知识创新，唯西方话语是瞻，视西方话语就为放之四海而皆准的真理，为包医百病的灵丹妙药，认为西方不仅是科学的，而且代表人类进步的方向。他们虽然是中国人，东方人，但思

---

① 参见［德］塞巴斯蒂安·康拉德《全球化是什么》，杜宪兵译，中信出版社2018年版，第149页。
② 习近平：《在联合国教科文组织总部的演讲》，《人民日报》2014年3月28日，第3版。
③ 习近平：《论坚持推动构建人类命运共同体》，中央文献出版社2018年版，第6页。

想和精神"被殖民化""被西方化",没有自己的知识体系,这就是问题,就是中国哲学社会科学得不到真正大发展的原因,也是中国知识分子的悲哀和耻辱。

或许,如同世界历史上亚欧大陆中心与边缘、农耕民族与游牧民族、大陆文明与海洋文明的划分一样,具有全球性质的东西方划分也是一个阶段性的历史现象,既具有世界历史的学术价值,也具有鉴往知今的现实意义。至今为止人类的活动仍然很难超越时空,因此探究东西文明比较和国际体系学科建设,探讨东西融合与海陆和合的经验教训,仍然意义重大,任重道远。

A Comparison of East and West in the Context of Global History: Reversing Time Perspective and Thinking about Disciplinary Constructs

Li Xing

Abstract: In the era of global history, although the Chinese and foreign historians have not reached a consensus on the time when the power contrast between East and West was reversed and the West comprehensively surpassed the East, the mainstream view generally considers the 1500 CE as the mark of the Opening of the New Route and the Great Geographical Discovery. The author disagrees with it and argues that the reversal was to take place as late as the mid-18th century to the early 19th century around the completion of the Industrial Revolution in Britain. During this period the international power landscape remained strong in the East and weak in the West, despite the rise of the West and the fall of the East. Only from the mid-19th to the mid-20th centuries was the "Western century" truly a "Western century" in which the West was strong and the East was weak. Before that, during the medieval period in Europe, it was almost an international historiographical consensus that the East was strong and the West was weak, and the East was rich and the West was following the former's steps. In the 21st century, the international pattern of Western strength over Eastern weakness and the trend of Eastern rise and Western decline coexist at the same time, and the world faces a great change unprecedented in a century. This shows that the so-called "West-centrism" of the world civilization and international system, which has been deeply rooted since modern times, is a reconstructed historical narrative and myth that does not correspond to historical reality. In the context of global history, it is the historical mission of China's historians of world history to criticize and get rid of the traditional "Eurocentrism" and "West-centrism", adhere to the "Eurasian balance theory" and "East-West balance theory", and build an objective, balanced, scientific academic system, disciplinary system and discourse system with Chinese characteristics on the comparison of East and West civilizations and the history of international relations.

Key Words: East-West Comparison; Reversal of Time; Academic System; Construction

中国千年外交的基本轨迹刍议

袁南生[*]

【内容摘要】 中国外交先后经历了古代外交即夷务外交、近代外交即洋务外交、现代外交即国务外交三个时代,三个时代外交思想的核心分别是夷夏观、变局观与主权观。思考中国千年外交演变的历史轨迹,领会中国千年外交与朝贡体系、条约体系、殖民体系的关系,把握中国千年外交历史演变轨迹中的三条主线和夷务外交、洋务外交与国务外交留给我们的重要启示,既有历史意义,更有现实意义。

【关键词】 夷务外交;洋务外交;国务外交;三条主线

中国外交自产生到现在已数千年,先后经历了古代外交、近代外交、现代外交和当代外交时代,厘清中国千年外交的基本轨迹,阐明不同时代外交的本质特征、基本区别、历史作用和重大启示是一件不容易的事情,本文试图作一尝试。

一

中国古代外交时代可称为夷务外交时代。历朝历代都有对外事务,

---

[*] 袁南生,外交学院原党委书记,教授,前驻美国旧金山总领事。

鸦片战争前，中国古代外交事务叫做夷务，所以，直到道光、咸丰、同治三朝清政府官修的对外关系档案资料汇编，书名仍叫《筹办夷务始末》。中国外交起源于中国大地上汉族政权与其他政权之间的交往，包括汉族不同政权之间的交往，如春秋战国时期各国之间的交往。

把握"华夏"和"蛮夷"这两个概念，是理解中国千年外交，特别是夷务外交的一把钥匙。上古时期生产力水平低下，生活在黄河中下游地区的华夏族，凭借地理条件上的巨大优势，发展起了农耕文明，使得生产力和文明程度明显高于周边其他民族，率先摆脱了蒙昧状态。由此，华夏族在与周边民族交往的过程中慢慢产生了自我优越感和自我中心意识。在人类史上，先进的文明产生自我优越感和中心感是一种非常自然和普遍的现象，无论是古希腊或是古罗马都曾将外族视作野蛮人，居于中原地区拥有较高生产力的华夏族自然而然的也产生了自我优越感和本位意识，甚至对域外其他民族产生居高临下的态度。《礼记》提出"北狄、南蛮、西戎、东夷"的说法，《孟子》中有"往中国而抚四""吾闻用夏变夷者，未闻变于夷者"的言论。在孔孟的世界观里，华夏族聚居的区域被视为世界的中央，"中国"即中心中国、中央之国，较为偏远的周边各族则为"蛮夷""番夷"之列，两者之间存在着文化高下差异之分，但共同构成"天下"，中国皇帝因而称为"天子"。"华夏"与"蛮夷"的对立实际上并非以不同的种族为划分基础，而是建立在文明或者说文化的高下之上。古代中国以"礼"作为区分"夷"与"中国"的标准，尊奉周礼或归依儒家正统的夷者亦可视为华夏同类，否则便是夷。

夷务外交思想的核心是夷夏观，也称中国中心观或"天朝心态"，认为华夏以外的地区皆为夷狄。夷夏观主要是宣扬"夷夏之防""华夷之辨"的观念，以居高临下的姿态看待世界，视中国为天下中心、人类文明的渊薮，周边四夷和远近邻邦理应如百川入海般前来朝贡，接受中华文化的熏陶，为中华文化所同化。作为古代主流意识形态的夷夏观，既是中国古代外交的思想和理论基础，也逐渐成了国人的思维定势和心理积淀，由此塑造出了古代中国真实、强烈的民族自信，其余绪直至现代仍时有出现。夷夏观同天下观互为表里，夷务外交万变不离其宗：不管哪一类天下，中国皇帝都居于至高无上的地位，负有抚驭、开化四夷的责任。夷务外交追求的是以中国为宗主，以四夷为附庸的华夷一统，不承认主权平等，因此，汉代的国宾馆名为"蛮夷邸"，无论什么夷人来访，见到中国皇帝都要下跪，夷务外交最基本的礼节是跪拜，所以夷务外交时代可称为跪拜外交时代。

夷务外交很大程度上是农耕民族政权和游牧民族政权之间的外交，是中原王朝和草原王朝之间的外交，夷务外交在国防功能上体现为塞防外交。奉行夷夏之防外交政策的历代中原王朝，以农业为立国之基，而被目为夷狄的匈奴、突厥、吐蕃、鲜卑等政权则以游牧为支柱产业。塞防是中原王朝的国防战略和外交战略，如何抵挡来自于草原王朝金戈铁马的挑战，始终是中原王朝深感头痛的问题，很多时候，中原王朝和草原王朝就在现在中国境内的大地上来往与对峙，例如宋朝和辽朝、金朝、西夏，就是现在中国境内当时的汉民族政权和少数民族政权、农耕民族政权与游牧民族政权之间的来往与对峙。

夷务外交体制是千年相沿的所谓朝贡体制，这是蕴含着强烈的等级和尊卑意识的大一统理念在外交制度上的折射和反映。朝贡前提是，其他国家接受中国皇帝的承认与册封，在君王交替或庆慰谢恩典礼之际，必须派遣使节前往中国觐见皇帝，呈献贡品，并且接受皇帝的赏赐（称为回赐）。这是一种以中国为中心、呈放射状、用朝贡—回赐方式维系的国际关系。朝贡体制的政治意义是首要的，经济意义是次要的。在朝贡中附带进行一些贸易，称为朝贡贸易，或者叫做贡舶贸易、勘合贸易。朱元璋一坐上龙椅，便急忙通过朝贡制度，将四夷外国纳入"华夷一统"框架，重塑自己"抚驭万国""光被四表"的宗主形象。他"分遣使者奉诏书往谕诸国"，以天朝上国之君的身份，要求诸国"尊事中国"。他公开宣称："朕既为天下主，华夷无间，姓氏虽异，抚宇如一。""自古为天下主者，视天地所覆载，日月所照临，若远若近，生人之类，无不欲其安土而乐迁。然必以中国治安而后四方外国来附。"[1] 更有甚者，他钦

---

[1] 《明太祖实录》卷53，洪武三年六月丁丑，中华书局2016年版，第212页。

定《太清歌》，歌词曰："万国来朝进贡，仰贺圣明主，一统华夷，普天下八方四海，南北东西。"① 朝贡体制作用至少有三：一是通过对朝贡国的封赏使皇威远播；二是四夷外国通过朝贡表达对中国皇帝天下共主地位的认同；三是获得强大中国的承认是东方不少国家君主合法化的关键因素之一，中国通过册封、赏赐和援助，维持了东亚国际体系的稳定。

夷务外交同古代中国的两个现象共始终：一是古代中国主导了人类历史上最早的国际体系。自古以来，世界上存在三大国际体系：朝贡体系、条约体系和殖民体系。朝贡体系是自汉代以来、由中国主导的东亚国际体系；条约体系是基于威斯特伐利亚条约、由西方主导的建立在主权国家平等基础上的国际体系；殖民体系是世界资本主义体系的组成部分，是帝国主义所统治和控制的殖民地的总称。中国主导朝贡体系约2000年，这是中国古代外交最大的可圈可点之处；二是古代中国既是外交大国和强国，也是经济大国和强国。按照著名世界经济史学家麦迪森的计算，公元元年中国GDP总量仅次于印度，是世界第二大经济体。当时的印度包括巴基斯坦、克什米尔、孟加拉国、斯里兰卡等。公元1500年中国明代时超过印度，成为世界第一大经济体。② 几千年来，中国是世界上最有资格的第二大经济体，中国先后三次坐上老二的位子，一次是明代以前，一次是近代史上被英国超过时，一次是现在。公元1820年中国GDP占到了世界总量的32.9%，远高于欧洲国家的总和。古代中国作为世界经济大国和强国，为中国夷务外交提供了强有力的支撑和基础。

相对于后来的洋务外交时代和国务外交时代，夷务外交时代的中国在相当长的时间里，在世界舞台上地位最高。著名外交史学家唐德刚说："中国朝廷就是古代东方的联合国"，"甚至二十世纪才出现的'国际联盟'（The League of Nations）和'联合国'（The United Nations）组织的构想，在我们的战国时代亦已萌芽。"夷务外交早期的春秋战国时代，是中国外交思想精彩纷呈、硕果累累的时代，管子主张霸权秩序的外交思

---

① 《明史》卷63，《乐三》，中华书局1974年版，第15688页。
② [英]安格斯·麦迪森：《世界经济千年史》，伍晓鹰等译，北京大学出版社2003年版。

想，老子和平主义的外交思想，孔子主张中庸和谐的理想主义外交思想，孟子干涉主义的外交思想，孙子的伐交和谍交思想，张仪苏秦主张合纵连横的均势外交思想等，至今仍有明显的影响。春秋战国时代还是中国古代外交家大显身手的时代，晏子使楚、完璧归赵、毛遂自荐、远交近攻，合纵连横，九合诸侯，退避三舍、卧薪尝胆、窃符救赵、朝秦暮楚，等等，成为流传千古的外交佳话。"专司外交的行政机关，在政府建制中的地位也至为崇高。用句现代话来说，那便是，不是首相兼外长，便是外长做首相（美国的国务卿，便是这样的）。那时搞外交的人，也是国际的宠儿。苏秦就是一人兼六个国家的外交部长，'佩六国相印'的，这在人类的外交史上，显然也是一桩'金氏纪录'也。"秦汉以后，夷务外交以大一统外交的面貌出现，"我国的传统的外交学理和外交行政，在秦始皇以后便转向一个新的方向。它所致力的，不再以国际之间平等竞争为对象，而是一个金字塔式的宇宙国家的中央政府，对周遭无数小王国所发生的作用。……因此一个强大而又有'仲裁特权'（arbitrational power）的汉、唐、宋、元、明、清的朝廷，往往却是维持他们之间和平共存的力量"①。

夷务外交留给我们的最大启示之一是国力越强盛，越能韬光养晦，越能理性的妥协，越能把握好示强与示弱之间的平衡，从而越能有所作为，更好地维护和拓展国家利益。例如，强大的汉唐时代，是和亲外交最活跃的时代，昭君出塞、文成入藏，一代代天子把公主们一个个外嫁到"番邦"，却没有见到皇帝身边有几个洋贵妃。对中原王朝来说，和亲外交基本上只有"出口"，没有"进口"，时人并不怎么指责这种不对等的外交。更有甚者，唐太宗李世民在打败突厥前甚至向突厥称臣12年！当时也并没有几个清流和愤青高呼"宁为玉碎，不为瓦全"。然而，如同曾国藩所说："自宋以来，君子好痛诋和局，而轻言战争，至今清议未改此态。"②

---

① [美]唐德刚：《晚清七十年》，岳麓书社1999年版，第119页。
② 《曾国藩全集·书札》，辽宁民族出版社1997年版，第1255页。

二

　　中国近代外交时代可称为洋务外交时代。近代中国的问题就是西方世界要东来，中国要融入世界。近代中国融入世界，是中国历史上包括外交转型在内的一次根本性的社会转型。鸦片战争导致了洋务外交的产生。洋务运动的兴起与洋务外交的开展是彼此依赖、相互促进的。洋务外交的出现，是中国外交从传统走向现代过程中的一个必然阶段。洋务外交和夷务外交一字之差，却标志着中国古代传统外交即夷务外交开始走向终结。洋务外交时代与夷务外交时代最大的区别是以前中国不给外国以平等待遇，现在是列强不给中国以平等待遇，洋人成了清政府的太上皇，中国历史上的不平等条约许多是在这个时期被迫签订的，一个个不平等条约强加在中国头上，使中国一步步沦为半殖民地半封建社会。洋务外交时代是中国外交史上最丧权辱国的时代之一。

　　洋务外交思想的核心是变局观。近代以来，对中国最大的威胁不是来自于塞外的草原帝国，而是来自于海上的工业帝国，中英、中法、中俄、中日等矛盾在不同时候成了中国当时的对外主要矛盾，中国面临被列强瓜分的危险，按李鸿章说法，这是"三千年未有之变局"。鸦片战争以后，朝贡体系在列强冲击下风雨飘摇，一步步走向崩溃。摆在中国面前的出路只有一条：像日本一样融入条约体系，否则，就可能像印度一样，沦为列强的殖民地，成为世界殖民体系的一部分。中国最终没有沦为殖民地，同中国人民开展的救亡斗争分不开，也同中国近代外交转型有关。

　　变局观取代夷夏观，意味着中国人民数千年来形成的传统观念逐渐开始变化。担任过闽浙总督的徐继畬出版《瀛寰志略》一书，第一次不再把洋人称为"夷"，不再把外国称为"夷国"。《瀛寰志略》否定华夷有别的等级名分制度的观念，摒弃畿服思维，主张瀛寰思维；摒弃华夷思维，主张中西思维；摒弃排外思维，主张容外思维；摒弃朝贡思维，主张条约思维；摒弃轻商思维，主张重商思维，等等，这在当时非常不易，可以说是治国理政和外交观念的一个根本性的突破。

于是，变局观取代夷夏观，海防外交取代塞防外交成为中国外交的重中之重，"外需和戎，内需变法"成为救国之策，洋务运动由此产生，朝廷专设南洋通商大臣和北洋通商大臣，分别统领南北方的通商、外交事务及各项"洋务"。这是对待"千古变局"清醒和理性的回应。夷务外交只承认中国先进，洋务外交则不同，其核心是承认外国有先进之处，将魏源提出的"师夷之长技"思想付诸实践。"师夷之长技"必然要引进外国的先进技术和设备，必然要选派人员出国留学，必然要促进中外文化之间的互动。因此，洋务外交的出现，事实上导致了我国近代以来科技外交、经济外交和文化外交的产生，大大突破了夷务外交的眼界。

洋务外交时代是中国外交史上的一个短暂时代，这个时代的中国既蒙受了刻骨铭心的国耻，外交上也实现了重大转型：

一是负责外交事务的专门机构总理各国事务衙门成立，班列各部之首，结束了自秦汉以来外交主管部门地位低下，中央政府机构建制之内，九卿六部，百制皆全，就是没有外交部的现象。按照外交史家唐德刚的说法，"为应付周边少数民族所建立的小王国，历代也只设了个不同名称的'理藩院'，以司其事，但是'理藩院'只是礼部之内的一个司局级的组织。"[①] 1901年总理衙门改组为外务部，中国外交进一步向现代外交接轨。

二是中外首次在对方国家互设使馆，互派使节。最早到中国的外国使节是英国公使卜鲁斯，他于咸丰十年（1860年）抵达北京。此后法、俄、德、比、意、奥等国也陆续向中国派出了公使。《清史稿·表五十二·交聘年表1》说："光绪建元，郭嵩焘、陈兰彬诸人分使英、美，是为中国遣驻使之始。"郭先于陈2年，于1876年9月赴任，所以是中国第一位实际驻外的公使。

三是以西礼逐步取代跪拜礼，流行千年的跪拜礼逐渐退出外交舞台。洋务外交最基本的礼节是鞠躬，因此，洋务外交时代可称为鞠躬外交时代。

---

① [美] 唐德刚：《晚清七十年》，岳麓书社1999年版，第121页。

四是由歧视侨胞转为保护侨胞。清初规定，凡私自出海贸易及迁往海岛居住者均按反叛、通贼论处斩，国人在"番"托故不归者，回国后，一经拿获就地正法。乾隆五年（1740年），荷兰殖民者在爪哇屠杀逾万华人，消息传到国内，乾隆却说："天朝弃民，不惜背祖宗庐墓，出洋谋利，朝廷概不闻问。"① 洋务外交与夷务外交的不同之处之一就是变斥侨为护侨。1876年，在李鸿章的授意下，郭嵩焘奏请朝廷在新加坡开设领事馆，这是中国在海外开设的第一个领事馆。十万华工在秘鲁受到残酷剥削与压迫，美国驻秘鲁使馆同情华工不幸遭遇，将情况转告清廷，清廷强硬处置该案，李鸿章派第一任驻美国公使兼驻西班牙、秘鲁公使陈兰彬前往实地调查，核实情况，迫使秘鲁政府接受了中国条件，使华工状况得到很大改善。李鸿章访美期间，不给美国面子，猛烈抨击美排华的《格利法》。他抨击这个法案时，"眼睛射出灼人的光芒"。他说，"排华法案是世界上最不公平的法案"，"你们因你们的民主和自由而自豪，但你们的排华法案对华人来说，是自由吗？这不是自由！"② 李鸿章在访美行程中故意绕开最排华的美国加州等地，以示对美国歧视和虐待华工表示强烈的抗议。

五是经济外交成为外交中的重头戏。"总理各国事务衙门"起初的名字是"总理各国通商事务衙门"，可见经济外交在对外交往中的分量。洋务外交为"求富"和"求强"的洋务运动服务，洋务运动陆续兴办了19个军用企业和近40个工交企业，至1894年为止，洋务企业资本占当时企业资本总额的45.22%，工业产值超过了同期日本。洋务外交为奠定中国现代工业基础作出了贡献。

洋务外交给我们留下了重要启示：一是维护国家核心利益是外交的重中之重。针对列强觊觎、染指我新疆、台湾的侵略野心，左宗棠奏请清廷在新疆、台湾分别建省，这是我在主权和领土完整这一核心利益上的及时、有力的对外宣示。二是弱国有外交。例如，经7个多月艰难谈判，中俄于1882终于签订新约。曾纪泽从虎口里夺食，争回了伊犁西南

---

① 李长傅编：《中国殖民史》，上海科学技术文献出版社2014年版，第93页。
② 郑曦原：《帝国的回忆：〈纽约时报〉晚清观察记》，当代中国出版社2018年版，第131页。

境的大片国土，使得边疆重镇伊犁有了重要屏障。又如，驻美公使梁诚奏请朝廷，通过外交努力，使美国带头、其他列强在压力之下，先后陆续退回了庚子赔款余额，用这笔钱办起了清华大学、山西大学和台湾清华等高校。此外，胡适、赵元任、竺可桢等大批杰出人物也是用这笔钱得以留学成才。再如，1919年10月，徐树铮率中国东北边防军挥师出塞，向库伦进发，拉开了中国军队收复外蒙的战幕。1919年11月17日，外蒙古正式上书中华民国大总统徐世昌，呈请废除中俄"蒙"一切条约、协定，回到中国怀抱！蒙古全境重归祖国，尤其是早已被沙俄侵占的唐努乌梁海，也在这时终于回到祖国怀抱。徐树铮同时向当时北洋政府总理段祺瑞和南方革命政府孙中山先生发电报告，孙中山先生收到来电后异常喜悦，不顾国民党内某些人的反对，回电称赞徐树铮是历史上陈汤、班超、傅介子一样的英雄人物，庆贺他"建此奇功"①。三是在国力不如人的情况下，要尽量避免与世界最强国发生正面对抗，尤其应避免与多个国家同时发生正面对抗。四是利用矛盾，以夷制夷不是可有可无的外交策略。例如，清廷利用英美等西方国家不愿日本在朝势力膨胀的心理，借力打力，顺势而为，赢得欧美一致的支持。五是办好外交面临的一个最大的牵制来自中国内部，那就是不少人思想保守，自以为是，自我封闭，自我膨胀，以居高临下的姿态看待中外关系。最早出使国外的郭嵩焘就亲身感受了这种情况，他出使英国的过程，始终伴随着人们对他的非议、责难和攻击，甚至伴随着屈辱。他与外国的商人、低级官员握手；他向同船的外国军士起立行礼致谢；他让自己的夫人学习外语；他让夫人出面请洋人看戏以结交朋友，所有这些在今天看来再正常不过的事，在当时都被看成是"有损国格"的"罪状"。而最为恶毒的攻击竟是来自他的副手、驻英国副使刘锡鸿。在刘锡鸿的笔下，郭嵩焘的最大"罪状"有三：不该穿外国人做的衣服；不该向英国维多利亚女王起立致敬；不该出席音乐会时效仿洋人索取节目单。郭嵩焘在唾骂声中出使，又在唾骂声中回国。郭于1879年5月5日乘船回到家乡湖南，到达长沙时，大

---

① 《致徐树铮电》，《孙中山全集》第五卷，中华书局1985年版，第169页。

骂郭"勾通洋人"的标语贴满了大街。郭回国后便归隐乡里。尽管他钦差使臣的官衔当时并没有被免掉,但自巡抚以下所有的地方官员都对他傲慢异常。郭嵩焘死后,虽有官员请旨按惯例赐谥立传,也都被清廷否决。直到他死后9年,义和团运动高涨之际,还有京官上奏要求开棺鞭戮郭嵩焘的尸身,以谢天下。

三

中国现代外交时代可称为国务外交时代。1911年的辛亥革命诞生了中华民国,中国外交进入国务外交时代——以国家利益为外交根本出发点的时代。当时,国务外交的目的就是从维护国家主权完整出发,废除不平等条约,使中国赢得平等地位和权利。为达此目的,按孙中山先生的话来说,就是联合世界上平等待我之民族。按五四运动的口号,就是"外争国权,内惩国贼"。自鸦片战争以来,中国主权屡受侵犯,领土惨遭分割,一雪国耻成为数亿国民的心声。从甲午战争到抗战胜利,抗日外交成为外交的重中之重。抗日外交和废约外交成为国务外交舞台上的两出大戏。

国务外交思想的核心是主权观。梁启超曾评价李鸿章:"只知有洋务,而不知有国务","不知国家之为何物,不知国家与政府有若何关系,不知政府与人民有若何之权限,不知大臣当尽之责任"①。梁的这一评价虽说得有点过,但以李鸿章为代表的洋务外交的代表人物确实是从夷务外交中走出来的,虽有变局观作外交思想基础,但毕竟皇家利益至上的朝廷观念根深蒂固,国民利益至上的国家主权观念淡薄。国务外交与洋务外交最大的区别是前者以维护国家利益为核心,后者则如同夷务外交一样,仍以维护一姓利益、朝廷利益为主轴。国务外交,即现代外交史上的国联外交、"革命外交"、废约外交、抗战外交等,都是以维护国家

---

① 梁启超:《李鸿章传》,江苏人民出版社2015年版,第49页。

主权为根本目的的。当时的中国不具有不妥协不让步立即争回所有丧失的国家主权的能力和条件，因此，其外交战略是在保留以后完全收回主权这一原则的前提下，以渐进的方式，逐步收回国家主权。实践证明，这是当时中国外交唯一具有可操作性的战略选择。

国务外交的依托是中国历史上第一次有了一批现代职业外交人才。洋务外交大员多为所谓"封疆大吏"，其职本在内政，外务则是临时膺命。他们中虽有郭嵩焘、曾纪泽、张荫桓等"不可多得之才"，但多数没有受过专门训练，不懂外交，也不习外语，他们对晚清洋务外交的失败负有一定的责任。民国创立，中国外交体制逐步实现了与世界现代外交体制的接轨。职业外交家陆徵祥担任首任外交总长，是近代以来破天荒的大事。驻外使领馆等机构专业化，外交人员一律由职业外交官充任。国内涉外事务管理实现一元化，改变了长期以来对外交涉的多头体系。这与袁世凯以通商大臣暨朝鲜总督身份驻朝12年，后担任外务部尚书，在民国国家元首中外交知识和经验最为丰富，与他支持陆徵祥、顾维钧、施肇基等职业外交家放手工作是分不开的。

国务外交的标志性成就至少有五：一是中国成为联合国创始成员国和安理会常任理事国，自鸦片战争以来任人宰割的中国恢复了世界大国的地位；二是收回台湾；三是收回租界；四是废除不平等条约。1914年，中国废除与德国签订的不平等条约，1941年，废除与日、意之间的不平等条约。1943年，中国与英美签订新约，取消美英在华领事裁判权、内河航行权等。随后，其他列强相继宣布放弃在华特权。五是基本实现关税自主。这些都是中国外交史上划时代的大事，具有巨大的现实意义和深远的历史意义。顺便说及，国务外交的基本礼节为握手礼，因此，国务外交时代也可称为握手外交时代，鞠躬礼基本退出外交舞台。

国务外交时代恰逢两次世界大战，中国在两次世界大战中，都是战胜国，这说明国务外交整体路径是对的。中国参加欧战，虽拒绝签署《凡尔赛和约》，却因单独与德签约，逐步走向自主外交，既享受到和约利益，又避免受和约中山东条款的约束，甚至还得到其他协约国所没有的俘虏收容费。战事赔偿方面，中国若加入协约国赔偿委员会，必定拿不到赔偿；单独议约却取得巨额赔偿，使法、比等国眼红。更重要的是，中德签定了第一个完全平等的新约《中德协约》，取消德在华一切特权。中国比照和约，在德享有最惠国待遇，德却无法在华享有此权利，巴黎和会外交不能说中国完全失败了，起码中国第一次以战胜国资格出席列强会议，没有屈服列强摆布。特别是在和会拒签对德和约，不仅促成中德单独议约，使中国得到远超过签署《凡尔赛和约》的收获，而且使日本不能继承德国在山东权益，无法使占领胶州湾行动合法化，这为不久后召开的华盛顿会议逼日本交还山东埋下了伏笔。此外，中国在和会上没有达到目的，美国也没有达到目的。二战时的1940年，德国提出与中国签订《中德军事秘约》，孙科、白崇禧等要员主张联德，但国民政府坚决拒绝德方之邀，使中国免除了与德结盟成为战败国的可能性。美国前国务卿基辛格博士在接受《纵横》杂志记者采访时说得对："中国是一个令人惊讶的国家，它没有像印度那样彻底沦为殖民地，这是中国外交艺术（即便是19世纪初期）的一大胜利。"①

  与夷务外交、洋务外交时代相比，国务外交时代的外交资源投放，开始照顾到国民利益的关切。例如，北洋政府用武力从俄国护送百万华侨（含华工）回国，此举令当时全世界对中国刮目相看。第一次世界大战期间，滞留在苏俄境内的百万华侨的生命和财产受到空前威胁，告急文电雪片般从俄罗斯飞往北京。1918年8月22日，北洋政府正式发表出兵宣言，4000名中国陆军、6艘中国军舰，在五色国旗引领下，分别开到海参崴，开进西伯利亚，在内战最为激烈的伊尔库茨克一线，中国外交官员不畏艰险，从莫斯科和哈尔滨联系调运火车，全程护送，仅1918—1919年就从战火中抢运出3万名被困华工。北洋政府从俄国保护百万华侨回国，历时2年之久。

  国务外交时代给我们留下了有益的启示：

  一是中国外交战略不能同任何国家的外交战略绑在一起，必须从维

---

  ① 《人类需要远见——美国前国务卿基辛格博士接受本刊记者采访》，《纵横》1996年第10期。

护好国家核心利益出发，紧紧围绕中外关系中的主要矛盾来拓展外交。甲午战争以来，中日矛盾成了中外关系中的主要矛盾，苏英矛盾则是苏对外关系中的主要矛盾。当时，日本侵华势力对中国的威胁远远大于英国侵华势力的威胁，但是，国民党主导下的中国南方革命政府受苏联影响，将中国外交战略同苏联外交战略绑在一起，将反英作为中国外交的重中之重，事实上替苏联分担压力。抗日外交时期成为近代以来，新中国成立前结交大国朋友最多的时期，成为外交成果最多的时期。

二是误读时代、误判大势是外交的根本大忌。1900年，中国在庚子事变中铸成大错，面临被列强瓜分的危机，误读时代、误判大势，往往导致交错朋友、透支国力，无一例外要倒大霉。

三要处理好顺应民意与不唯民意之间的关系。十月革命后，联共中央政治局候补委员、苏俄副外交人民委员越飞使华，谈判与中国建交，希望以此对冲来自英国对苏俄的巨大压力。北京政府外长顾维钧表示，如果苏俄从外蒙古撤军，中俄可立即建交。但北京大学生示威游行，要求无条件与苏俄建交，历史证明，顾维钧是对的，民众毕竟不是外交专业人士，一味迁就民意，很可能损害国家利益，最终也会损害民众利益。

四

在中国千年外交演变的历史轨迹中，三条主线留下了深刻的烙印。

第一条主线是大国外交，中国外交史上的大国外交整体上得大于失。中国最早面临的大国挑战来自于匈奴。《汉书·匈奴传》称"匈奴百蛮大国"。公元前206年，秦朝灭亡，刘邦和项羽这两大反秦主力之间又进行了5年的战争，无暇北顾，匈奴顺势强势崛起。匈奴国力在很多方面可以和汉朝一较短长。天山南路在汉初共有36国，公元前176年以后，乌孙、楼兰等北道26国都在匈奴控制之下。西汉前期匈奴统治和控制区总面积约540万平方公里，是汉朝的两倍多。公元前198年，汉高祖采纳刘敬的献计，对匈奴推行"和亲"外交以换取边疆的安全。除"公主"远嫁匈奴外，还达成三项协议：一是汉朝每年向匈奴奉送金、絮、缯、酒、米等物资；二是汉朝开放关市，准许汉匈物资交流；三是双方约为兄弟，以长城为界，互不侵犯。由此形成了汉匈相互承认、相互平等、相互争夺的两极格局。汉匈争霸数百年，东亚体系的两极格局逐渐趋于崩溃，最终匈奴对汉朝称臣，两极格局终结。汉匈争霸的结果是中国赢得在东亚国际体系的主导地位，晚清之前，再也没有一个国家成功挑战中国的这一主导地位。

新中国成立以来，如何办好大国外交一直是中国外交的重中之重。中国在大国外交的几个关节点上果断出手，打出了大国外交的三张好牌，有力地拓展了国家利益。一是毛泽东晚年邀请尼克松访华，开启了中美关系正常化的进程。二是中国1978年开始改革开放。改革开放主要是向西方大国开放。三是2001年中国在美支持下加入世贸组织，入世之后短短10年，中国成为世界第二大经济体，世界第一大贸易国，世界第一大吸引外资国，世界第一大外汇储备国，世界第二大对外投资国。入世18年，中国成为世界上最大的赢家。1979年建交以来，双边货物贸易增长了207倍，达到将近6000亿货物贸易总额，加之服务贸易1000多亿。中国经济在获得巨大的出口、就业、技术、人才等方面利益的同时，中国也成为美国海外成长最快的市场：美国出口的26%波音飞机、56%大豆、16%汽车、23%农产品和23%集成电路卖到中国。中国是美国飞机、大豆的第一大出口市场，农产品、汽车和集成电路的第二大出口市场。在服务贸易方面，中国处于逆差地位，来自中国人的旅游、教育给美国带来巨大的收益。中国在美国非金融类投资2016年为500亿美元，中国投资遍布44个州，为美国创造了10万个就业岗位。

第二条主线是海洋外交，中国外交史上的海洋外交整体上失大于得。中国古代海洋文明曾居世界先列，中国古代文明是海洋文明与大陆文明的综合体，两大文明合二而一成就了中国古代的辉煌：一是秦朝徐福东渡开创的海上"丝绸之路"，西至印度、斯里兰卡，东到朝鲜、日本，为东西方的文化交流作出了卓越贡献。二是东吴孙权积极拓展海权、派人多次经略海洋，成效显著。将军卫温、诸葛直率兵士万人到达夷洲，夷洲就是我国的台湾岛。这是大陆与台湾密切往来的最早的正式记录。随后，朱应、康泰奉命率团出使南海诸国，沿着传统的航线先到交趾，然后继续南下，遍访东南亚和南亚地区30多个国家。朱应、康泰的出使，留下了中国经略南海的历史记录。康泰在《扶南传》中对西沙群岛一带的珊瑚礁石作了记载，不仅提到了南沙群岛，而且记下了这一带的海清和形态，这从一个侧面解释了"朱应滩""康泰礁"等岛屿名称的由来。三是海洋文明成就了唐宋时代的辉煌，唐、宋成为世界上最富裕的国家。唐、宋时期泉州、广州、宁波等港口远洋商船云集，商人富甲一方，同时也为唐、宋王朝贡献了巨额赋税。宋代更是提出了"开洋裕国"的国策，将对外贸易的重心从陆地转向海洋，海上贸易的巨额利润推动中国的海洋文明得到了很大的发展。宋代同海外的联系比前代和之后的明清更广，海外贸易盛况空前，是我国封建社会对外贸易的黄金时代，是最彰显海洋文明的朝代。福建泉州成为世界第一大贸易港口，宋代造船业的规模和制作技术，处于当时世界领先地位，具备了推进海洋文明的技术和经济基础。海洋文明意味着商工文明，宋朝很大程度上是以商立国。四是郑和下西洋创造了历史。从1405年开始，在28年间，郑和曾率60多条军舰、300条商船、800余文官、400余将校、数十位通事（翻译）、180名医官，共约27000多人七下西洋。郑和下西洋，航线从西太平洋穿越印度洋，直达西亚和非洲东岸，途经30多个国家和地区。他的航行比哥伦布发现美洲大陆早87年，比达·伽马早92年，比麦哲伦早114年。在世界航海史上，他开辟了贯通太平洋西部与印度洋等大洋的直达航线。郑和船队所采用的"罗盘定向"和"牵星过洋"等航海技术，开创了人类航海史上天文导航之先河。

毫无疑问，明代海禁之前，海洋文明盛行的西方国家其成就和影响并不如兼具大陆文明和海洋文明的中国。明朝的造船技术世界领先，明成祖朱棣时期，中国水师有多达3800艘船，其规模是西班牙无敌舰队的10倍。即便是到了明末时期，明朝海军依然在澎湖之战和料罗湾海战中，将荷兰击败。葡萄牙、荷兰是典型的西方早期海权强国，然而大明海军却能够屡屡击败它们。直到第一次世界大战以前，没有哪一个国家的海军规模可与郑和舰队匹敌。这充分证明，明朝时的中国曾是不折不扣的世界第一海权大国。

然而，明初大手笔的海洋外交换来的却是连续300年的明清海禁。明朝时，葡萄牙、西班牙等国开始海外大冒险，欧洲经济轴心由南而北，从地中海沿岸向大西洋东岸地区转移。在政治革命、文化革命和科技革命的综合推动之下，"世界时间"的钟摆终于从东方猛烈地摇向西方。而此时的大明朝廷，从皇帝、儒生到草民，竟没有一个人察觉到这一历史性的变局。当西欧为了建立海军，政府不惜向威尼斯银行家借贷时，郑和却被召回，兵部将郑和船队数十年舍生忘死才得到的具有重要战略价值的航海资料销毁，舰船在海港中腐烂掉，同时下令停止建造远洋舰船。1404年，明成祖朱棣下令将民间海船都改为平头船，因为平头船无法飘洋过海，所以这一政策就从根本上断绝了民间的海外联系。海禁政策标志着中国完成了一次文明的转型，即由兼具海洋文明和大陆文明的国家，变为单一的大陆文明国家，这是一次百分之百的逆转型，是中国近代以来落后挨打的一个主要根源。

清朝海洋外交的失败表现在中国多次放弃中国成为世界海洋大国、海洋强国的历史性机会，多次丧失巨大的海洋利益。已拒绝海洋文明的中国，对海外开疆扩土丝毫不感兴趣，这是中国失去海洋大国意识的典型表现。1753年，苏禄苏丹国（今菲律宾）向清廷上《请奉纳版图表文》，请求将本国土地、丁户编入大清版图，使菲律宾成为中国的一部分，以便依托中国，得到庇护。但此时的乾隆皇帝正奉行闭关锁国政策，对海岸线以外毫无兴趣，苏禄希望成为"中国固有领土"的请求被婉言谢绝。1776年，在美国独立的同一年，在世界第三大岛——东南亚的加里曼丹（印度尼西亚人对婆罗洲的称呼，今约有三分之二为印尼领土）西部，诞生了一个华人建立的国家"兰芳大统制共和国"，开国元首是广东梅县人罗芳伯。这个存在了110年的兰芳共和国，按照著名史学家吕振羽在《简明中国通史》中的看法，是我国新兴的市民阶级（资产阶级）在国内发展受阻的情况下，在国外建立的一个资产阶级性质的共和国。[①]

---

① 吕振羽：《简明中国通史》，人民出版社1955年版，第927—932页。

这个华人国家刚刚建国,就派人回国,觐见乾隆皇帝,想把西婆罗洲这一大块土地纳入大清版图。但乾隆皇帝对此根本不予理会。兰芳共和国存在107年,直到19世纪末才为荷兰殖民者所灭。当时荷兰曾担心清朝干预,但清廷不把海外华侨当自己人,结果荷兰人后来才放大胆子把该国彻底灭掉。今人看来真令人长叹!

重陆轻海的传统观念进一步固化,导致中国的国防、外交等越来越难以适应全球化的历史大趋势。中国几千年最大的威胁是来自西、北方的挑战,塞防自然是国家安全中的重中之重。鸦片战争以后,中国更大的威胁是来自于海上的挑战。近代以来国耻家仇大多是由海上来犯之敌所造成的。自1840年至1949年的百多年间,中国先后遭受了上百次来自海上的侵略,被迫签署的不平等条约达700多个,[①] 中国的历史可谓一部海洋血泪史、海上耻辱史。一个不争的历史事实是,中国接二连三失去海参崴、图们江出海口等具有战略意义的要地,中国的海洋战略环境大大恶化了。可以断言,近代中国的落后与长期忽视海洋和海洋外交的失败有密切关系。

第三条主线是对东北亚的外交,中国外交史上对东北亚的外交整体上有得有失。对东北亚外交的本质是如何处理好中朝关系和中日关系。朝鲜历来被中国人看作中国北部极重要的"外藩",中国为保护朝鲜曾经四次出兵:一是公元663年唐朝出兵援朝,在白村口海战中大败日本;二是1592年明朝出兵援朝,将日军击败;三是1597年明朝再次出兵援朝,再次大败日本;四是1894年清朝出兵援朝,中国在甲午战争中遭受惨重失败。对东北亚外交的"得",表现在中国出兵朝鲜,既是对朝贡体系的维护,也是信守对朝贡国朝鲜的安全承诺。这说明了古代中国在东亚国际关系中是一个负责任的大国,也是朝贡外交的题中应有之义。表现在唐朝出兵把日本打痛了,日本转而向中国学习,多次派来了遣唐使;表现在抗战胜利后收回了台湾。中国因甲午战争的失败,被迫承认日本控制朝鲜;割让辽东半岛、台湾和澎湖列岛;赔偿军费白银2万万两;开

---

① 张世平:《中国海权》,人民日报出版社2009年版,第132页。

放沙市、重庆、苏州、杭州4个商埠，日船可以任意航行各口；允许日本在中国通商口岸建立工厂，装运进口机器；允许日本驻军威海。甲午战争的失败，标志着朝贡体系的破产，中国由此失去了对东亚国际体系的主导地位，这进一步刺激了列强侵略中国的野心，大大加速了中国半殖民地化的进程。

　　随着中华人民共和国的成立，中国逐步进入全方位的当代外交时代。当代中国外交时代是千年中国外交史上影响最大、空间最大、成就最大的时代。香港和澳门的回归、入世谈判和奥运外交、世博外交的成功，上海合作组织的成立，等等，一雪鸦片战争以来中国的奇耻大辱，中国以崭新的姿态出现在世界舞台上。春秋战国时代的外交基本以现在的中国地域为舞台，秦汉唐宋的外交基本以现在的亚洲地域为舞台。当代中国外交则以整个世界为舞台，哪里有人类活动，哪里就有中国的影响。当然，当代中国外交也正面临着前所未有的一系列挑战，每个中国人都期待着当代中国外交能在世界舞台上演好一幕幕新的威武雄壮、有声有色、影响长远的大戏。"中国应对人类做出较大贡献"。这种贡献同确立中国作为世界领导型国家分不开。习近平总书记在致2016年新年贺词时表示："世界那么大，问题那么多，国际社会期待听到中国声音、看到中国方案，中国不能缺席。"进入中国特色社会主义新时期的中国外交，将抓住机遇、顺势而为，推动国际秩序朝着更加公正合理的方向发展，更好维护我国和广大发展中国家的共同利益，为实现"两个一百年"奋斗目标、实现中华民族伟大复兴的中国梦营造更加有利的外部条件，为促进人类和平与发展的崇高事业做出更大贡献。

The Track of China's Diplomatic History through Thousands of Years

Yuan Nansheng

Abstract：China's diplomacy has been travelling through three major eras successively: Ancient Diplomacy, Late Qing Dynasty's Diplomacy, and Modern Diplomacy. In the three eras, China respectively embodies different ideas towards foreign countries. In period of Ancient Diplomacy, foreign countries were treated as barbarian states, and when it came to Late Qing Dynasty's Diplomacy, China experienced the idea changes on the time trend and the balance of force. Up to Modern Diplomacy, China has accepted the idea of sovereignty, in which other countries are considered as counterparts with equal status. By reviewing the evolution of China's diplomacy, connections between tribute system, treaty system and colonial system, and three main lines of the track, we shall get the important revelation with both historical and practical significance.

Keywords: Ancient diplomacy; Late Qing Dynasty's Diplomacy; modern diplomacy; three main lines;

中外关系史

西辽帝国对中亚的治理与文明的多元共生
——兼评亨廷顿"文明冲突论"

魏志江　卢颖琳[*]

【内容摘要】塞缪尔·亨廷顿的"文明冲突论",虽然有助于揭示世界历史文明多元并存的事实,但并不符合历史上文明发展的本质和规律。文明的冲突和共生融合,取决于不同文明核心国形成的不同国际文明规范,并由此导致原有的国际文化体系转变为新型国际文明体系。当霸权型文明核心国成为文明主导国时,它建立一元、排他和冲突型的国际文明规范,呈现为不同文明之间的冲突大于合作;当王道型文明核心国成为文明主导国时,它建立多元、无外和共生型的国际文明规范,呈现为多元文明互嵌共生,文明在交流交融中兼容并蓄,并导致文化边界的消弭和异质文化的共生交融。耶律大石建立的西辽帝国是作为王道型文明核心国治理中亚地区实现多元文明共生和融合的典范,其对中亚的治理所体现的多元文明和宗教政策的包容、尊重和文明的交融互鉴,不仅是契丹帝国传统的"因俗而治"政策在中亚地区的一次成功实践,也是契丹所引入中亚地区的佛教和儒家文明的价值观与治理模式,也是汉地文化与契丹传统文化相融合的产物。西辽帝国对中亚的治理,不仅改变了伊斯兰教在中亚一统天下的文明格局,而且,由于西辽实现多元化、兼

---

[*] 魏志江,中山大学国际关系学院教授兼韩国研究所所长,博士生导师;卢颖琳,中国社会科学院大学国际政治经济学院博士研究生。

容并存的民族宗教政策，在帝国境内形成了伊斯兰教、佛教和其他民族宗教和平共存的区域民族宗教文明的新格局。从而，不仅在政治上结束了该地区政权割据、宗教战争频发的状态，而且，实现了契丹治下的和平，也促进了中亚和欧亚大陆等丝路区域多民族宗教文明多元共生、相互交融和发展。

【关键词】"文明冲突论"；文明多元共生；西辽帝国；耶律大石；中亚治理

一 问题的提出

塞缪尔·亨廷顿（Samuel Huntington）的"文明冲突论"认为，世界上存在多元文明，文明之间的冲突必然发生，既包括文明断层线冲突，也包括西方文明与伊斯兰和中华文明为代表的东方之间的文明冲突。① 亨廷顿揭示了世界历史文明多元并存的事实，但其提出文明冲突必然性的论点，却并不符合历史上文明发展的本质和规律。仅从亨廷顿提出的"文明断层线"理论来看，将由北向南，沿着波兰以及波罗的海三国与俄罗斯边界，然后穿过北俄罗斯和乌克兰，再向西将特兰西瓦尼亚和罗马尼亚的其余部分、克罗地亚和斯洛文尼亚以及原南斯拉夫的其余部分分开，并在巴尔干半岛，这条分界线与历史上哈布斯堡王朝和奥斯曼土耳其帝国重叠。② 亨廷顿列举了这条分界线两侧国家和民族在历史和文化上的差异，从而得出这条分界线就是未来世界文明最容易发生冲突的所谓"断层线"。显然，中亚地区正好位于该断层线的东侧和腹地，因此，中亚地区成为不同宗教和民族文明的必然冲突地带。然而，西辽帝国在12到13世纪对中亚地区的治理，却一度出现了契丹治下的和平，呈现出多

---

① 参见［美］塞缪尔·亨廷顿《文明的冲突与世界秩序的重建》，周琪、刘绯、张立平、王圆译，新华出版社1999年版。

② Samuel Huntington, "The Clash of Civilizations?" *Foreign Affairs*, Vol. 72, No. 3, 1993, p. 31.

元文明并存和相互兼容的文明规范。

在研究世界政治中的文明与文化的议程里,关于文明之间爆发冲突的地带和概率的定量和定性分析较为充分,而对多元文明之间如何实现交流互鉴的研究却较为薄弱。即便是研究多元文明共生的论文也大多存在失衡问题,即学界更多将不同文明能够实现共生作为文明冲突的另一面来描述和进行一种价值判断,却未能探讨在何种条件下触发多元文明爆发冲突与实现共生的因果机制。所以,本文以西辽帝国对中亚的治理为史实依据,探讨为什么多元文明的并存有时候导致冲突甚至战争,有时候却能够较好地实现交流互融、共生与共荣呢?更进一步讲,在多元文明共存的国际文化体系中,什么样的文明核心国可以创建具有包容度高的国际文明规范,什么样的文明核心国倾向建立排他性强具有冲突性的国际文明规范。本文假定,在不同的行为逻辑支配下,不同类型的文明核心国遵循的行为原则以及构建的国际文明规范也存在着根本差异。本文试将道义现实主义和世界政治的关系理论引入到中外文明关系史研究,并以契丹在中亚地区的文明规范构建为案例,阐释文明核心国在塑造国际文化体系中的作用。

二 文明的冲突抑或多元共生?对中外文明史的理论阐释

文明是多元的,即各种文明共存于同一个世界或地区的文化体系中。在不同文化圈中,一般都由一个或者几个核心国家组成这种文明的向心圆,反映了对核心文明的认同及追随程度,这种文明聚合体通常包括核心国、成员国和毗邻国。文明核心国对新国际文明规范的形成所起的主导作用比其他国家大得多。国际文化规范是国际文化体系中为大多国家所接受的关于不同文明相处的行为规则。这一定义同时强调,文明核心国的文化相处原则被大多数国家接受之后才能被视为国际文明规范。也就是说,文明核心国的行为逻辑决定了它们的国际领导类型,它们处理不同文明的行为会促使其他国家效仿它们的行为规则,最终导致国际文明规范发生变化。因此，文明核心国国际领导类型是自变量，文明核心国与其他国家之间的互动是中介变量，国际文明规范是因变量（如图1所示）。

```
┌──────────────┐      ┌──────────────┐      ┌──────────────┐
│ 文明核心国   │─────▶│ 依据相同行为 │─────▶│  形成国际    │
│ 国际领导类型 │      │   规则互动   │      │   文明规范   │
└──────────────┘      └──────────────┘      └──────────────┘
```

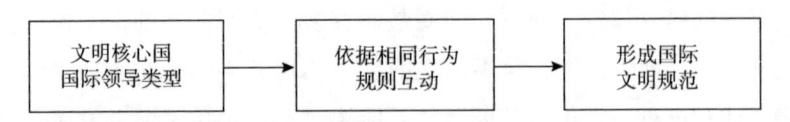

图1　文明核心国国际领导类型与国际文明规范的形成

从现有国际关系理论研究的成果来看，行为体的行动逻辑主要分为两类：一类是个体理性逻辑，包括结果性逻辑（The Logic of Consequences）、适当性逻辑（The Logic of Appropriateness）和辩论性逻辑（The Logic of Arguing）。结果性逻辑是指行为体遵循工具理性对手段—目的进行计算，设计出能够使自我利益最大化的方案并采取行动。适当性逻辑则强调规则和规范的作用，行为体的行为遵循于特定情境之特定认同相联系的规则。① 辩论性逻辑借鉴哈贝马斯的交往行动理论，通过辩论发现好的规范并在行动中遵循这样的好规范，并预设最终存在达成一致的规范结果。② 另一类是关系理性逻辑。在关系性逻辑（The Logic of Relationality）框架中，行为体以其关系圈网的总和为整体背景、以行为体自我与特定他者之间的关系性质为基本依据、作出行动决定。③

依据不同的行为逻辑，文明核心国的两种领导类型分别是霸权型和王道型，它们相应创建的国际文明规范是一元、排他和多元、无外。在个体理性逻辑支配下，文明核心国考虑的往往是自身利益最大化，要求确认唯一文明话语的主导地位，并单向社会化其文明，因此它的国际领导是霸权型的。它奉行同质化的行为原则，即消灭多样性、消除差异。

---

① 参见 James G. March and Johan P. Olson, "The Institutional Dynamics of International Political Orders", *International Organization*, Vol. 52, No. 4, 1998, pp. 943–969；玛莎·芬尼莫尔《国际社会中的国家利益》，费正清译，浙江人民出版社2001年版，第21页。

② Thomas Risse, "'Let's Argue!': Communicative Action in World Politics", *International Organization*, Vol. 54, No. 1, 2000, pp. 1–39.

③ 参见秦亚青《世界政治的关系理论》，上海人民出版社2021年版，第386—426页。

它把世界上所有的文明分为异质和同质两类，认为有责任和义务通过和平和暴力手段同化甚至消灭异质文明，并把自己的文明移植到这些地方。因此，霸权型文明核心国强调的是只有在同质文明之间才可以实现和平共处，并推行一元、排他的国际文明规范（如图2）。

个体理性逻辑 → 霸权型国际领导 → 达成同质性的行为原则 → 一元、排他的国际文明规范

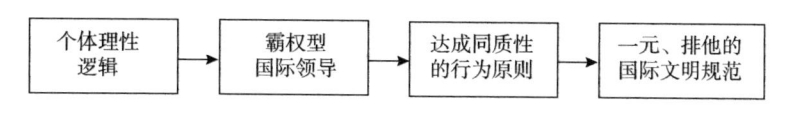

图2　逻辑机制1

在关系理性逻辑支配下，文明核心国考虑的往往是文明规范的对立转化、多元互补与并存、彼此的促进和共生，因此它的国际领导是王道型的。它奉行差异化的行为原则，即承认并尊重多元性和差异性。它认为文明是多元化的，具有共通性与差异性两个方面，差异性是无法消除的。它强调亲疏有别、和而不同，愿意接受、融合不同的文明并加以融化，并推行多元、无外的国际文明规范（如图3）。

关系理性逻辑 → 王道型国际领导 → 尊重差异性的行为原则 → 多元、无外的国际文明规范

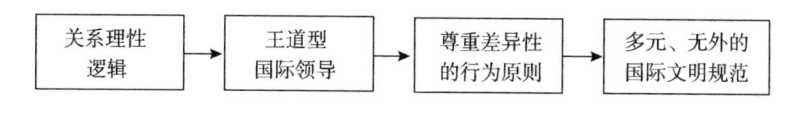

图3　逻辑机制2

两种类型的文明核心国都可以通过三个机制将新的国际文明规范社会化为其他国家的行为原则。第一种是榜样—效仿机制，文明核心国为其他国家树立榜样，提供其效仿。其作用是先使其他国家向往而后效仿文明核心国的行为原则。在同一文化圈内，文明核心国比其他国家不仅拥有更先进的文化，还享有更高的地位和更大的权力，这一事实使其他国家相信，领导国的文明管理原则是其成功的重要原因，所以它们愿意效仿文明领导国处理不同文明的行为方式。而且，文明核心国的样板示范作用对其他文化圈的国家有着相同的影响。第二种是支持—强化机制，文明核心国奖励那些采取同类行为原则的国家。如果文明核心国支持其他国家符合现行国际文明规范的行为，该规范则强化；如果文明核心国支持

其他国家违反现行规范，那么新国际文明规范则取代现行国际文明规范。第三种是惩罚—维护机制，文明核心国惩罚那些违反这些原则的国家。文明核心国惩罚违背其倡导的行为原则的国家，既能提高违反行为的成本，也能鼓励其他国家遵照这些规范行事，从而有效维持现行国际规范。当大多数国家将其行为原则转变为与文明核心国的行为原则一致时，这种行为原则就演变为具有普适性的国际文明规范（如图4所示）。①

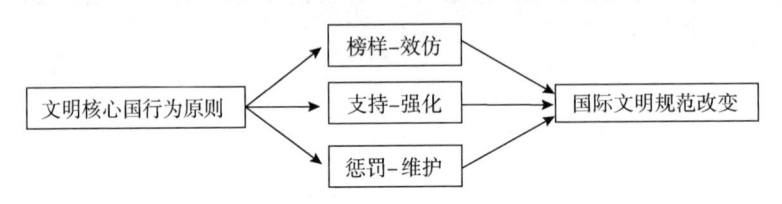

图4　文明核心国改变国际文明规范的机制

在借鉴阎学通教授对国际体系构成要素和转型条件的定义下，国际文化体系是由文明行为体、国际文明格局和国际文明规范构成的，至少两个构成要素的转型将极有可能导致国际文化体系转型。国际文明格局转型快于国际文明规范转型，而国际文明规范转型则较迅速于国际行为体转型。② 阿米塔夫·阿查亚指出，尽管亨廷顿模糊了文明与国家之间的关系，但是他的观点本质上仍是以国家为中心，其提出的文明国家（Civilization state or "Civilizational State"）这一说法的优点是将两个单词连为一个概念以消除歧义。③ 由于文明行为体转型通常需要几个世纪，文明行为体的主要类型是文明国家的现状在长时期内保持不变。这解释了为什么国际文化体系转型经常伴随着国际文明格局和国际文明规范的转型。当一个文化圈中的文明核心国成为所有文化圈中的主导国时，国际文明格局就会发生改变。这一新文明主导国可能为世界提供与之前主导国完全不同的新型国际领导，就很有可能建立起与以往类型不同的国际文明

---

① 阎学通：《大国领导力》，中信出版集团2020年版，第135—138页。
② 阎学通：《大国领导力》，中信出版集团2020年版，第202—203页。
③ Amitav Acharya, "The Myth of the 'Civilization State': Rising Powers and the Cultural Challenge to World Order", *Ethics & International Affairs*, Vol. 34, No. 2, pp. 139–156.

规范。当国际文明格局和国际文明规范都发生转型时，原有的国际文化体系将转变为新型国际文明体系（如图5）。也就是说，当霸权型文明核心国成为文明主导国时，它建立一元、排他和冲突型的国际文明规范，国际文化体系的包容度低、排他性高，呈现为不同文明之间的冲突大于合作。当王道型文明核心国成为文明主导国时，它建立多元、无外和共生型的国际文明规范，国际文化体系的包容度高、排他性低，呈现为多元文明互嵌共生，文明在交流交融中兼容并蓄，导致文化边界的消弭和异质文化的共生交融。

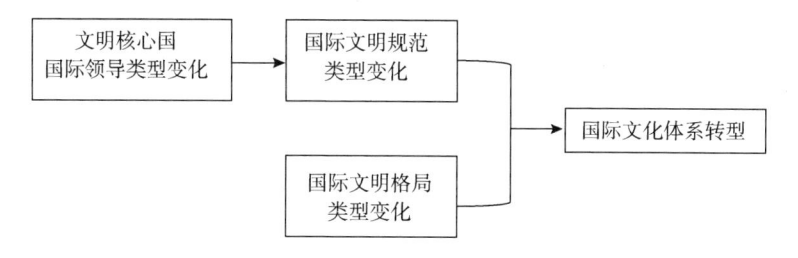

图5 新型国际领导与国际文化体系转型

三 西辽帝国的中亚治理与文明的多元共生

根据上述文明核心国的国际领导力与文明规范以及文明体系转型的理论，12到13世纪契丹对中亚的治理，不仅体现了西辽帝国作为中亚地区文明核心国的领导地位，而且由于契丹奉行的"王道型"国际领导力的文明治理规范，从而实现了契丹治下的中亚和平与多元文明的交融共生。

辽国灭亡后，契丹贵族耶律大石西迁所建立的王朝被西方史学家称为Qara Khidan（哈剌契丹），中国学者则称为西辽帝国（Western Lao Empire）。其政权历经五世君主，在中亚和西域地区延续了近百年（1124—1211）的统治，对当地政治经济发展与民族宗教文化格局变迁产生了重大的历史影响。1122年，金兵大举攻辽，陷中京等地，辽天祚帝仓皇远遁夹山①（今内蒙古呼和浩特西北吴公坝北武川县附近）。次年，辽王族耶律大石率辽兵残部抵达夹山与天祚帝汇合。1124年，耶律大石以养兵待时而动为理由，拒绝了天祚帝与金兵决战，以收复燕、云等地的指令，率铁骑二百离开天祚帝向西北迁移。1125年二月，辽天祚帝被俘，辽亡。耶律大石率领辽兵残部向西北镇州可敦城进军，并开始了征服西域、中亚的历程。1132年2月，耶律大石在叶密立称帝，并建元延庆，号菊尔汗，正式建立西辽帝国。故耶律大石对文武百官说："朕与卿等行三万里，跋涉沙漠，夙夜艰勤，赖祖宗之福、卿等之力，冒登大位，尔祖尔父，宜加恤典，共享尊荣。"②就在耶律大石在叶密立建造宫室、城池，整顿军备，养兵待动之际，1133年，东喀喇汗王朝阿尔斯兰汗哈桑死后，其子伊卜拉欣继位，为耶律大石重新进兵大食提供了机遇。

1134年，由于康里人和附属于东喀喇汗王朝的葛罗禄人的侵扰，伊卜拉欣邀请耶律大石率兵至巴拉沙衮，并将其汗位让给耶律大石。这样，"菊尔汗进抵巴拉沙衮，登上那不费分文的宝座"③。于是，耶律大石遂建都巴拉沙衮，并改成虎思斡耳朵，改延庆三年为康国元年（1134年），降封伊卜拉欣为伊利克－伊·土库曼，统治喀什葛尔、和田等原东部喀喇汗王朝的边境。因而东喀喇汗王朝成为西辽藩属国，巴尔喀什湖以北康里、以东、以南的葛罗禄人等部也悉归属西辽。因此，耶律大石通过西征，终于重新打通和恢复了从漠北经天山南麓、沿塔里木盆地北沿至于阗（和田）、喀什的漠北丝路以及传统的绿洲丝路，并保障了中亚、西域腹地与中原丝路的畅通。

为了进一步巩固和扩大西辽在中亚的统治，耶律大石进一步展开在中亚丝路腹地的经略。1137年，西辽军控制费尔干盆地，与西部喀喇汗王朝大汗穆罕默德交战，西辽军大胜，穆罕默德逃回其都城撒马尔罕，并向塞尔柱王朝苏丹桑贾尔求援。1138年，统治伊朗高原东部、伊拉克以及阿富汗一带的塞尔柱王朝与其附庸花剌子模发生战争，花剌子模击

---

① 参见陈得芝《耶律大石北行史地杂考》，《蒙元史研究丛稿》，人民出版社2005年版。
② 《辽史》卷三十附《西辽本末》，中华书局2016年修订本，第403页。
③ [伊朗]志费尼：《世界征服者史》，何高济译，内蒙古人民出版社1981年版，第418页。

败塞尔柱王朝苏丹桑贾尔，攻占阿姆河流域的布哈拉。1141年，在河中地区，西部喀喇汗王朝与其所属军事部落葛逻禄人也发生冲突，应西喀喇汗王朝大汗穆罕默德所请，塞尔柱王朝苏丹亲率呼罗珊、西吉斯坦、古尔等国的国王们集结十余万大军渡过阿姆河，开进河中地区，进攻葛逻禄人。葛逻禄人向耶律大石求援，耶律大石写信给塞尔柱苏丹桑贾尔加以调停，然而不仅遭到塞尔柱苏丹桑贾尔拒绝，苏丹反而要求耶律大石接受伊斯兰教，并威胁如有不从即以武力解决。于是，耶律大石率契丹、汉人和归附的特厥部队在撒马尔罕北部的坎特弯草原与塞尔柱王朝的多国联军进行大战，结果耶律大石以逸待劳，利用峡谷地利之便大败塞尔柱王朝的联军，桑贾尔十余万大军死伤惨重，"忽而珊大败，僵尸数十里"①，坎特弯会战，成为中亚史上一次著名的战役。

坎特弯会战后，塞尔柱王朝势力退出了阿姆河以东的河中地区，耶律大石率军进入西喀喇汗王朝首都撒马尔罕，并封逃入呼罗珊的西喀喇汗王朝大汗穆罕默德的弟弟伊本·穆罕默德为桃花石汗，西辽留住一名沙黑纳以监督其国政，西喀喇汗王朝归附西辽版图。同时，耶律大石驻军撒马尔罕期间，率军巡视布哈拉、起儿漫等阿姆河流域，迫使花剌子模成为西辽的藩属。所以，1141年坎特弯会战，奠定了耶律大石在中亚地区的统治基础，塞尔柱王朝的势力被逐出河中地区，原相互争战的花剌子模、东、西喀喇汗王朝和西州回鹘以及康里、葛逻禄部落等全部置于西辽帝国的统治之下，耶律大石以"随从两百骑"起兵西征，最终"敌者胜之，降者安之，兵行万里，归者数国，获驼、马、牛、羊财物不可胜计，军势日盛，锐气日倍"。② 在中亚地区建立了横跨内陆亚洲北部和中亚的西辽帝国，但同时西辽政权也需要面临在新的地缘政治环境和社会文化环境中，处理更加复杂的民族宗教和多元文明问题。

西辽帝国是第一个在中亚地区建立的非伊斯兰教政权，坎特弯战役后，西辽的疆域达到极盛，从而成为主导中亚地区的文明核心国。西辽

---

① 《辽史》卷三十附《西辽本末》，中华书局2016年修订本，第403页。
② 《辽史》卷三十《天祚帝纪》，中华书局2016年修订本，第402页。

帝国以直辖领地和属国（部）作为基本行政区划，全国除随耶律大石西征迁徙而来的契丹人、突厥人、汉人以外，还有大量属国（部）的原住民族群，如回鹘人、葛逻禄人、样磨人、乃蛮人、康里人等，以及原来居住在中亚、西亚的阿拉伯人、波斯人、叙利亚人、犹太人。境内宗教信仰复杂多样，其中伊斯兰教和佛教是信仰民族和人数最多、影响最大的两个宗教。此外还有景教、摩尼教、祆教、萨满教、犹太教等。

  伊斯兰教起源于7世纪的阿拉伯半岛，8世纪初政教合一的阿拉伯哈里发帝国开始向中亚扩张，中亚的游牧民族开始了漫长的伊斯兰化过程。公元10世纪，疆域辽阔的强盛伊斯兰政权萨曼王朝建立，河中地区（锡尔河和阿姆河流域以及泽拉夫尚河流域）成为伊斯兰世界的宗教文化中心，藉此影响了周边后续的伽色尼王朝、塞尔柱王朝和喀喇汗王朝等突厥异教政权。"当地居民放弃原来的宗教信仰而皈依伊斯兰教，并由此改变自己的文化、意识形态和生活方式"①，伊斯兰教在中亚地区取得了其他宗教无法撼动的政治地位。西辽统治时期，伊斯兰教仍占据全国大部分地区。东、西喀喇汗王朝、花拉子模、葛逻禄部在归顺西辽后仍信仰伊斯兰教，撒马尔罕、拔汗那、海押立和阿力麻里都是当时伊斯兰教的重要中心。②

  佛教产生于公元前6世纪的印度，公元1世纪左右经于阗传入西域。③ 贵霜帝国（127—230，疆域从今日的塔吉克绵延至里海、阿富汗及印度河流域）的兴盛极大推动了佛教的东渐。此后的近千年间，整个中亚、西域地区处在强烈的佛教影响之下。在塔里木盆地、吐鲁番盆地和天山北麓等绿洲区域小城郭中，佛教为王室接受，自上而下地加以推广和普及，成为该地区占主导地位的宗教。④ 粟特人和汉人热衷于翻译佛经和佛教传播，回鹘人在传统佛教基础上衍生了自己的教义，吐蕃人在占领于阗之后开始信仰佛教。契丹民众原本信仰萨满教，但在契丹统治阶

---

  ① 常玢：《伊斯兰教在中亚的传播与发展》，《东欧中亚研究》2001年第1期。
  ② Michal Biran, *The Empire of the Qara Khitai in Eurasian History: Between China and the Islamic World*, New York: Cambridge University Press, 2005, p. 180.
  ③ 李泰玉主编：《新疆宗教》，新疆人民出版社1989年版，第35页。
  ④ 李进新：《丝绸之路宗教研究》，新疆人民出版社2009年版，第81页。

层中则广泛信仰佛教。西辽境内佛教主要信仰分布在高昌回鹘王国和天山北部地区以及契丹、汉人聚居的西辽直辖领地。

景教是基督教的分支,起源于叙利亚,7世纪中叶,基督教聂思脱里派(Nestorians)开始传入中亚七河地区,并为突厥语部族所信仰。① 通过考古发现,在10世纪以后,高昌地区、天山北部和喀什噶尔地区是景教的传播中心,曾出土了大量用粟特文、回鹘文书写的景教文献。② 景教在中亚地区的流传并未得到统治阶级的扶持,多在民间层面进行传播。11世纪中期,于阗地区的城镇和城郊都出现了景教的教会。③ 到12世纪末,东方基督教会(景教)在西域影响力上升,特别是在乃蛮部(粘拔恩部)。④ 西辽末年攫取政权的乃蛮王屈出律就是一名景教徒,也印证了景教在粘拔恩部地区的流行。⑤ 由此推断西辽时期,景教徒大致分布在七河流域、粘拔恩部和高昌回鹘等地。

萨满教是中亚原始宗教的一种,曾广泛流行在阿尔泰语系、蒙古语族和突厥语族等众部落间,西域地区诸族都曾广泛信仰过萨满教。伴随西域地区私有制出现和阶级分化,"原始萨满教观念及其祭祀仪式已经不能适应这种发展的需要,逐渐被兴起的祆教、佛教、景教、摩尼教和伊斯兰教等宗教所取代"⑥。契丹族虽在辽代受汉地佛教影响深远,但仍未完全放弃传统萨满教信仰。西辽建立后,萨满教随耶律大石契丹军队再次进入了中亚腹地。但仅在西辽直辖的契丹领地保留有萨满教观念和风俗。

祆教,俗称拜火教,是中亚等地的原始宗教。高昌地区曾有"俗事天神,兼信佛法"⑦的记载,说明祆教一度在当地很有地位。易德里斯(1100—1165年),1154年撰写的《锣吉尔之书》中提到回鹘地区主要大

---

① 牛汝极:《中亚七河地区突厥语部族的景教信仰》,《中国社会科学》2012年第7期。
② 李进新:《景教在西域的传播》,新疆哲学社会科学网,www.xjass.com。
③ Michal Biran, *The Empire of the Qara Khitai in Eurasian History*: *Between China and the Islamic World*, New York: Cambridge University Press, 2005, p.179.
④ [美] 芮乐伟·韩森:《丝绸之路新史》,张湛译,北京联合出版公司2015年版,第288页。
⑤ [日] 羽田亨:《西域文化史》,耿世民译,新疆人民出版社1981年版。
⑥ 李进新:《丝绸之路宗教研究》,新疆人民出版社2009年版,第38页。
⑦ 《魏书》卷101,《北史》卷99。

城是 Tanbie，据认为应是指高昌，"此城甚大，有高大城墙围住，有十二扇铁制大门。位于东流河河岸，为当地可汗使用。其地居民信奉拜火教义。在突厥人中被称为回鹘的民族世代信仰拜火教并崇火"①。由于祆教属于地区性宗教，有不传教、不译经的特点。② 西辽时期主要流行在伊朗语诸部族间，并与当地的原始宗教相互渗透、融合后衍生出摩尼教。

摩尼教公元 3 世纪兴起于波斯，中国亦称为"明教"。公元 6—7 世纪传入西域，主要在天山南麓和塔里木盆地一带传播。840 年信仰摩尼教的回鹘被辖戛斯击败并开始西迁，将摩尼教传播到了西域各地。公元 10 世纪，回鹘建立汗国，并将摩尼教立为国教。③ 西辽时期，西州回鹘虽已大量信奉佛教，但仍保留有摩尼教的信徒。撒马尔罕地区曾建有摩尼教的寺院，有信徒 500 多人。④

最后，犹太教于公元前两千年的西亚游牧民族希伯来人创制，是世界上最古老的宗教。丝绸之路开辟后，西亚的犹太人进入中亚和西域地区。"1155 年左右有大量的犹太人进入到和田河东部和阿克苏地区"⑤。在撒马尔罕也有大量的犹太人，犹太教因而也在西域、中亚流传。

通过审视西辽治域内的民族宗教构成，可以发现西辽境内的民族众多、宗教复杂、存在民族杂居的现象，西辽帝国并非将其尊崇的佛教定于一尊，而是采取多元并存、兼容融合的民族宗教和文明共生政策，从而保证了西辽帝国统治下的民族宗教和多元文明的和谐与融合。因此，西辽作为"王道型"文明核心国，当其成为中亚地区文明主导国时，它建立多元、无外和共生型的国际文明规范，从而体现了国际文化体系的包容与融合，呈现为多元文明互嵌共生，文明在交流交融中兼容并蓄的文明规范，并导致文化边界的消弭和异质文化的共生交融。

首先，耶律大石西征建政之初就以皇族血统和"复我疆宇"作为其

---

① 龚方震、晏可佳：《祆教史》，上海社会科学院出版社 1998 年版，第 289 页。
② 李进新：《丝绸之路宗教研究》，新疆人民出版社 2009 年版，第 137 页。
③ 林悟殊：《古代摩尼教》，商务印书馆 1983 年版，第 49 页。
④ 高永久：《摩尼教的产生及其在中亚的传播》，《西北民族研究》1997 年第 1 期。
⑤ Michal Biran, *The Empire of the Qara Khitai in Eurasian History: Between China and the Islamic World*, New York: Cambridge University Press, 2005, p. 179.

政权合法性的重要来源。1134年定都虎思斡耳朵后，仍以"大辽"为国号，典章制度亦多沿袭辽代。辽"因俗而治"的民族治理思想在西辽得到继承。1124年耶律大石赴可敦城时，即决定继续实施辽代的"南北面官"制度，"官分南、北，以国制治契丹，以汉制待汉人"①。该政策成为保障和尊重西辽境内不同民族的生产、生活方式和社会制度的政治基础。当然西辽帝国选择宽容的多元化的民族宗教政策，也是源自其所处的现实环境的考量。"有限的王室直辖领地环绕着大批各色臣民，有定居也有游牧。"② 西辽境内不仅民族宗教众多，而且保存着氏族部落制、封建地主贵族制等不同政治制度。人口密集的城镇和绿洲成为各种文明交融、碰撞的舞台。"这样的现状几乎排斥了所有的统一感，西辽可能正确评估了自己的军事力量，所以政治显得平缓。"③ 因此，西辽的多元化的宗教文明宽容政策，也是其国家战略地位和实力所决定的。西辽政权历经80多年，未立国教。辽代的契丹统治者虽然在入主中原之后开始信仰佛教，但是，与辽一脉相承的西辽却没有将佛教定为国教，显然是为了适应中亚地区复杂的宗教现状。同时，将任何一种宗教定为国教，会引起其他宗教的不满。契丹统治者用谨慎的政策维持微妙的平衡。

此外，关于大石个人的宗教信仰，没有明确的史料记载。大石在两次重要的军事行动开始前都采用了契丹族传统宗教萨满教的风俗"祭青牛、白马"来举行皇帝亲征仪式，可以看出他遵守祖制。④ 但从史料记载的其个人言论，可以发现他又倾向于佛教信仰，这也符合当时契丹贵族信仰佛教的传统。同时，他使用伊斯兰教的语言文法，给穆斯林地区的属国或部落下发公文，则显示出他对伊斯兰教的尊重。⑤

---

① 《辽史》卷45，《百官志》。
② K. A. Wittfogel, *History of Chinese Society*, *Liao*, 907—1125, Macmillan Co., New York, 1949, p. 670.
③ ［英］C. E. 博斯沃思：《中亚文明史》第四册下，刘迎胜译，中国对外翻译出版社2010年版，第240页。
④ 纪宗安：《关于耶律大石和西辽建国的几个问题》，《西域研究》1993年第3期。
⑤ Michal Biran, *The Empire of the Qara Khitai in Eurasian History: Between China and the Islamic World*, New York: Cambridge University Press, 2005, p. 180.

西辽对中亚地区奉行"王道型"的多元文明共生融合的治理政策,因而对中亚地区的民族统治主要体现在继续保留归属的王国及其政权,对其实行间接统治和"因俗而治"。同时,废除原来伊斯兰诸王国的采邑分封制度,实行大汗对中央丝路腹地的直辖统治。据巴托尔德记载:西辽"任何一个曾经施行过统治的王朝,在被占领后,只要表示归顺,就可以依然存在,其所负封建义务,不外蒙古统治时期俄罗斯人所熟知的三种方式。在很多地方,有葛儿罕的常驻代表与地方统治者并肩而治,其余地区,如花剌子模,葛儿罕的收税代表定期地前来征取。"① 可见,西辽帝国对归附的地区,除派遣代表监督地方行政和征税外,并不直接干涉地方行政。据志费尼《世界征服者史》记载:耶律大石"从阿甫剌昔牙卜后人那里接受汗的称号,授予后者夷离堇·特厥蛮的头衔",并"把沙黑纳派到从谦谦州到巴儿昔罕,从达剌速到牙芬奇的各个地方去"②。西辽帝国对附属国采取间接统治,仅以沙黑纳(监督官)负责传达政令、征收赋税,并将辽帝国时期对附属国的宗藩体系和"北、南面官制"体系移植到中亚地区,实行"因俗而治"的原则。据穆斯林史家伊本·阿西尔记载:"对待属国王,极有恩惠,凡附属于他的,只要用一个银牌系于腰带上,表明是他的臣属就够了。"③ 西辽控制河中地区后,"菊尔汗那方面让他(算端乌思蛮)继续拥有河中的国土,没有把他从那里撵走,满足于征收一小笔年贡和把一名沙黑纳派驻在他那里。算端乌思蛮过着安适和快乐的生活,每当他朝见菊尔汗时,总是受到尊从礼敬的接待"④。西辽时期少有与属国(部)发生战争的记载,属国(部)的统治者对西辽王朝也是满意的。⑤

表1　　　　　　　　西辽与诸属国(部)关系表

属国(部)	主体民族	主要宗教	归属时间	收归方式	管理方式	关系程度
东喀喇汗	突厥、回鹘	伊斯兰教	1134年	半主动归顺	直辖领地	较好

---

① 转引自赵俪生《西辽史新证》,《社会科学战线》1978年第4期。
② [伊朗]志费尼:《世界征服者史》,何高济译,内蒙古人民出版社1981年版,第418页。
③ 转引自梁园东译《西辽史》,中华书局1955年版,第67页。
④ [伊朗]志费尼:《世界征服者史》,何高济译,内蒙古人民出版社1981年版,第466页。
⑤ 魏良弢:《西辽史》,人民出版社2010年版,第301页。

续表

属国（部）	主体民族	主要宗教	归属时间	收归方式	管理方式	关系程度
西喀喇汗	塔吉克	伊斯兰教	1141年	武力征服	属国	一般
高昌回鹘	回鹘	佛教	1130年	主动归顺	属国	好
花喇子模	突厥	伊斯兰教	1142年	武力征服	属国	紧张
粘拔恩部	蒙古、突厥	景教	1132年	武力征服	属部	一般
康里部	康里	景教	1134年	武力征服	属部	一般
葛逻禄部	葛逻禄	伊斯兰教	1134年	武力征服	直辖领地	紧张

西辽帝国的"王道型"治理和多元文明共生以及宽容的民族宗教政策，"继承了本民族对其他宗教信仰都能容隐的传统"，不论是在直辖领地，还是附属国，都实行比较开明的宗教文化政策，实现了多元文化和宗教的和谐共生，相互交流。西辽契丹统治阶层虽信仰佛教，但未将其立为国教，并强行推行。同时，西辽严禁宗教间的相互攻击和进行宗教战争。"改变了原喀喇汗王朝法定伊斯兰教为国教、限制其他宗教的政策，在西辽帝国境内各种宗教都活跃起来，包括伊斯兰教在内都有很大发展。"① 西辽政权对各种宗教采取兼容并蓄的态度，佛教、祆教、景教、伊斯兰教等都可以自由传教，各宗教神职人员亦享有免除赋役的特权。西辽政权广为任用各宗教信仰的官员，"在西辽末期有伊斯兰信仰的宰相服务于西辽"②。宗教上层人士得到西辽政权的尊重，并赋予他们封建世俗权力。"布哈拉的宗教首领曾把世俗权力集中到自己手中，从而获得了自己为西辽收纳贡赋的权力。"③ 西辽熟悉穆斯林的规则，"尊重穆斯林的法律，他们保留了穆斯林的权力让他们自行管理"④。"允许其设置宗教法庭，按照伊斯兰法规处理穆斯林违反教规的行为及其遗产分配、婚姻离异等民事纠纷"⑤。

---

① 魏良弢：《西辽史研究》，宁夏人民出版社1987年版，第170页。
② ［苏联］威廉·巴托尔德：《中亚突厥史十二讲》，中国社会出版社1984年版，第135页。
③ ［苏联］威廉·巴托尔德：《巴托尔德文集》第二卷第二册，兰州大学出版社2013年版，第291页。
④ Michal Biran, *The Empire of the Qara Khitai in Eurasian History: Between China and the Islamic World*, New York: Cambridge University Press, 2005, p.180.
⑤ 李进新：《丝绸之路宗教研究》，新疆人民出版社2009年版，第184页。

此外，多元民族宗教文化在西辽帝国得到尊重和发展。西辽官方使用汉文年号，汉字作为官方语言。但同时也混用契丹文字，同时西辽王朝也在学习中亚地区当地语言和文字。《元史》记载，西辽菊儿汗召高昌回鹘汗国畏儿人哈剌亦哈赤北鲁，到巴拉沙衮做他儿子们的教师。西辽政权同样尊重各民族的语言、文字，官方对不同的民族下发公文、信函除汉文外，还使用该民族文字和语法。西辽王朝对河中地区的诏谕，已用波斯语文书写并使用伊斯兰款式。又如西辽的官制，见诸史籍的官名有："同知枢密院事""枢密副使"等南面官名，耶律楚材在《赠李郡王笔》注释中有"李郡王常为西辽执政"[①]语。而北面官名有如"护卫""兵马都元帅""六院司大王"等，并与当地特厥语等制度名称结合起来，以便于原伊斯兰政权接受。如西辽建都为虎思斡耳朵，斡耳朵意思是汗或可敦居住的帐幕或设在其中的宫廷。耶律大石在叶密立称帝时，按照汉制上尊号为天祐皇帝，而在进入中亚之后，改称"菊尔汗"或"古儿汗"。因此，由于西辽政权作为"王道型"的国际领导国家，其对中亚的治理奉行境内各种宗教相互共生，各民族文化相互融合，从而对中亚乃至欧亚大陆丝路区域宗教文明的变迁产生了重大的影响，也验证了文明国家的核心领导力和"王道型"的治理政策，即使是多元文明和异质文化并存的地区，并非导向文明的冲突，而是能够实现多元文明的共生与融合。

结 束 语

综上所述，当一个文化圈中的文明核心国成为所有文化圈中的主导国时，国际文明格局就会发生改变。从而形成与以往类型不同的国际文明规范。当国际文明格局和国际文明规范都发生转型时，原有的国际文化体系将转变为新型国际文明体系。当霸权型文明核心国成为文明主导

---

① （元）耶律楚材：《湛然居士文集》，中华书局1986年版，第32页。

国时,它建立一元、排他和冲突型的国际文明规范,国际文化体系的包容度低、排他性高,呈现为不同文明之间的冲突大于合作;当"王道型"文明核心国成为文明主导国时,它建立多元、无外和共生型的国际文明规范,国际文化体系的包容度高、排他性低,呈现为多元文明互嵌共生,文明在交流交融中兼容并蓄,导致文化边界的消弭和异质文化的共生交融。

耶律大石建立的西辽帝国是作为"王道型"文明核心国治理中亚地区实现多元文明共生和融合的典范,其对中亚的治理所体现的多元文明和宗教政策的包容、尊重和文明的交融互鉴,是契丹帝国传统的"因俗而治"政策在中亚地区的一次成功实践,契丹所引入中亚地区的佛教和儒家文明的价值观与治理模式也是汉地文化与契丹传统文化相融合的产物。西辽帝国对中亚的治理,不仅阻遏了伊斯兰教向中亚、西域地区的扩张,而且,由于西辽实现多元化、兼容并存的民族宗教政策,在帝国境内形成了伊斯兰教、佛教和其他民族宗教和平共存的区域民族宗教文明的新格局。从而,不仅在政治上结束了该地区政权割据、宗教战争频发的状态,而且,实现了契丹治下的和平,也促进了中亚和欧亚大陆等丝路区域多民族宗教文明多元共生、相互交融和发展。

The Governance of Central Asia by the Xiliao Empire and the Pluralistic Coexistence of Civilizations
——A Review of Huntington's "The Clash of Civilizations Theory"

Wei Zhijiang and Lu Yinglin

Abstract: Although Samuel Huntington's "The Clash of Civilizations Theory" helps to reveal the fact that civilizations have coexisted in a pluralistic manner in world history, it does not conform to the essence and laws of civilization development in history. The clash of civilizations and symbiotic integration depend on the formation of different international civilizational norms by different core civilizational states, which leads to the transformation of the original international cultural system into a new international civilizational system. When a hegemonic civilization core state becomes the dominant civilization state, it establishes monolithic, exclusive and conflict-oriented international civilization norms, which present more conflict than cooperation among different civilizations; when a kingly civilization core state becomes the dominant civilization state, it establishes pluralistic, non-exclusive and symbiotic international civilization norms, which present multiple civilizations nesting in each other and co-existing, and civilizations are compatible in exchange and integration, and lead to the dissolution of cultural borders and It led to the elimination of cultural boundaries and the symbiosis of heterogeneous cultures. The Xiliao empire established by Yelv Dashi is a model of the symbiosis and integration of multiple civilizations in Central Asia as a core state of the kingly civilization. It is also a product of the fusion of Han culture and traditional Khitan culture, as well as the introduction of Buddhist and Confucian civilization values and governance models into Central Asia. The governance of Central Asia by the Xiliao empire not only changed the civilizational pattern of Islamic domination in Central Asia, but also formed a new pattern of regional ethno-religious civilization in which Islam, Buddhism and other national religions coexisted peacefully within the empire due to the Xiliao's policy of pluralism and compatibility of national religions. As a result, not only did the political situation of regime fragmentation and religious wars in the region come to an end, but also peace was achieved under the Khitan rule, and the pluralistic coexistence, intermingling and development of multi-ethnic religious civilizations in the Silk Road region of Central Asia and Eurasia were promoted.

Key Words: The Clash of Civilizations; The Pluralistic Coexistence of Civilizations; Xiliao Empire; Yelv Dashi; Governance of Central Asia

近代日本人游记所见中华文明与中日关系

陈奉林*

【内容摘要】 明治维新以后，日本一些团体和个人出于各种动机与目的，来中国从事文化交流、访古览胜和实地调查活动，把自己在华所见所闻以日记、笔记、报告书、调查报告等形式记录下来并予出版，从多方面、多角度记载了中国社会的整体风貌，对于研究中国近代社会与中日关系是极有价值的。由于当时特殊的国际国内背景，日本人游记作者在华从事活动的动机与目的各异，记录的重点不同，有深浅差异与拙巧之分，但都能反映他们的中国观和急剧变革时代中日关系的基本走向。今天重读这些已经成为历史的日记，可以收到温故知新之效，也有助于理解当前的中日关系。

【关键词】 近代；日本人游记；中华文明；中日关系

自明治维新以后，日本有大量的人员以各种身份来中国从事旅游、访学与田野调查活动，留下许多有重要价值的游记，成为中日关系当中一道特殊的风景。这些作品从多方面、多角度反映了当时中国社会的整体风貌，以及走向近代的中日关系。这些著作之所以重要，自出版以来不断引起国内外研究者的关注，在于"这些游记本身内容广泛，其社会

---

* 陈奉林，北京师范大学历史学院教授，博士生导师，主要研究方向为日本史、东亚史和东方外交史。

影响也较复杂，加之作者身份多样，动机不一，……总体上与日本的大陆扩张政策相关，因此这就决定了他们所写的游记大多不同于纯粹以访古探胜、欣赏大自然为目的而做的'观光记'，而是以调查和探知中国的政治、经济、文化、军事、地理、风土、人情等为目的'勘察记'或'踏勘记'。正因为这一点，从今天来看，这些游记本身已远远超出文学的范畴，而是涉及历史地理学、中外关系学、经济史学、文化史学等多种领域、多门学科的综合科学，是我们研究近代中日两国的社会、经济、政治、军事、外交、思想、文化等所必不可缺的重要史料。"① 明治与大正时期，正是中日关系与地位发生急剧逆转的时期，也是东亚国际秩序发生空前变化的时期。因此，近代日本人中国游记比较全面而典型地展现了当时中日关系的实态，也透视出来华日本学人游记的广阔而复杂的社会背景。

一 游记中映现出的中华文明与社会生活

在众多来华游记作者当中，他们有一个共同的中国观感，那就是看到中国历史悠久，腹地纵深，文明发展程度高，社会组织、动员以及文明发展连续性等方面明显地高于西方国家。凡此种种，为日本学人研究和考察提供了可能。他们之所以有如此表现，是因为长期以来日本接受中国历史与文化的影响，中国文明哺育了日本，或者说日本在走向文明的过程中，中国文明对他们产生了至深至大影响，包括语言、文字、田制、官制、文学、哲学、建筑与艺术，甚至灾异祥瑞观念等。正如京都大学东洋史家内藤湖南（1866—1934）所说："从东亚整体考虑，存在中国这样一个巨大的文化中心，其文化向四周传播，催生了周围各国的文化，形成新的文化。"② 寥寥数语，表现出他们对中华文明的重视。桑原

---

① [日]桑原骘藏：《考史游记》，张明杰译，中华书局2007年版，第9页。
② [日]内藤湖南：《日本历史与日本文化》，刘克申译，商务印书馆2015年版，第170页。

鹫藏（1870—1931）是日本京都大学东洋史学家，1907年受文部省选派来中国访学。在华期间，他的足迹遍及北京、河北、山东、内蒙古、河南、江苏、陕西。在《考史游记》中他对访问过的城镇、历史古迹、人员往来、宗教传播都有详细的考察，看到中国国内各地许多历史名城、陵墓和碑刻，保留了中国文化的特色。有学者评论指出："书中毫无虚饰之辞，亦无浮夸之言，均以公正、简明、精确为写作宗旨。……是理应将其传授给子孙后代的最宝贵的资料。"① 他的许多结论绝非随性而发，而是有着作为学者的审慎与严谨，学术史论中有许多珍贵的价值，在世界观、价值观和思想方法上有更多的时代风貌，热情洋溢地面对中国历史与文化。

在考察中国古城与古迹上，桑原鹫藏的观察是深刻的，他是这样介绍古都洛阳的："东汉以来，洛阳久为天下首善之地，其间名门望族多将冢茔营建于邙邙。"② 邙山位于洛阳之北，历史上葬有多位皇帝和名人，中国民间有"生在苏杭，死葬北邙"之说。中国社会是在不断地变化中向前发展的，没有停留在一个水平上，他写道："洛阳是所谓天下之中心，周汉以来屡为天下之都，但是宋代以后逐渐衰落，至明末李自成之乱，蒙受最后一次沉重打击后，昔日壮观场面已荡然无存。"③ 以发展的观点看待历史，是他考察历史的一个方法。他之所以对中国历史倍感兴趣，做出了成就，除了他在东京帝国大学学习汉学外，还与他对中国历史与文化的长期研究有关，在对中国历史的研究中培养了对中国历史的挚热感情，使他有条件成为同时代的佼佼者，有人把他看作是东洋史学京都学派的大师，日本汉学界的另类。④ 他对中国历史、文化的介绍，具体生动，可读性强，表明他的研究意趣。桑原鹫藏的《考史游记》多方面表现中华文明，涉及面广，确有清新厚重之感。在他看来，中国历史上的重要人物、事件的产生都是一定社会历史条件下的产物，代表着一

---

① ［日］桑原鹫藏：《考史游记》，张明杰译，中华书局2007年版，第264页。
② ［日］桑原鹫藏：《考史游记》，张明杰译，中华书局2007年版，第16页。
③ ［日］桑原鹫藏：《考史游记》，张明杰译，中华书局2007年版，第16页。
④ 刘正：《京都学派》，中华书局2009年版，第63页。

个国家的文明发展程度。

深入了解中国社会，从多方面反映中国社会的整体面貌，是每部游记的共同特征，也是作者努力完成的乐此不疲的工作，举凡历史古迹、名人墓碑、山川物产、风土人情、军事设施、交通要道、经济发展状况以及宗教文化，都在他们的视野之内，许多方面写得具体生动，落落大方。据说内藤湖南一生十次造访中国，结识严复、文廷式、罗振玉、王修植、沈曾植、柯绍忞、刘鹗、王国维、李盛铎、董康、郑孝胥、张元济、曹廷杰、宋伯儒等一代中国硕学之士，与胡适、郭沫若、梁漱溟等人保持来往。① 在《燕山楚水》中他是这样介绍中国长城的，写道："作为人工制造的结果，确实雄伟壮丽。……从远处眺望长城，就像一幅巨大的布帛上绣饰的细花纹，与其说雄伟壮观，不如说纤丽精致。由此可见，与山川之雄，天地之伟，造化之巨大能力相比，人的微不足道。想到这里，一种崇高的感怀，凛然生于心中。"② 他之所以发出如此感慨，这与他长期研究中国历史文化有关，与他对中国社会的观察与思考有关。正因为如此，他的《燕山楚水》向世人展示了一个丰富多彩的中国文化与社会生活画卷，成为日本青年游华的必备指南，于日本对华认识形成有一席之地，成为研究甲午战争后中日关系的珍贵史料。③

中国不仅是东亚、也是世界四大文明古国，这样的大国引起他们的注意与思考。不仅是内藤湖南惊异于长城之雄伟，工程之浩大，南北之殊异，哲学家宇野哲人（1875—1974）也对绵延数千里、纵横北方 10 余省的万里长城表现出异常惊羡。他在《中国文明记》中写道："此雄伟之城墙，蜿蜒千里之外，各要所设烽火台，警戒敌人来袭，一旦有缓急，昼则举烟，夜则点火，警报即可传递不息。只要严守关塞，所谓一夫当关，万夫莫开，真所谓北门之锁钥也。"④ 他把长城的作用与功能说得清晰透彻，实为实地考察所得，非近前而不得窥其全貌。在中国走向近代

---

① 刘正：《京都学派》，中华书局 2009 年版，第 103—104 页。
② ［日］内藤湖南：《燕山楚水》，吴卫峰译，中华书局 2007 年版，第 51 页。
③ ［日］内藤湖南：《燕山楚水》，吴卫峰译，中华书局 2007 年版，"译者序"第 3 页。
④ ［日］宇野哲人：《中国文明记》，张学锋译，中华书局 2008 年版，第 68 页。

的过程中,日本学人的这些观感反映着他们的中国观,包涵着对中国历史内蕴的深层认识,向读者贡献了有价值的成果。他的考察具体深入,《中国文明记》表现了他对异邦文化的崇敬与羡慕。在反映中国人的社会生活上,日本学人观察细致,大部分作者能够做到记述客观,真实可信,这些观察构成他们丰富多彩的游记内容,同时也表现出他们复杂的心情。近代日本学人舍性理空谈转向国家发展需求,为日本发展谋出路,对周边国家的深切关注开始成为研究和描写的对象,由"虚学"走向了"实学"。

宇野哲人是日本东京大学哲学史教授,以研究中国哲学见长,一部《中国文明记》是他游历中国后与下的珍贵作品,保存了对中国无数历史文化遗产的记载。《中国文明记》译者在"译后记"中说道:"宇野哲人对中国的文化以及遗留在中国大地上无数的文化遗产深深地爱,经常是对之顶礼膜拜,抚摸唏嘘,不忍离去。"① 中国是文明大国,社会生活、习俗、文化传统等各方面不同于其他国家,有自己的特点,这些东西是引人颇感兴趣的地方,日本学人在游记中均有津津记载,也有许多有见地的分析,甚至可以说是有较为准确的评价,显示出他们观察与思考的力度。宇野哲人在北京看到故宫后发出感慨,他说:"不见皇宫,焉知帝王之尊。……故皇宫美轮美奂,壮丽至极。"② 北京故宫是明清两朝的皇家宫殿,是世界上最大规模的古代建筑,世界任何其他国家的皇宫都无法与其相比。"北京内外城中,最繁华之所凡五处。内城中有东四牌楼、西四牌楼、后门大街三处。外城中有前门大街及大栅栏。"③ 这些都是较为详细的记载,对于了解20世纪上半叶的北京城市发展极有意义。

城市生活与繁荣可以反映一个国家的发展程度,从一个意义上反映大众生活水平。在日本学人的笔下,北京是一座古老的城市,生活气息较浓,各族人民和睦相处,秩序井然,不仅东西方文化荟萃于此,还有各种各样的传统手工工艺,显示出城市生活的多样性和丰富性特征。在北京街头,可以看到许多有趣的事情,店铺林立,买卖兴隆,各族民众

---

① [日]宇野哲人:《中国文明记》,张学锋译,中华书局2008年版,第245页。
② [日]宇野哲人:《中国文明记》,张学锋译,中华书局2008年版,第7页。
③ [日]宇野哲人:《中国文明记》,张学锋译,中华书局2008年版,第7页。

和睦相处，见面行礼甚恭，卖酸梅汤的货商手摇金铃，口中吆喝"冰盏儿"，敲击声音悠远，以此招徕客人。① 近代日本学人对中国社会观察细致，看到中国社会在生生不已的演进中发生的变迁。能够做到这一点实属不易。这也是他们游记的可贵之处。1906年5月和1917年9月德富苏峰（1863—1957）先后两次来中国游历，获得了对中国社会的深层次认识。在第二次来中国游历的时候，德富苏峰看到中国人留辫子的少了，除了一些清朝遗老外，绅士阶级留辫子的已经没有了。进入民国后，中国国家政治生活、社会生活发生极大变化，妇女参加社会活动日益增多，慈善机构、音乐会、公园都有妇女参加，"到处都能看见一些所谓的新女性"，"不管怎样，从这迹象都可以看出社会的变迁。"② 这些都是作者深入社会详细考察所得，有他自己的理解与判断，可视为有价值的记载。

　　帝制结束后，中国社会出现许多新气象，人们的精神面貌、知识结构和识字率等都发生了变化，国家政治与社会生活为之一新，许多中年人走上中国政治舞台。与以前相比，中国社会较之以前进步得多。德富苏峰看到："十二年前在社会上吃得开的都是些白发老人或者纨绔子弟，但现在却是新式人物的天下了。"③ 在他看来，只有任用那些中青年人国家才有希望，社会才会进步，老人政治是不合时宜的。德富苏峰思想的深刻之处，是把清末、民初与日本相比较，看到民国时期政治人物在年龄上的优势，这种优势可能就是国家与社会未来发展的潜在条件，是一种进步的趋势。他总结道："我在中国的南方北方游历一番，和十二年前相比，和我们日本的现在相比，不得不承认年龄上的显著差别，大概可以断言在中国老年人的时代已经过去了，中年人的时代已经来临了。"④ 年龄虽然不能完全决定一个人的能力与贡献，但是从德富苏峰的著作中可以看出，他对老人政治算不上是深恶痛绝，至少是不赞成的，对中国

---

① ［日］宇野哲人：《中国文明记》，张学锋译，中华书局2008年版，第13页。
② ［日］德富苏峰：《中国漫游记·七十八日游记》，刘红译，中华书局2008年版，第258—259页。
③ ［日］德富苏峰：《中国漫游记·七十八日游记》，刘红译，中华书局2008年版，第259页。
④ ［日］德富苏峰：《中国漫游记·七十八日游记》，刘红译，中华书局2008年版，第259页。

社会已经刮目相看了："在中国虽然不能说是青年人的天下，但至少可以说是中年人的天下了。在这一点上不能不赞叹中国已经有了明显的进步。"① 这样的观察在他们的游记中较多，反映出他们对中国社会的关注。

近代日本学人在中国的访学问道、考察游历往往因每个人的职业、兴趣、语言基础与师承关系不同而各有侧重，总体上都是从日本社会需要出发的，参与中国社会各项活动，或明或暗，或长或短，留下他们在中国活动的劳绩。日本从明治维新进入到近代社会，国内经济基础、对外政策、国民与国外交流发生不同于以前的变化，对外交往空前地增多起来，在以特殊的方式走向世界，对外交往的重点是中国、朝鲜半岛和南洋各国，进而为国家寻找有益的理论支持。桑原骘藏的《考史游记》，德富苏峰的《中国漫游记·七十八日游记》，芥川龙之介的《中国游记》，中野孤山的《横跨中国大陆——游蜀杂俎》，宇野哲人的《中国文明记》等，从整体上反映了中国社会的全貌，令急剧发展起来的日本对周边各国日益产生浓厚的兴趣。他们对中国的观感大体来说是较为准确的、深入的，同时也有一定的主观成见或急剧发展起来之后对周边国家优越感，甚至有盛气凌人之处。日本学人看到的中国是一个地域广袤、文化悠久发达的国度，有优点、有特点甚至有自己的缺点，世界很少有哪个国家可与中国相比，认为："以四千年光辉灿烂之历史、辽阔广袤之疆域卓绝于世，乃中华民国；拥有五亿国民、一统堂堂之天下者，乃中华民国；以天然沃土吸引世界、以丰富资源夸耀天下者，乃中华民国。这正是中华民国令世界各国羡慕垂涎之所在。"② 他们在看到中国得天独厚的历史文化资源时，已经流露出对中国独特资源的羡慕甚或占有之情。

近代日本人游记从多方面反映中国社会风貌，除了记述山川物产、地理风俗、名胜古迹、市井生活外，对社会大众生活困苦、交通设施落后状况也多有介绍。德富苏峰在游记中写道："中国的道路状况之差是非

---

① [日]德富苏峰：《中国漫游记·七十八日游记》，刘红译，中华书局2008年版，第259页。
② [日]中野孤山：《横跨中国大陆——游蜀杂俎》，郭举昆译，中华书局2007年版，第3页。

常有名的。虽然有'平如砥,直如箭'这句话,但是中国的公路几乎可以用'行路难'一句话来形容。"① 日本教习中野孤山对四川的道路交通的印象是"至艰至难"②。竹添进一郎在游历四川之后,发出"峻岭悬崖或有巨木,然搬运甚艰"的感慨。③ 长期以来,由于外国侵略,国内战争频仍以及天灾人祸等原因,旧中国经济、科技、交通、文化与大众生活基本上都处于落后状态,经济凋敝,与同时期的日本相比,无疑是落后得多,这些状况在日本学人的游记中充分地表现出来,即便是为演戏伴奏的乐师也是衣衫褴褛,坐于戏台之上,极其扫兴。④

近代日本来华学人当中有许多思想深刻的思想家,看到中国社会的伟力与同化力量深藏在伟大的历史传统当中,认为中国具有极大的吸附力与同化力。以长远的发展的观点看待中国,是十分明确和不容置疑的。德富苏峰明确指出:"无论出现什么样的新征服者,中国都是中国人的中国,所以,新的征服者一旦踏上中国的土地,就会马上被中国化,也不得不被汉化。无论元、清的朝廷怎样采取措施努力保持原有的风俗,也还是经不住被中国化了,这就是寡不敌众。薄不胜浓,野不敌文,文且众,众且浓,这就是中国同化的力量天下无敌的原因。"⑤ 德富苏峰努力寻找中国同化力量的历史根源,为读者提供了不少有价值的分析,有的看法甚至是相当深刻的,他说:"为什么中国文明的同化力量如此巨大呢?要解释这个问题并不是那么简单。但是要说最重要的原因,那还要归结于中国文明其本身。……而且对于这样的文明,所有的外来势力都不可能从根本上破坏它。"⑥ 即使在今天看来,这些观点也是有其价值的。

---

① [日]德富苏峰:《中国漫游记·七十八日游记》,刘红译,中华书局2008年版,第259—260页。
② [日]中野孤山:《横跨中国大陆——游蜀杂俎》,郭举昆译,中华书局2007年版,第193页。
③ [日]竹添进一郎、股野琢:《栈云峡雨日记·苇杭游记》,张明杰译,中华书局2007年版,第57页。
④ [日]宇野哲人:《中国文明记》,张学锋译,中华书局2008年版,第22页。
⑤ [日]德富苏峰:《中国漫游记·七十八日游记》,刘红译,中华书局2008年版,第320页。
⑥ [日]德富苏峰:《中国漫游记·七十八日游记》,刘红译,中华书局2008年版,第321—322页。

德富苏峰比较中日历史，看到中国历史远比日本历史悠久和内容丰富深刻，在主观上他是尊重和承认中国文化的。这与他的历史学家身份有关，也与他的评论家的身份有关，思想深处有着中国文化的显著影响。他认为："日本的历史与中国相比很浅薄，不深奥。中国的历史如果往远古追溯，有《汉书》、《史记》、《国语》、《左传》、四书、六经之类，绵绵不断，无穷无尽，一下子到了史前……我们只能通过《古事记》、《日本书纪》去想像，就是说日本还处于神话时代，没有进入正史。无论怎么看，中国的历史正当如日中天的时候，日本的历史还是曙光微露。"[①] 他评论中国历史比较客观，能够从实际出发正视中国历史，不掩功加罪，他说："我们感到不可思议的不是中国历史的悠久，而是它的悠久历史能够永远地延续下去。哪个朝代哪个国家能够和中国相比呢？世界上无论哪个国家的历史都是断续的。……无论怎样，今天的中国人不仅拥有悠久的历史，而且他们肩负着这悠久历史一直到今天。"[②] 这些议论值得重视，说明他尊重历史，从理性出发寻找历史发展的逻辑，从中国历史中不断发现新的历史。

二　游记作者与中国社会各界名流的广泛交游

在大量的日本人游记当中，一个重要的内容就是与中国社会各阶层人士广泛交往，包括文人学者、政府官员、宗教界人士和商人，以便从这些中国各阶层人士的交往当中更好地了解中国社会。游记中展现的与中国各界的接触与描述并非仅仅是对个人性格、爱好、职业与社会关系的简单介绍，而是从中透视出中日关系日益复杂的国际背景。德富苏峰在北京游历期间访问了段芝贵和梁启超。按照德富苏峰的说法，段芝贵

[①] [日] 德富苏峰：《中国漫游记·七十八日游记》，刘红译，中华书局 2008 年版，第 317 页。

[②] [日] 德富苏峰：《中国漫游记·七十八日游记》，刘红译，中华书局 2008 年版，第 317—318 页。

是段祺瑞和袁世凯的左膀右臂,年轻有为,前途远大,是北洋军队中屈指可数的人物。① 在北京期间,德富苏峰拜访了许多中国政坛人物,如袁世凯、张作霖、段祺瑞、冯国璋、徐世昌等人。这些人身居要职,权倾朝野,影响中国的政治进程,对他们有较多的介绍与评论。无论古代和现代,每个时期都有大量的外国人来中国从事学习、经商和游历活动,留下他们的劳绩。他们这样做,目的十分明确,也十分现实,就是通过访问交流获得更为直接的了解中国的经验。日本学人来华进行直接的访问调查,并把它作为研究历史、文化与社会的组成部分,无疑是一个极有效的研究方法。

与传统的中国研究相比,近代以来的日本中国问题研究更多地强调了田野调查方法,走出国门,把中国研究置于坚实的社会实践基础上,不再过多地做书斋里寻章摘句的文章,但这并不意味着他们不坐冷板凳。德富苏峰说:"来北京最不能缺少的一项要数拜访段祺瑞总理、冯国璋总统了。我们也不能漏掉这一项,前去拜访了他们。"② 日本对中国社会的了解不仅仅从书本中获得,也从广泛的社会调查访问中得来,从多方面寻找了解中国社会的材料,人物访问无疑是重要的方面。人物访问的最大好处,是能够获得最为直接的知识,有助于对中国社会的认知。通过拜访之后,段祺瑞给德富苏峰留下的印象是:"他个子不高,脸很黑,颧骨较高,眼光机敏,人非常的沉着。作为中国人,他是那种少有的寡言少语、不善辞令的人。他的外表举止聪明与否暂且不说,一看就是那种意志坚强充满自信的人,还有就是显得有点单调古板而要强。"③ 这些评论是德富苏峰从访问实践中得出的,可以说是外国人对中国政治人物的总体印象。

内藤湖南也是如此,特别强调对社会名人、政坛人物访问的重要性。作为一个研究者,仅在书斋里做学问是不够的,还必须走出书斋国门,与中国的士大夫进行直接的对话交流。他说:"如果想了解中国的现状,

---

① [日]德富苏峰:《中国漫游记·七十八日游记》,刘红译,中华书局2008年版,第92页。
② [日]德富苏峰:《中国漫游记·七十八日游记》,刘红译,中华书局2008年版,第84页。
③ [日]德富苏峰:《中国漫游记·七十八日游记》,刘红译,中华书局2008年版,第85页。

不如通过和那些希望有作为的士大夫、不得志的人的深交来获得。"① 他是这样主张的，也是这样做的。在中国期间，他见到过严复、张元济、文廷式等改革派知识分子，与他们讨论时政问题。内藤湖南对拜访中国政坛名人是有深刻认识的，不认为那是一件小事，写道："今后的考察，需要突破以前考察的先入之见，具备进一步观察深层背后的眼光。何况一个政党的领袖，他的考察的结果，和他个人谈论的巧拙，两者都是非同小可的事情。"② 从中可以窥出他对社会田野调查的重视。把内藤湖南的《燕山楚水》与德富苏峰的《中国漫游记·七十八日游记》、芥川龙之介的《中国游记》、竹添进一郎的《栈云峡雨日记》，以及冈千仞的《观光纪游·观光续纪·观光游草》等游记并读，有助于看到游记作者的内心深处，窥出他们某些真实的想法。19世纪末和20世纪早期日本知识分子写出的游记多有发人所未发，其价值直到现在还不容忽视。日本通过明治维新改革已经走出了中世纪，率先成为亚洲第一个现代化国家，进入世界少数几个资本主义发达国家之列，对世界有了更多的参与和竞争，对外关系充满了黩武与血腥。

在近代日本学人留下的游记当中可以看到，许多人都有与中国政界、商界、文化界和宗教界人士访谈的经历，他们考察的视角展现出日本人的世界观，以及他们的深层心理，对于了解当时中国社会政治、经济、文化和中日关系极有意义，清晰地反映了近代日本中国观的演变过程。小林爱雄的《中国印象记》、夏目漱石的《满韩漫游》写得较为详细，反映出一个特定时代中国政治、经济与文化诸方面的基本状态。小林爱雄是日本诗人和诗歌翻译家，他的《中国印象记》记载了在上海期间拜访中国商务大臣盛宣怀的情况。在访谈期间，他看到有十余位仆人在盛宣怀的房间进进出出，哪怕是让他们端盆水，也会有十几个人过来，为他们服务。这是旧中国官僚阶层生活环境的真实写照。小林爱雄与盛宣怀一起用餐，有人热情地用自己的筷子给他夹菜时，他对中国的这种热情

---

① ［日］内藤湖南：《燕山楚水》，吴卫峰译，中华书局2007年版，第207页。
② ［日］内藤湖南：《燕山楚水》，吴卫峰译，中华书局2007年版，第207页。

并不习惯,甚至认为这是对客人的一种麻烦的好意。①《中国印象记》昭示中国官僚阶层的生活状况,给我们提供了认识中国社会的一个视角。应该说这些记述具体真实,反映出中日两国不同的生活习惯与待客风格。在《中国印象记》中他还写道:"特别是筷子,虽是银制的,好像已有数百年的历史,前端带着黑色的被牙齿咬过的痕迹,既然这能代表身份的显赫,所以一联想到曾经是怎样的亡灵咬过这筷子,我就不禁觉得筷子上冒鬼气,真是毛骨悚然。"②这段话既是中日两国不同生活习惯的真实写照,也是作者本人中国意识的自然流露,中国观的一次对外集中展现。

进入明治时代以后,日本学人的世界观、社会角色以及对外参与发生了变化,他们更多地走出书斋,到中国、朝鲜、南洋地区考察和游历,眼界大开,与日本国家的对外政策互动与共进,有的得到国家支持,有的得到财团资助,有的自掏腰包,来华从事研究。这个队伍迅速壮大,力图了解一个真实的中国,甚至提出"把中国作为中国来理解,必须是一种新的学问"的问题。③这个问题是由学者提出的。这种将中国与实地考察结合起来的研究,有的放矢,实践性极强,关系到研究成果的可靠性。了解中国国家与社会,不仅仅是学术问题,也是日本对外政策问题,中日关系发展到一个关键阶段的需要,他们进而主张"去了解中国的一切。学者不可不去了解中国的一切。"④应该指出,吉川幸次郎与其他游记作者不同的是,他是以京都大学元剧研究者和杜甫研究的卓越学者身份研究中国文学的,即便是在中日战争年代,他也远离弥漫日本全国的军国主义和国粹主义气焰,埋头于学术研究。⑤相比之下,这样的研究相当可贵。在众多的来华学人当中,德富苏峰可以说是特别值得关注的一位,访问的中国政坛人物级别很高,其中包括交通总长曹汝霖、内务部总长汤化龙以及徐世昌等。德富苏峰对他们是有评论的,认为:"曹作为

---

① [日]小林爱雄:《中国印象记》,李炜译,中华书局2007年版,第40—41页。
② [日]小林爱雄:《中国印象记》,李炜译,中华书局2007年版,第41页。
③ [日]吉川幸次郎:《我的留学记》,钱婉约译,中华书局2008年版,第5页。
④ [日]吉川幸次郎:《我的留学记》,钱婉约译,中华书局2008年版,第36页。
⑤ [日]吉川幸次郎:《我的留学记》,钱婉约译,中华书局2008年版,第11页。

段内阁的明星人物,其势力正如日中天。他们的职务在我国来说相当于邮政大臣兼铁道部总裁,对外特别是在对日本外交上起着关键性的作用。"① 这些评论都是有感而发的,也是有见地的。他以日本新闻记者、评论家和历史学家的身份和晚年国家主义思想的代表,成为日本近现代史上有影响的人物。

德富苏峰与中国政界高层人物接触交流无疑有一定的目的,交往的高度与深度可以为日本提供有价值的中国研究,达到真正了解中国的目的。在他看来,"汤化龙作为进步党的代表人物,与梁启超同在现内阁供职。汤作为在党之人,其地位举足轻重"。② 如果深入探讨他与中国政界要人的交流,参之以后来德富苏峰在侵略战争期间的作为,就会看到这些访问都是有明确目的的,其思想动机与目的值得进一步研究。德富苏峰在评论徐世昌时,这样写道:"徐世昌曾经与袁世凯兄弟相称,现在是曹汝霖、陆宗舆他们的老大。他出身翰林,是明朝开国元勋中山王徐达的后裔,门弟学识和经历威望都集其一身。也就是说,他现在身居我国所谓的元老的位置。"③ 访问者的苦心及其受访者的高位,恐怕不是一般意义上的礼节性的拜访,可能超出了访学问道的范围。在近代中日关系当中,不少人主张研究中国,其目的十分明确,就是要超越中国,甚至取代中国。他们懂得,中国是亚洲大国,只有彻底了解中国才可以达到超越中国、取代中国的目的。这样的想法在游记中比较明显,表现出他们中国观的基本倾向。

冈千仞(1883—1914)是日本修史馆编修、东京书籍馆干事,与清末中国文人学者交往甚密。他交往的人当中有何如璋、张斯桂、黄遵宪、沈文荧等中国驻日使馆人员,常出入使馆或其他地方把酒论诗,切磋文艺,与黎庶昌、杨守敬、姚文栋等结下深厚友谊。④ 中日两国外交界、文

---

① [日]德富苏峰:《中国漫游记·七十八日游记》,刘红译,中华书局2008年版,第94—95页。
② [日]德富苏峰:《中国漫游记·七十八日游记》,刘红译,中华书局2008年版,第95页。
③ [日]德富苏峰:《中国漫游记·七十八日游记》,刘红译,中华书局2008年版,第96页。
④ [日]冈千仞:《观光纪游·观光续纪·观光游草》,张明杰整理,中华书局2009年版,第3页。

化界人士直接接触交流，对于推进两国政治、文化交流意义重大，对于向日本介绍一个真实的清晰的中国有重要意义。冈千仞作为一名学者，有着不同于其他人的学术理性与认知。正因为这样，他觉得大有必要来中国实地考察学习，与中国学人建立良好关系。他说："盖我邦僻在东洋，疆域偏小，以南北不过四五千里，以东西不出七八百里。试展五洲地图，比较我邦、英、俄诸大国，又何异于燕雀于鸿鹄、鶗鹍于鹏鹍乎？方今欧人积巧思，开机器，激水火，行船舶，天枢而赤道热带，地极而冰海夜国，乾端坤倪，无不可航度。顾中土与我同文国，周孔我道之所祖，隋唐我朝之所宗，经艺文史，我之所以咀其英而嚼其葩；九流百家，我之所以问其津而酌其流；历代沿革，我之所以举其详而论其要；鸿儒名家，我之所以诵其书而穷其旨，而不一游其域而可乎？"① 他的这个思想可以说是对学习特质与交往意义的认识。自古以来，日本是小国，生活在东亚一隅，领土仅限区区四岛，本身的发展在很大程度上取决于对外来文明的引进与摄取，因此对国际交流交往有特殊的认识，时刻关注彼时彼地的经验，以备社会不时之需。

为了实现既定的大陆政策，取得甲午战争的绝对把握，日本政府对战争的准备是极为细致的，包括赴中国、朝鲜、欧洲实地考察，访问军政要员、建立情报网络和收集北洋海军情报。1893年4月—7月，日本陆军参谋次长川上操六、伊地知幸介中佐、柴五郎大尉等先后到中国、朝鲜访问了袁世凯、李鸿章、大院君、高宗等重要人物。② 从他们的谈话中可以清楚地了解和判断中国、朝鲜对战争的态度、国家的战略意志与物质精神准备情况。按照正常的情况，通过探访战争攸关的实权派人物是可以了解并掌握到战争准备情况的。对于像与中国这样大的国家开战，日本不敢轻易进行，必须做多方面的准备、判断与评估。从各种材料的

---

① ［日］冈千仞：《观光纪游·观光续纪·观光游草》，张明杰整理，中华书局2009年版，第3页。
② 渡辺惣樹：『朝鮮開国と日清戦争』，草思社2014年版，第271—272页。在收集中国北洋舰队军事情报方面，日本做了大量的工作。中国北洋舰队的情报是通过驻北京的临时代理公使小村寿太郎、驻天津武官神尾光臣少佐得到的，他们使用独特的情报网获得了北洋舰队战备、兵站、从德国购买军火和出兵的情报，还利用英国人为其提供军事情报服务。参见本书第272页。

收集、综合与对比当中制定行动计划。日本朝野对外调查和获取情报的功夫是很深的,有时候多管齐下。不仅在近代史上,在古代史上这样的例子也是屡见不鲜的。在唐代,日本利用遣唐使、来华商人和漂流民了解中国唐朝新近发生的重大事件。"安史之乱"加速了唐朝的衰落,出使渤海国的小野田守得到这个情报回国后向朝廷作了汇报,日本担心"安史之乱"后中国唐朝会进攻日本,曾一度引起日本朝野的恐慌。[①]

在国际方面,日本考虑到了欧美大国对战争的态度,力图最大限度地争取欧美国家在战争中的中立。时任日本外务大臣的陆奥宗光向日本驻各国代表发出通知,英国、德国、意大利、美国、荷兰、西班牙、葡萄牙、瑞典、挪威等国都声明保持中立态度,俄国、法国、奥国也发出照会表示恪守中立。[②] 有关美国、英国、俄国甚至欧洲其他国家对日本在朝鲜问题上的外交政策与舆论不断传到日本,尤其美国的对国际事态的政策对日本十分有利。相比之下,中国对日本军事情况的掌握却少得可怜,尤其对日本战前军事准备方面的了解远不及日本对中国的了解。甲午战争的结果,是导致中国大国地位的完全丧失和日本迅速崛起,引起东亚国际关系格局的重大变化,日本的国际地位急剧上升,中国的国际地位一落千丈。《马关条约》规定:"中国认明朝鲜国确为完全无缺之独立自主,故凡有亏损独立自主之体制,即如该国向中国所修贡献典礼等,嗣后完全废绝"。[③] 此外,中国还割让辽东半岛、台湾岛和澎湖列岛给日本,开辟重庆、沙市、苏州、杭州为通商口岸,赔偿二亿两白银。朝鲜"独立"实际上等于彻底斩断了中国与朝鲜自古以来传统的政治、经济与文化联系,置朝鲜于日本的掌控之下,传统的东亚朝贡体制彻底崩溃了。

甲午战争对于中国来说,不仅是军事的失败,更是制度、教育与国民信仰的失败,许多方面值得深入检讨。因为战争是一个国家综合力量的展现,国家间综合力量的较量,单纯的军事武器不是战争唯一决定性

[①] 陈奉林:《古代东亚外交圈的形成与发展》,《辽宁大学学报》(哲学社会科学版)2020年第1期。
[②] 陸奥宗光:『蹇蹇録:日清戦争外交秘録』,中塚明校注,岩波書店2008年版,第101頁。
[③] 王铁崖编:《中外旧约章汇编》第1册,生活·读书·新知三联书店1957年版,第614页。

的因素。即便是军事家也不主张单纯的军事观点,也要考虑多种因素对战争的影响、制约与事前周密谋划。中国的《孙子兵法》讲:"未战而庙算胜者,得算多也;未战而庙算不胜者,得算少也。多算胜,少算不胜,而况于无算乎!"《孙子兵法》早在唐代就已经传入日本,历代兵学家、儒者、政治家都有精湛的理解与把握。战时担任日本外务大臣的陆奥宗光在《蹇蹇录》中有对日本取得战争胜利因素的总结,他说:"在日清战争中我国军队采用欧洲化的作战计划、运输方法、兵站设施、医院,以及卫生的准备特别是以慈善为主要目的的红十字会员的进退等,整顿各方面的组织以及各部机关的活动。"① 不仅国内方面进行充分的战争准备,在外交也积极开展活动,最大限度地争取欧美国家的中立,避免干涉日本的军事行动。今天重新检讨过过去的惨痛历史,有许多的教训可以深入总结。

近代日本游记作者与中国社会各界名流交流,是中日关系面临剧烈变动时代的产物,注入了许多特定的内涵,给日本社会带来的影响不同于历史上的两国交往,实开近代日本学人来华实地踏查的滥觞。总的来说,他们的活动带有某些强势的特征,在华活动以及回国后形成的游记、报告在日本产生了不同凡响,影响了日本社会。中日关系的曲折性和复杂性在这个特殊的历史阶段有其特定的内容与特征。不管他们出于何种目的,抱有何种动机,通过与中国各阶层人士接触,无疑加深了对中国社会了解,写出的游记在日本社会起到了酵母甚至催化作用,对日益膨胀起来的日本军国主义不啻火上浇油。

三 游记对中国地理、交通与矿产的调查

近代日本人中国游记更多地关注了中国人文地理、民族、宗教、考古、交通、矿产、农事与时政等方面的研究,以极大热情投入致用之学。因此,地理、交通、矿产、军事调查进入了他们的视野。日本具有对外

---

① 陆奥宗光:『蹇蹇録:日清戦争外交秘録』,中塚明校注,岩波书店2008年版,第175頁。

国实地调查研究的传统。清末来中国担任各种技术教育的日本教习当中,曾有人担任过测量技术教育工作。甲午战争时期由数百人组成的测量要员通过"临时测图部",开始了战时真正测量。①鸟居龙藏(1870—1953)为研究东亚考古学、人类学,足迹遍及朝鲜、东西伯利亚及中国东北、内外蒙古、台湾和西南各省,获得了中国西南地区人类学调查的珍贵材料,成为日本人类学、考古学的早期探索者,留下《蒙古旅行》、《西南中国行纪》等著作。德富苏峰在《中国漫游记·七十八日游记》中较多地涉及了中国的铁路交通运输问题,多方面考察中国铁路交通。他在介绍鸭绿江大铁桥时,是这样描述的:全长三千零九十八尺的大铁桥就像一条巨龙把大陆和半岛连接起来,铁桥中间是列车铁轨,两侧可以走行人和各种车辆,桥下可以船舶往来。②这样,就把鸭绿江大桥的作用、功能突出出来,无疑是在中国调查的一个重要方面。与以前注重在书斋里写评论相比,关注中国社会实政研究无疑是重要的。对于关注社会致用之学,许多人提出了新的想法,几乎不约而同地把研究的目光转向这些关乎日本国家发展的重大需求方面了。

德富苏峰在中国游历时关注中国铁路运输和矿产资源情况,每到一处都加以细心考察,看到安奉铁路比以前速度提高了,从安东到奉天只要半天就可以到达。德富苏峰对于铁路沿线的城市、村庄、工厂都很留意。在本溪湖,看到冶铁炉大烟筒高耸入云,每年可以生产钢铁5万吨,第二年的生产能力可以再提高5万吨,采矿业也很兴旺。③中国的铁路运输与矿产资源已经引起德富苏峰的浓厚兴趣,不可视为一般意义上的以观光为目的的游历考察。他的游记中有关中国铁路运输的内容较多,为此留下的评论不少。他的许多思想与想法值得研究,确乎有大异于他人之处。1917年10月,他乘坐火车从北京去汉口,经过三十个小时后到达汉口站。他写道:"京汉铁路贯通中原的燕、赵、魏三国,一直到楚国,

---

① 小林茂编:『近代日本の海外地理情報収集と初期外邦図』,大阪大学出版会,2017年,第5页。
② [日]德富苏峰:《中国漫游记·七十八日游记》,刘红译,中华书局2008年版,第25页。
③ [日]德富苏峰:《中国漫游记·七十八日游记》,刘红译,中华书局2008年版,第28页。

一路沃野千里，一望无际，只有信阳有一个遂道。不过驾桥工程除了二里之长的黄河大桥以外还有许多大大小小的铁桥。"① 值得注意的是，日本学人游记对此记述详细，调查深入，与同时期中国学人对日本考察相比，无疑是深刻而全面的。

与日本对外扩张进程相伴随，游记作者把注意力转向对中国经济与外交的关注，可视为他们为国家服务的实际行动。从长春到吉林的铁路是日本为侵略中国所建，据说已经有了日本风格。中国东北不仅是重要的天然粮仓，而且森林、矿产、资源异常丰富。自日俄战争以来，日本一直垂涎这个地区。德富苏峰设想，从朝鲜津浦铺设连接会宁的铁路，将来有一天再铺设吉会铁路，日本与吉林就变得更近了，而这也许将带来意想不到的效果。② 对东北到山东的铁路，德富苏峰是有他自己的想法的，他说："要是想有效地利用山东的铁路，就必须把它延伸到与京汉铁路相接，然后向西穿过山西的矿层地区，再向西到甘肃，一直延伸到嘉峪关外。我们深深感到遗憾的是，对于列强瓜分可以说是中国生命的铁路，我国当局听之任之、袖手旁观。"③ 利用并占有中国资源的想法在德富苏峰的游记中是非常清晰的，许多想法令人惊讶。对于中国木石矿产之富，舟楫渔利之利，他是必取之而后快的："我们必须想到从山东到山西一直到甘肃、新疆有不可测知的宝藏。……这对世界的命运有多么重大的关系，不问自知。难道我们不知道世界的命运就是依靠矿藏来决定的吗？"④ 他的这些思想无疑是对日本扩张计划的预想，今天重读这些为日本以后发展而发出的心声，确实令人感到惊异。

在德富苏峰的著作中，有许多涉及中国地理、矿产与交通运输方面的内容，构成他在华活动的重要组成部分，许多方面有超越时人之处。他对中国历史文化的研究，对经济、地理、中日关系的论述，都可以看

---

① ［日］德富苏峰：《中国漫游记·七十八日游记》，刘红译，中华书局2008年版，第123页。
② ［日］德富苏峰：《中国漫游记·七十八日游记》，刘红译，中华书局2008年版，第49页。
③ ［日］德富苏峰：《中国漫游记·七十八日游记》，刘红译，中华书局2008年版，第333—334页。
④ ［日］德富苏峰：《中国漫游记·七十八日游记》，刘红译，中华书局2008年版，第334—335页。

到他思想的倾向性，包藏着对中国侵略掠夺的险恶用心。他强调："中国如果要与别国结盟的话，首先可以和日本结盟。不论其必要性如何，必须承认，对中国来说和日本的关系是非常重要的。"① 这并非德富苏峰一个人的想法，也非一时之热血，可视为他思想的真实写照。他始终强调中国资源对于日本的重要性，不像其他人那样拘谨自守："要比较天赋的国土资源的话，也许美国可以与之一比，长江流域土地丰饶，铁、煤炭丰富自不必说，山东至山西、陕西一带的地下矿藏之富，简直到了无法想像的程度。我这次游历了山西省一些地区，不止一次地看到地下的煤炭都露到了地表上来。"② 这是他的真实所见，也是他那一代人的共同观感。德富苏峰甚至提出发行有影响力的报纸，奴化中国人民："如果日本人不率先起来做这项事业，那么英、美、德等其他国家就会去做，到时候，无论怎样后悔都来不及了。"③ 他研究中国历史，长于理论宣传，清楚殖民宣传的重要性，有这些思想也就不足为奇了。

德富苏峰的思想中有一个极为重要的内容，就是要利用中国的资源，使中国的自然资源为日本所用。持这种想法的人不在少数。他不止一次地说过："不论中国人愿意不愿意，日本人为了自卫必须依仗中国的资源。如果明白了这个必然的形势，中国人最好自己主动地利用日本人，就是说，不要把日本人当作敌人，而是当作伙伴"。④ 此番议论非同一般，是德富苏峰本人思想的真实流露，可视为他的思想的准确表达，其影响不可忽视。在明治和大正时期，日本学界、政界、宗教界来华游历考察者众，对比其他人的著作，德富苏峰的观点比任何人都更加具体、明确，在对日本社会的影响上也比其他人广泛得多。怎么才能充分地利用中国资源，德富苏峰是有其具体考虑的，他的考察也较之同时期的人全面得多。他对日本没有更早地侵占中国资源感到惋惜，对日本在中国政策上迟疑感到不满，他的构想是："要想建立真正的日中经济同盟，长久地依仗中国的资源的

---

① ［日］德富苏峰：《中国漫游记·七十八日游记》，刘红译，中华书局2008年版，第275页。
② ［日］德富苏峰：《中国漫游记·七十八日游记》，刘红译，中华书局2008年版，第277页。
③ ［日］德富苏峰：《中国漫游记·七十八日游记》，刘红译，中华书局2008年版，第314页。
④ ［日］德富苏峰：《中国漫游记·七十八日游记》，刘红译，中华书局2008年版，第277页。

话，必须从根本上改变想法和态度。即不能把中国当成别国，就像对待自己国家一样对待它，不把中国人看成不相干的人……而且要深入地研究中国的历史、社会、经济，研究中国人的心理，要无止境地研究下去。更进一步说，对中国必须有负起重任的决心和心理准备。"① 纵观德富苏峰的思想轨迹，就其对日本政策的影响而言，可以说是一个复杂的展开过程。

对比近代日本游历中国的学人游记是很有意义的工作，深入其中之后就会发现他们对中国社会各方面的研究是异常深入的，完成对中国社会的清晰把握，远远超过人们的想像。以冈千仞《观光纪游·观光续纪·观光游草》对中国的了解为例，它不仅记述作者与中国政界、外交界、文化界人士的交流，也记述中国经济地理与人口情况。他的《观光续纪》卷二"地理"篇中记载：咸丰四年中国人口为三亿九千六百万，嘉庆十七年人口增加二千五百万。② 人口的数量众寡反映一个国家社会的基本状况，也是综合国力的一个重要因素，历来受到重视。日本对中国人口数量及其分布是极为关注的。冈千仞《观光续纪》写得富有声色，考察详细，材料充实，举凡地理、矿产、制盐、贸易、河流、货币、厘税、度量衡等都在考察了解之内，全面展现了中国社会风貌。他对地理交通的介绍并没有停留在一般性的介绍与评论上，而是把它作为一个有价值的对象加以把握，看到不同时期中国经济地理发生的变化。无论从何种意义上说，对于急需了解中国社会的日本来说，无疑是重要的，可以说为日本全面了解中国提供了一个有价值的参照系。

冈千仞的游记对中国道路交通写得极为细致，各主要城市之间的距离一般都有精确的数据，如此之详细恐怕超越一般的观感，不可视为简单的游记。它详细记述北京至各省主要城市间的距离，如北京至直隶省城四十八里③，道路平坦，无泥泞陷车之患；到山东济南府一百七十里，到山西省城太原一百五十四里，到陕西西安府三百六十五里，至甘肃兰

---

① [日]德富苏峰：《中国漫游记·七十八日游记》，刘红译，中华书局2008年版，第278页。
② [日]冈千仞：《观光纪游·观光续纪·观光游草》，张明杰整理，中华书局2009年版，第238页。
③ 日本里，1里约3.92公里。

州五百六十五里。①作者对中国城市、村庄的了解如此详细具体，不同于旧学者书斋里纯粹的学问，而是成为了致用之学，以另一种方式积极参与了近代日本的外交活动。他凭借西方科学仪器进行测量，以期获得更为精确的把握。所以，近代日本在周边各国的实地踏查不同于中国传统的土地测量，较多地使用了近代实验技术科学。冈千仞在中国游历时还特别注意到了中国社会存在的一个重要问题，那就是中国人吸食鸦片问题。当时中国人吸食鸦片的人较多，他认为："清人嗜鸦片甚食色"。这说明吸食鸦片是一个较为普遍的现象，成为一种社会风气。"茶楼酒馆，必设吸烟室。鸦片为日用必须物。"②鸦片自近代以来一直没有在中国根绝。可见，当时鸦片危害中国之严重与广泛。他的这些记述对于了解当时的中国社会是有价值的。

　　日本游记作者已经走出书斋，来中国实地考察，在做着不同于以往的新学问，参与到日本对亚洲各国的关注当中。平心而论，这不仅仅是研究方法的转变，更是思想观念的转变，以带有时代性的、求新求变的全新方法出现在日本的历史上。日本在明治维新后实施了"大陆政策"，在中国大陆、台湾地区和朝鲜、南洋各地开始了所谓的"调查"活动，测绘和出版各类地图。德川幕府时期长期锁国，对外收集情报受到限制，锁国结束后即开始了对外情报收集活动。1874年印刷《清国渤海地方图》、《陆军上海地图》，1875年印刷《清国北京全图》、《朝鲜国全图》、《亚洲东部舆地图》。③他们的测量与制图技术较多地依靠了近代科学仪器，在中国使用的测量仪器包括气压高度计、双目镜、计步器、刻度器、长定规、三角定规等。④根据既有材料可知，被派往朝鲜公使馆、

---

① ［日］冈千仞：《观光纪游・观光续纪・观光游草》，张明杰整理，中华书局2009年版，第239页。
② ［日］冈千仞：《观光纪游・观光续纪・观光游草》，张明杰整理，中华书局2009年版，第258页。
③ 小林茂编：『近代日本の海外地理情報収集と初期外邦図』，大阪大学出版会，2017年，第6—7页。
④ 小林茂编：『近代日本の海外地理情報収集と初期外邦図』，大阪大学出版会，2017年，第88页。

领事馆的陆军将校们几乎都在当地从事测量活动,涉及汉城、元山、釜山等地。① 在国家政策整体推进过程当中任何人都不可能置身其外,也无法置身其外。正如该书翻译者所言:"在冈千仞游华的前几年,中日关系史上接连发生过日本侵犯台湾、吞并琉球及朝鲜壬午兵变等重大事件。游华期间又正值中法战争爆发,同时还遇朝鲜甲申事变,对中日两国来说都是多事之秋。而日本国内又正值所谓'脱亚论'出笼之时。这些时代背景是我们在阅读这本游记时不容忽视的。"② 在了解了这些背景之后,就不难理解他们在中国所做的一切。

冈千仞对中国的了解远不止这些,还有对中国长江水师更为具体的记述。长江水师上自湖北荆州,下至江苏海门,包括湖北、湖南、江西、安徽、江苏各省海军,设长江水师提督一人,总兵数为二万六千二百六十二人,火炮口径二寸至四寸。③ 这样记述详细的游记不可与访胜探幽的游记同日而语,勿宁说是有价值的军事情报收集。关于中国水师船只的数量,冈千仞的观察也是细致的,中国舰船大小九十余只,大舰凡四十只,小者五十余只,其中在北洋有十五只,江南有十六只,在福建有九只。④ 自近代以后,由于国门被西方列强打破,中国国防基本上是有国无防的状态,军事设施保密程度差,外国人可以近距离接触中国军港和军事设施,军舰数量完全暴露于外国人的视野之下,无密可保,他们得出中国水师船只的具体数量就不足为怪了。日本游记作者身份十分复杂,背景各异,从来都不是单纯地为文化交流而来,即便有这种情况那也只是其中的一小部分,总体上说它是日本急剧扩张背景下的产物,不可等闲视之。很多人自觉或不自觉地参与到这个过程中来,他们的研究成果

---

① 小林茂编:『近代日本の海外地理情報収集と初期外邦図』,大阪大学出版会,2017年,第123頁。
② [日]冈千仞:《观光纪游・观光续纪・观光游草》,张明杰整理,中华书局2009年版,第11页。
③ [日]冈千仞:《观光纪游・观光续纪・观光游草》,张明杰整理,中华书局2009年版,第233页。
④ [日]冈千仞:《观光纪游・观光续纪・观光游草》,张明杰整理,中华书局2009年版,第233页。

在日本国内的作用不可忽视，正如有学者指出的："到了近代，尤其以甲午之战为契机，日本人对中国人由崇敬而变为蔑视。……这些游记不失为解读这种演变过程的一方上好材料。因为它们对近代日本人中国观的形成及其演变过程起了不容忽视的重大作用。"①

中野孤山的《横跨中国大陆——游蜀杂俎》里面有许多为日本国家提出建议的内容，他说："要洞察观望当今世界之大势，必将目光集中于扬子江流域。汉土十八省中，以扬子江干流为纽带……最具优势者当推古代巴蜀。"② 他苦心孤诣地为日本国家提出建议，通宵达旦地设计方案，以期达到侵略中国的目的，其目的昭然若揭。他写道："我们日本与其是近邻，而且人种相同，文字相近。我们以启发东洋为天职，因此，应该说我们对其有启发的义务。更何况我们期待的是维护东洋永久的和平，相互提携，共同富强呢。"③ 中野孤山显然以强者的身份讲话，与赤裸裸地公开掠夺中国资源的日本军国主义分子相比，具有更大的欺骗性，不易为人们所看透。在游历四川之后，中野孤山惊异于天府之国的土地肥沃与物产丰富，日本小国寡民、国土局促实在不可与中国一比，写道："在中国这个天下宝库里，天府之国四川所展现的壮丽景观，令我等叹为观止。随处一挖就能见到煤炭，还能见到食盐无限地喷出。从长江上游的金沙江底掏起一捧河沙，可见里面夹杂着璀璨夺目的沙金。地下还层层叠叠地埋藏着多种贵重矿石。动植物之多，乃世界之冠；畜牧业之旺盛，在世界上绝无仅有。啊！真是一个天府之国呀！"④ 分析这些游记文字，深感他对中国天赋资源的倾心关注是有一定目的的。

由于地理之便，从1880年代起，日本已经向中国和朝鲜半岛派遣了陆军将校军官，收集地理情报，其成果编成比例为二十万之一的地图。曾根俊虎（1846—1910）是日本海军军官，为日本海军驻上海谍报人员，富

---

① ［日］冈千仞：《观光纪游·观光续纪·观光游草》，张明杰整理，中华书局2009年版，第9页。
② ［日］中野孤山：《横跨中国大陆——游蜀杂俎》，郭举昆译，中华书局2007年版，第3页。
③ ［日］中野孤山：《横跨中国大陆——游蜀杂俎》，郭举昆译，中华书局2007年版，第4页。
④ ［日］中野孤山：《横跨中国大陆——游蜀杂俎》，郭举昆译，中华书局2007年版，第192页。

有在中国收集军事情报的经验,著有《中国近世乱志》、《各炮台图》、《法越交兵记》、《俄清之将来》、《俄国暴伏记》和《北中国纪行·清国漫游志》等。《北中国纪行·清国漫游志》比较典型地反映了他在中国从事军事情报收集的情况。他不仅详细调查军事设施位置、作用与设防情况,也绘制地图,把军港位置、炮台数量、周边居民数量等都标记得清清楚楚。为调查大沽炮台兵力、村落、人口、土地和物产,他通过与当地人谈话,了解到当地有人口一万,人家三千户,兵力三千人,六名外国人,一名英国副领事;又问及新城的兵力,当地人告诉他兵力不住在新城,大多数兵力在南洼屯田,驻扎在城内的兵力很少。① 曾根俊虎提到在大沽炮台哨兵前观察,看到里面戴礼帽的官员来来往往,没有机会混入,只能在外面边走边看,最后得知炮台常备炮与平日无异。② 对于中国辽东地区的交通情况,曾根俊虎不遗余力地竭尽搜罗之力,了解到辽东地区运送清兵军器是用马车的。这种马车大约可以装载十个用草包装的东西,乘坐几个人。③ 从当时军事学的角度来说,这一了解极为重要,做到了知彼知己。不仅如此,他对辽东地区中国的驻军情况也有细致的调查。④ 他的《北中国纪行·清国漫游志》是在中国搜罗实际材料所得,颇有军事价值,在各个游历者当中恐怕无出其右者。

把日本学人不同时期的游记贯穿起来加以审视,可以发现其中有一个一以贯之的东西,那就是虽然关注点不同,甚至记述分析上有深浅差异或拙巧之分,但总体上对中国社会的调查是深入而具体的,形成相对完整的中国社会状况的知识谱系。这些研究基本上反映出某一个特定时代日本人的视野与思想状态,在国家发展的重要关头,他们走在了国家

---

① [日] 曾根俊虎:《北中国纪行·清国漫游志》,范建明译,中华书局2007年版,第115—116页。
② [日] 曾根俊虎:《北中国纪行·清国漫游志》,范建明译,中华书局2007年版,第119—120页。
③ [日] 曾根俊虎:《北中国纪行·清国漫游志》,范建明译,中华书局2007年版,第160页。
④ [日] 曾根俊虎:《北中国纪行·清国漫游志》,范建明译,中华书局2007年版,第166—167页。

发展的前面,与日本对外政策相呼应,起到了舆论先导的作用。有资料显示,早在1872年,日本就派出陆军将校军官池上四郎、武市正干、彭城中平等来中国,目的就是收集政治、军事情报。① 他们深入中国社会,匿影藏形,开展经济、文化、民族、交通运输等方面调查,向日本社会展示了一个多面的中国社会图景。他们在中国获得的第一手调查材料并非纯粹的学理探讨,也不是简单的搜罗排比材料,而是对获得的材料做出了深加工,深入堂奥,直取根本,构建出日本学者的实地调查的知识谱系。他们的思想极为复杂,给日本社会带来的影响极大,反映出中日关系进入近代以来日益复杂与曲折的演进过程。

四 游记映现出的近代以来的中日关系

通过对近代日本人游记的简要梳理,可以看到日本学人思想发展的轨迹,以及他们与时代的紧密互动。这些人在社会发生转折的重要关头,为国家向外侵略扩张提供一些信息。深入到中国社会有目的地从事地理、矿产资源、铁路交通运输等情况调查,为日本对外侵略扩张服务,显然已是极不正常的活动。不可否认,日本学人游记当中有许多有价值的东西,涉及中国社会政治、经济、文化、民俗、海陆交通以及矿产资源等方面,调查统计的数据是大体准确的,表明日本学者专业的田野调查能力和做研究的基本功夫,日本的对华政策的制定无疑离不开这些材料的有力支撑。必须指出,他们对中国社会的一些评述只是一端之见,对中国的轻视与蔑视充斥其间。这是中国读者不能接受的。

以今天的视角来看,近代日本人来华游记所反映出的中日关系是多方面的,整体展现了中国社会与中日关系发展延伸的实态。1871年9月《中日修好条规》签订,近代中日关系开始。随着日本国力不断发展以及

---

① 小林茂编:『近代日本の海外地理情報収集と初期外邦図』,大阪大学出版会,2017年,第77—78页。

大陆政策的实施，正常的中日关系发生彻底逆转，对中国的态度由崇敬转向蔑视，甚至鼓吹侵略中国，变中国为日本殖民地。德富苏峰把中国看作是"文明中毒国"，认为"中国人已经厌腻了文明，中国已经变成了一个文明中毒国"。① 他被称为主张战争政策的主要发言人，战后受到过整肃与审判，著作里清晰地反映他的政治目的和立场。德富苏峰是在日俄战争之后来到中国的，到过大连、天津、北京、上海、南京、长沙、武昌、杭州等地，中国的丰富物产给他留下极为深刻印象，因此而萌发对中国资源的强烈占有欲望，设想通过中日"亲善"达到占领的目的。他设想的中日"亲善"的首要条件，是日本必须具有足够的军事力量，"即无论何时，日本都要以自己的武力，在远东形势上做出支持中国的姿态，并以此为己任，同时还要以一定要成功的决心和实力去贯彻它。具备充足的武力是日中亲善的前提条件，我们一刻也不能大意"②。由此可见，他所说的中日"亲善"，其实就是日本军国主义征服下的亚洲秩序，与后来日本提出的"大东亚共荣圈"是一脉相承的。

必须指出，近代日本人游记都从不同侧面、不同时间段表现出当时日本急剧向外发展形势下作者本人的思想动态，是当时中日关系大背景下的反映。有的人主观上不一定有明显的侵略意识，来华纯粹是为了学术研究；有的人直接为日本膨胀起来的对外政策服务张目，制造理论根据，配合日本政府的对外宣传；有的较为隐蔽，以经济合作、发展中日关系的面目出现，具有相当大的迷惑力；这些人总体上都程度不同地对日本社会产生影响，不论哪种情况都充分说明，中国将受到日本严重的挑战，对中国来说已经是凶多吉少了。正如译者所说："像短期内一再重版的德富苏峰的《七十八日游记》（1906年11月初版发行后不出两个星期即再版，一年后则发行第三版）、尾崎行雄的《游清记》等不少游记，对当时的日本人，甚至是决策层在对华态度上产生过不同程度的影响。"③这些游记内容比较复杂，既有客观地反映中国社会的内容，也有对中国

---

① ［日］德富苏峰：《中国漫游记·七十八日游记》，刘红译，中华书局2008年版，第265页。
② ［日］德富苏峰：《中国漫游记·七十八日游记》，刘红译，中华书局2008年版，第266页。
③ ［日］桑原骘藏：《考史游记》，张明杰译，中华书局2007年版，第9—10页。

表现出轻视或蔑视的内容,更有为日本扩张服务的思想。因此,对这些内容要以客观的态度从容处之,不可不加分析地一概肯定或否定。中国近代以来受西方列强侵略,国门洞开,自身难保,成为外国觊觎掠夺的对象,我们应该从中汲取深刻教训。

虽然这些游记时过境迁,成为过去的历史,这些作者也都成为古人,但游记中涉及的许多事情仍需认真的总结研究,其中的历史教训需要作深入的总结。研究历史并不是记住仇恨,而是通过回溯找出我们应该引以为戒的东西,不让历史悲剧重演,把中国的事情做好。这一切都需要借助历史,把握历史的契机,关注当下,更好地筹划未来。

Chinese Civilization and China-Japan relations Recorded in JapaneseTravel Literature in the Modern Times

Chen Fenglin

Abstract: Published literature around the time of Meiji Restoration, containing what Japanese individual or group travelers saw and heard when they were engaged, with various motivations, in cultural exchanges, sightseeing or field study in China in the form of dairies, notes, reports, survey findings etc., has recorded the then Chinese society multi-dimensionally, which holds extremely high value in studying Chinese modern society and China-Japan relations. Though confined by special international background, and differing in focused area, personal motivation and target, and magnitude and finesse of research, the travel literature still lay bare how they view China and how China-Japan relations mutate in the drastically changing times. Parsing the literature, which has become a part of the written history, will not only offer new findings but also benefit our interpreting of the current China-Japan ties.

Key Words: the modern times; Japanese travel literature; Chinese civilization; China-Japan relations

战后美国对华经济政策的政治化:两种战略的博弈

魏楚雄*

【内容摘要】 20世纪40年代,中美关系经历了一个非常关键的时刻。当时,美国政府内部存在着两种不同的对华战略构想:美国国务院把对华经济政策作为实现其短期政治目标的政治化战略,以及美国经济合作总署把对华经济政策作为实现其长期目标的非政治化战略,两者进行了博弈。1948年后,美国国务院要在经济上也按其政治战略行事,全部撤出中国,但经合署却寻求继续维持中美经济关系,以期在中国共产党接管中国之后,用对华经济援助所体现的人道主义精神来赢得中国人心。经合署的态度与当时许多美国商人的想法也吻合。美国在华商人相信:1948年之后中美经济关系将会有很好的发展机会。在共产党即将夺取上海之际,以上海电力公司为代表的美国在华企业没有遵从国务院的撤离指令,却与经合署积极合作,仍坚守上海,直到最后一刻。这证明了当时美国人内部存在着两种迥然不同并相互博弈的对华战略思想。不幸的是,最终国务院政治化的对华决策压倒了经合署非政治化的对华经济政策,从而彻底切断了1949年之后继续维持中美经济关系的最后一线希望。

【关键词】 中美关系;美国对华经济政策;政治化;经合署;上海电力公司

---

* 魏楚雄,教育部人文社科重点研究基地上海师范大学都市文化研究中心特聘研究员。

战后美国对华经济政策的政治化：两种战略的博弈

自2010年、特别是2017年1月美国总统特朗普执政以来，中美关系日益走向冲突和对立。截至近两年，无论是美国两党还是两院，都一致把中国视为假想敌，这已成了美国政府的既定国策。从贸易战到经济脱钩，从科技封锁到诬陷华裔科学家，从舆论误导到造谣生非，从合伙结盟到挑动争端，从宣扬武力到军事威胁，美国政府绞尽脑汁地要在经济上、政治上、外交上和军事上把中国打压下去，不接受中国崛起这一事实。这种情景，不由得令人想起当年新中国成立前后美国政府的所作所为。跟20世纪40年代晚期的美国对华战略一样，当今美国对华战略也被无限放大的政治考量和错误判断所误导，漠视了中美之间共同的经济利益、安全利益以及和平发展相互关系的可能性。美国在20世纪四五十年代的错误对华政策，导致美国付出了沉重的代价，在朝鲜和越南打了两场损失惨重、得不偿失的战争。如今，美国是否还会重蹈覆辙呢？从严格意义上说，历史不会重复，但历史又经常似曾相似。20世纪40年代晚期，美国社会始终有很多头脑清醒人士，反对把对华经济政策政治化；美国政府内部，始终存在着两种不同思路和战略的博弈。当今，美国政府内部头脑清醒的人不多，但主张美国把主要精力放在处理内部事务和经济问题、反对在中美之间展开非理性之贸易战的声音，正在逐步增强。这一现象，值得我们注意，它有助于我们探析和预判现今美国对华政策的走向。

一　战后美国对华经济政策的制定

从鸦片战争至二战之前，美国这个后起的资本主义国家，一直想在列强开拓中国这个巨大市场的进程中利益均沾，所以提出了"门户开放"政策。各国列强虽然通过战争打开了中国市场的大门，但把中国转变为它们巨大市场的梦想，却离现实始终相去甚远。结果，美中两国间的经济关系，从来没有发展到攸关国家根本利益的程度。没有通过密切的经济关系而奠定起来的坚实基础，两国在政治文化方面也相隔甚远，所以中美之间的关系从未上升到政治文化的高度。① 二战使得中美两国迅速靠近，最终结为了战时盟友。然而，这种因战时的临时需要而建立起来的盟友关系，缺乏日常经济和文化政治的坚实纽带，所以也就没有坚实的基础。一旦战争结束，这种盟友关系的基础也会出现松塌。中美关系从二战后到20世纪70年代的发展，就是这样一种状况。

1944年6月，同盟国军队在法国诺曼底登陆，对德国的全面反击开始。7月，美军攻占关岛，将日本本土置于美国空军的攻击范围之内。8月，美苏英三国代表在美国华盛顿巴顿橡树园发表联合宣言，建议在战后建立联合国。在此背景下，战后中国变为美国巨大市场的前景已经指日可待。于是，美国总统罗斯福（Franklin D. Roosevelt）开始表示："对华经济关系于美国至关重要"。② 与此同时，美国民间也开始不断发声。美国制造业协会早在1943年就宣称："外贸应该掌握在私人和私营企业手中，而非让政府部门来运作。"③ 同年，美国外贸协会也呼吁："我们必须准备在开明且具有建设性的政策下，获取〔在外贸方面的〕领导权。"④ 1944年，美国商会敦促美国政府在有外国政府竞争的地方"尽可能帮助美国公司的私人代表获得一个平等且合理的竞争地位。"⑤ 美国国务院对美国商界的利益非常重视，所以在1945年12月公布了"世界贸易与就业扩展建议书"，主张加大削减关税力度，尽量减少出口配额和补贴，要求所有通过官方部门管理外贸的政府给予所有其他友好国家平等的商业

---

① 参见 William C. Kirby, "Sino-American Relations in Comparative Perspective, 1900 – 1949", in Warren I. Cohen, ed., *Pacific Passage*: *The Study of American-East Asian Relations on the Eve of the Twenty-First Century*, New York, NK: Columbia University Press, 1996.

② Letter form Franklin D. Roosevelt to Donald M. Nelson, 18 August 1944, Papers of Edwin A. Locke, Jr., "American War Production Mission to China", Folder "Mission to China-1st trip: travel orders; log, diary and map", Box 1, Harry S. Truman Library (HTL), Independence, Missouri, USA.

③ "Statements of Policy Regarding Subjects on the Agenda of the International Business Conference", NAM-VADA HORSCH, IBC to Labor, Accession 1411, Box 854.1, Hagley Museum and Library (HML), Wilmington, Delaware, p. 8.

④ "Statements of Policy Regarding Subjects on the Agenda of the International Business Conference", p. 11.

⑤ "Statements of Policy Regarding Subjects on the Agenda of the International Business Conference", p. 3.

待遇。① 美国战后对华政策也纳入了这一基调。

早在二战结束之前,美国政府就基本拟定了美国战后对华政策,包含了政治和经济的双重目标。首先,美国决策者们认为,由于日本战败,"中国应成为远东地区维系该地区和平与安全的主要稳定因素"。"在保持远东地区的稳定方面,中国要扮演领导的角色。""一个强大的、统一的和民主的中国将成为太平洋地区乃至世界和平的保障。"② 所以,在美国的战后全球战略部署中,中国在远东举足轻重。美国国务卿赫尔认定:"在未来很长时间内,日本将不再是一个东方强国。因此,唯一真正的东方大国将是中国。必然地,倘若远东获得稳定,中国一定必须是一切安排的中心。"③ 后来接替赫尔的乔治·马歇尔将军也坚信:"中国,一个曾

---

① "Fourth General Session, Chamber of Commerce of the United States", Atlantic City, N. J., 2 May 1946, Chamber of Commerce of the United States Records, Accession 1960, Box 9, HML, p. 127.

② John D. Sumner, "American Economic Policy Toward China", Papers of John D. Sumner, Folder 1 "Chungking Conference", Box 1, *China File*, 3, 9, HTL; Arthur N. Young, "Economic Situation in China", 30 March 1945, Office Files of Assistant Secretary of State for Economic Affairs, 1946 – 47, *Subject File*, Box 1, p. 3, HTL; "Outline of Long-range Objectives of the United States with regard to China", memorandum for the President, FE, 12 January 1945, Charles F. Remer Papers, Box 33, Archives of the Hoover Institution on War, Revolution and Peace (AHI), Stanford, California, USA; "Memorandum by Mr. Everett F. Drumright of the Division of Chinese", 2 March 1945; Carl H. Boehringer (in charge of Commercial Section), 3 April 1945; "Memorandum Prepared in the Office of Far Eastern Affairs", 18 April 1945; letter of 21 May 1945 from Joseph C. Grew to James Forrestal; letter of 30 November 1945 from George C. Marshall to William D. Leahy; John D. Sumner, "Memorandum Prepared in the Department of State: U. S. Policy towards China", in *Foreign Relations of the United States: Diplomatic* Papers (FRUS), ed. Department of State. Washington, D. C.: Government Printing Office, 1969, 1945, 7: 249 – 53, 82 – 4, 93 – 5, 878 – 82, 747 – 51, 754 – 7; "Outline of Long-Range Objective and Policies of the United States with Respect to China", FRUS, 1945, *The Conference at Malta and Yalta*, p. 356; "President Truman to the Special Representative of the President to China (Marshall)", 15 December 1945; "Statement by President Truman on United States Policy toward China, 15 December 1945", Department of State: *United States Relations with China, with Special Reference to the Period 1944 – 1949 (The China White Paper)*, Department of State Publication 3573, Far Eastern Series 30. Stanford, CA: Stanford University Press, 1967, pp. 605, 607; "Basic Considerations in Planning American Aid for China's Postwar Economy", 23 April 1945, enclosed in the correspondence between General Hurley and Mr. Nelson, 893. 50/5 – 1245, RG 59, National Archives (NA), Washington, D. C., USA; Harry S. Truman, *Memoirs by Harry S. Truman*, Vol. 2, *Years of Trial and Hope*, Garden City, N. Y.: Doubleday, 1956, pp. 67 – 72.

③ William P. Head: *America's China Sojourn, America's Policy and Its Effect on Sino-American Relations, 1942 – 1948*. Lanham, MD: University Press of America, 1983, pp. 50 – 51.

经被外国侵略或者国内动乱弄得四分五裂、毫无秩序的国家，从今以后，将对世界的和平与稳定产生决定性的影响。"① 这就是美国对华政策的政治目标。

其次，美国决策者们相信：一个强大、民主的中国需要一个坚固的经济基础，良好的中国经济局势是美国实现对华政治目标的前提。② 美国总统哈利·杜鲁门（Harry Truman）在1946年4月说道："民主不会在陷入贫困和经济困境的国家中孕育而生。"③ 因此，援助远东国家的复兴与发展是杜鲁门和平战略的一部分。美国战时生产局局长和罗斯福总统的中国事务私人代表唐纳德·尼尔森（Donald Nelson）声称，除非美国帮助中国建设工业经济来培育其欠发达的市场，否则在远东领导权的竞争上，美国就会输给俄国。④ 杜鲁门总统的私人代表小艾温·洛克（Edwin A. Locke, Jr.）也断定："她（中国）如果能利用我们的影响和援助这一契机来进行改革，促进振兴和自由，就可以奠定国内和平统一的坚实基础……反之，政治经济的变化和进步也会为中国的和平发展提供支持。（只有）通过帮助中国做出这样的改变，（美国）才能为中国的统一作出最大贡献，从而服务于和平与民主事业。"⑤ 美国希望通过对华经济援助，去引导国民政府在战后沿着美国的政治和经济路线发展，以使中国成为实现美国战后远东战略的有力工具。⑥ 这就是美国对华政策的经济目标。

美国的战后对华政策具有政治与经济的双重目标，二者是相互关联、相互依赖、相互补充，不可分割的。同时，美国对华经济政策也有双重目的。首先，美国对华经济政策的第一个目的是助其实现在中国的政治

---

① Letter of 30 November 1945 from George C. Marshall to William D. Leahy.

② "Basic Considerations in Planning American Aid for China's Postwar Economy", 23 April 1945, enclosed in the correspondence between General Hurley and Mr. Nelson, 893.50/5 – 1245, RG 59, NA.

③ "Address by Mr. John Carter Vincent, Director of Far Eastern Affairs, Department of State, before the Thirty – Third Convention of the National Foreign Trade Council", Arthur N. Young Papers, Box 98, AHI.

④ "China: The World's Wild West", *Shanghai Evening Post & Mercury*, Shanghai, 20 July 1946.

⑤ Letter of 18 December 1945 from Edwin A. Locke, Jr., to President Truman, FRUS 1945 (7), pp. 1363 – 6.

⑥ Letter of 30 November 1945 form George C. Marshall to William D. Leahy, FRUS 1945 (7), pp. 749 – 51; Robert L. Smyth, 12 April 1946, FRUS 1946 (10), p. 980.

目的。美国对华经济政策制定者认为，战后美国的对华经济政策要"协助实现强大的、日益团结的和更加民主的中国这一宏伟蓝图。"① 中美工商协进会曾详细论述了美国对华经济政策的实质："确保太平洋地区和平与稳定的首要前提，就是在中国建立一个稳定的政府、实现政治统一……只有通过工业、贸易和交通的复兴，才能实现这一目标。同时，这又在很大程度上取决于中国重建对外、特别是跟美国的贸易关系的速度，……为维系中国的和平……以及长期的政治稳定，中国必须能够从商业贸易的重建中获得持续的、充足的财政收入。"② 美国决策者们相信，中国的经济进步实质上依赖于她同美国的合作；反过来，美国也会因其在中国的贸易扩张而得益。③

再次，美国对华经济政策的第二个目的是实现其在中国的经济目标。早在1943年年初，美国人就已意识到战后中国市场的前景。1943年10月，中美工商协进会成立，它包括了美国26家领头工业如布里斯托尔·迈耶斯、费尔斯通轮胎与橡胶出口公司、国际商用机器公司、百事可乐、雷诺兹金属公司、标准石油公司、时代和环球航空公司等。该组织宣称：中国的战后发展将为美国的商业提供巨大的商机。④ 1944年4月，美国外贸协会主席尤金·托马斯（Eugene Thomas）代表对中国有兴趣的美国商界告诉美国国务院："许多美国公司现在正忙于考虑战后在中国发展商业

---

① John D. Sumner, "American Economic Policy Toward China", Papers of John D. Sumner, Folder 1 "Chungking Conference", Box 1, China File, 3, 9, HTL; "Outline of Long-Range Objective and Policies of the United States with Respect to China", FRUS1945, The Conference at Malta and Yalta, p. 356; Arthur N. Young, "Outline of Long-range Objectives of the United States with regard to China", memorandum for the President, FE, 12 January 1945, Charles F. Remer Papers, Box 33, AHI.

② "Memorandum Presented April 5, 1946 to General George C. Marshall, American Ambassador to China regarding Chinese-American Commercial and Fiscal Relations", by a Special Joint Committee Representing the China-America Council of Commerce and Industry, Inc. and the China Trade Division-Far East Committee of the National Foreign Trade Council, 611.9331/4 – 1246, Box 2765, RG 59, NA.

③ "Basic Considerations in Planning American Aid for China's Postwar Economy", 23 April 1945, 893.50/5 – 1245, RG 59, NA.

④ The File of Pan Shulun and Company, Q90 – 2 – 627, SA; "A Statement of the Organization, Aims, and Activities of the China-America Council of Commerce and Industry", 1944, Record of the American War Production Mission to China (Nelson Mission Records), Box 13, p. 1. See Cosgrove, "United States Economic Foreign Policy toward China", pp. 96 – 97.

的计划。① 及至1946年,中美工商协进会的会员数量比初期几乎增长了4倍。它再次宣布道:"美国工业日益看好中国。越来越多的美国商人认识到美国物品在中国市场享有很高的声誉。在未来许多年,中国的市场前景无可限量。"② 美国商业组织敦促美国国务院尽快采取行动。③ 许多战前就与中国有联系的美国公司想要发展实质性的三边贸易——便宜的中国制造品出口到东南亚,然后购买便宜的东南亚原料、把它们输送到美国,再将美国制造的生产资料出口到中国。④ 这些公司担心:如果它们太晚进入中国市场,其他国家在中国的商业恐将"对战后美中贸易造成潜在威胁,并使美国商业代表处于绝对不利的境地"⑤。

美国决策者们充分了解美国工商企业团体对中国战后的市场与投资机遇的极大兴趣,也认同中国的稳定和工业化对美国的商业发展将大有裨益。⑥ 他们预测,一个对美友好且在工业化中快速发展的中国将为美国商品提供一个巨大的、长期的且不断扩张的市场。⑦ 蒙大拿州众议员马克·曼斯费尔德(Mike Mansfield)认定,"中国是一个巨大的经济和商业场地"⑧。唐

---

① Letter of 13 April 1944 from Eugene P. Thomas, President of National Trade Council, to Edwin F. Stanton, p. 2, 893.5034, RG 59, NA.

② "A New Era in China Trade", Annual Report for the Fiscal Year 1945 – 1946, China-America Council of Commerce and Industry, R. 0489 – 092, Box 0145272, Boise Cascade Corporation, Boise, Idaho (BCC).

③ Memorandum: "Resumption of Normal American Activities in China", from Margaret Smith to William L. Clayton, Assistant Secretary of State for Economic Affairs, 611.9331/9 – 445, Box 2765, RG 59, NA.

④ Elizabeth Soffer and Harriet Mills, "Chinese-American Relations", Special Report for Time, 17 September 1945, 611.9331/11 – 245, p. 74, Box 2765, RG 59, NA.

⑤ "Memorandum on Difficulty Reported by American Firms in Respect to Permits for Members of Their Organizations to Go to China", 6 July 1945, R. 0465 – 095, Box 0143122, BCC.

⑥ Letter of 3 November 1944 from Edward R. Stettinius, Jr., to Clarence E. Gauss, FRUS 1944, 6: 1083; Interdepartmental Committee on Economic Policy toward China: "Terms of Reference and Representation", 23 February 1945, Record of the American War Production Mission to China (Nelson Mission Records), Box 13, "Interdepartmental Committee, Economic Policy", p. 1, Franklin D. Roosevelt Library, Hyde Park, New York. See Julia Fukuda Cosgrove, "United States Economic Foreign Policy toward China, 1943 – 1946", Ph. D. diss., Washington University, 1980, p. 179.

⑦ "Basic Considerations in Planning American Aid for China's Postwar Economy", 23 April 1945, enclosed in the correspondence between General Hurley and Mr. Nelson, 893.50/5 – 1245, RG 59, NA.

⑧ United States of America, Congressional Record: Proceedings and Debates of the 79th Congress, First Session, Vol. 91, part 9, 29 November 1945, p. 11854.

纳德·尼尔森把中国描绘成"美国的工业前沿阵地"①。美国大使馆经济顾问约翰·塞莫相信:"无论中国的经济发展多么地受限,中国的商品市场和原料产地优势将使美国在经济方面获益。"② 国民政府的美国金融顾问阿瑟·杨预计,"拥有四亿五千万人口的中国将有助于提供一个市场"来防止"工业化国家的大规模失业",并且可以"吸收已流入到世界战争机器中的大量原材料"③。1945 年 12 月出版的纽约《太阳报》称,"特别是在生产资料、机械工具、管理技术和金融信贷等方面",美国有兴趣把中国发展成为"一个美国货的市场"。"中国的四亿五千万人口为我们提供了超级大的市场。"④ 所有这些意见都显示了美国那种久盛不衰的传统观念,即中国会为美国的出口商品提供一个巨大的消费市场。这就是美国对华经济政策的第二个目的。

总之,美国战后的对华政策具有双重目标。一方面,它力图使中国走上美国所希望的政治与经济发展道路,以便保护美国在华利益,并把中国变为美国在亚洲的强大盟友和一个平衡战后远东力量的支柱,和维护亚洲地区稳定和平的主导力量。另一方面,美国期望中国成为一个经济前景一片光明的国家,为美国出口提供一个巨大的、永久的而且不断发展的世界市场。⑤ 这两方面是相辅相成的。没有经济的发展和繁荣,中国将没有能力实现政治稳定并承担起平衡远东力量的责任;没有一个和平的外部环境,中国就不能维持她的稳定发展,也就不能成为美国商品的广阔市场。

---

① "China: The World's Wild West", *Shanghai Evening Post & Mercury*, Shanghai, 20 July 1946.
② Sumner, "American Economic Policy toward China", p. 18.
③ Arthur N. Young, "Initial Reconstruction Program for China."
④ *Sun*, New York, 20 December 1945.
⑤ "For [Solomon] Adler [Treasury Representative in China] from Treasury Department", 893.51/1-1746, Folder 3, part IV, "Documents on Aspects of Efforts by U.S.-Supply China with Materials of War", President's Secretary's Files, Papers of Harry S. Truman, Box 175, *Subject File*, Foreign Affairs File, pp. 664-666, HTL; Dean Acheson to the Embassy in China, 14 January 1946, FRUS 1946, 10: 911-912.

二 《援华法案》：美国对华经济政策政治化的产物

如果上述的美国对华政策得以顺利实施，那么中美经济关系将出现巨大的发展，为中美政治关系获得一个坚实的基础。遗憾的是，冷战的爆发使得中美两国难以从容地建立起牢固的经济纽带，也不允许美国外交官有时间有条件地去准确了解中国的现实，冷战思维的纯政治因素主导了美国决策者的思维。① 尤其是，到了1947—1948年间，共产党武装力量对国民党军队的节节胜利，清楚显示了国民党政权败溃的前景。在此情况下，美国迅速调整了其远东战略，"开始研究利用日本的重新武装和人力资源问题"②，决定把美国在远东的战后同盟把中国换成日本，开始深信"不以日本为中心的远东政策最后不会成功的"。③

在此背景下，美国国会于1948年4月2日通过了《援外法案》，其第四条《援华法案》规定，美国将在12个月内，向国民政府提供1.25亿美元的军事以及经济援助。④《援外法案》的宗旨，是通过经济援助来帮助世界各地、特别是东欧地区的反共产主义势力，来抵御战后社会主义苏联在欧洲可能的西扩。但是，《援华法案》却根本无法帮助国民政府

---

① "China-1947（only）", box 418, General File, Papers of Harry S. Truman, Harry S. Truman Library（hereafter Truman Library）, Independence, Missouri, U. S. A.
② [日] 井上清：《日本军国主义》第4册，马黎明译，商务印书馆1985年版，第14页。
③ [日] 富森睿儿：《战后日本保守党史》，吴晓新、王达祥、高作民、陈昭宜译，上海译文出版社1984年版，第44页。
④ "Legislative History of the China Aid Program", box 2, Griffin Papers, Archives of Hoover Institution on War, Revolution, and Peace（hereafter Hoover Institution）, Stanford, Calif.; Economic Cooperation Administration, "Supplemental Estimate: China Aid Act of 1948", pp. 3 – 11, box 24, China Subjects Files, Records for the Agency for International Development, Records Group 286, Washington Record Center（hereafter RG 286, WRC）, Suitland, Md.; House Committee on Foreign Affairs, *Report No.* 1585: *Foreign Assistance Act of 1948*, 80 Cong., 2 sess., 1948, pp. 54 – 59; Senate Committee on Foreign Relations, *Report No.* 1026: *Aid to China*, pp. 8 – 11; U. S. Congress, *Conference Report No.* 1655: *Foreign Assistance Act of 1948*, pp. 34 – 35; Robert A. Lovett, Acting Secretary of State, to J. Leighton Stuart, U. S. Ambassador to China, April 3, 1948, in U. S. Department of State, *Foreign Relations of the United States: Diplomatic Papers*, 1948（hereafter Foreign Relations, 1948）, Washington, D. C., 1969, 8: 485.

在中国达此目的，因为跟中国庞大人口和需求相比起来，《援华法案》的援助数额微不足道。为什么会这样呢？约翰 H. 费韦尔认为，杜鲁门政府把《援华法案》作为《援外法案》的附属议案来提出，主要是想赢得那些同情蒋介石的国会议员支持以欧洲为重心的《援外法案》，并防止国民政府过分迅速地丧失权力，以免让苏联在东亚占主导地位。① 费韦尔的分析包含了两点关键事实。第一，欧洲仍是二战后美国全球战略的中心；第二，美国国务院不得不接受中共将会接管中国这一事实，但它试图延迟这个不可逆转的过程。因此，《援华法案》的产生，主要是出自于美国国务院对中国形势的悲观态度以及准备撤离中国的消极打算。马歇尔使华失败后，他对国民党维持政权的能力已经失去了信心。作为国务院的新掌门人，他也没有兴趣再继续深入参与中国的事务。马歇尔多次强调：若无国民政府足够的自救努力，美国无论给予它多少援助，也无法扭转中国的局势。② 正如经合署驻华分署署长饶杰·莱凡（Roger Lapham）所指出，马歇尔是最早主张援助计划的，但当时"他想的不是中国，而是欧洲"。莱凡认为，马歇尔在1947年1月7日已明确公开表明，他"对当时中国的政治局势是多么的绝望，并似乎在暗示，他觉得我们最好的政策就是让中国人完成自己的拯救"③。1948年2月26日，马歇尔告诉国会："解决中国问题的方法，很大程度上靠中国人他们自己"；美国只能为中国提供有限的援助，以"帮助减缓目前经济恶化的迅猛程度，从而为中国提供一个喘息的空间"。④ 美国国家安全委员会1948年3月26日的报告也得出结论说："在没有外部援助的情况下，国民政府扭转或阻止

---

① Feaver, "The China Aid Bill of 1948", pp. 107 – 120.

② House Committee on Foreign Affairs, *Hearings on United States Foreign Policy for a Post – War Recovery Program*, 80 Cong., 1 and 2 sess., 1948, Vol. 2, pp. 1545 – 1547; House Committee on International Relations, *United States Policy in the Far East*, *Selected Executive Session Hearings of the Committee*, *1943 – 1950 (Historical Series)*, Washington, D. C., 1976, pp. 160 – 161, 165 – 168.

③ Roger D. Lapham, Chief of ECA, Mission to China, "The Chinese Situation As I Saw It" (address before the Commonwealth Club of California, Sept. 8, 1949), San Francisco, Folder 21.0, "General Policy & Procedures", box 3, China Subjects Files, RG 286, WRC.

④ "Statement of Hon. George C. Marshall, Secretary of State", *China Aid Act of 1948*, *Hearings Held in Executive Session before the Committee on Foreign Relations United States Senate*, 80 Cong., 2 sess., 1973, pp. 347 – 348, 356 – 364.

日益增长的共产党军事和政治影响之可能性是微乎其微";美国若是加大对中国的参与,那将会导致苏联对中共的大规模援助,那等于承诺把美国资源的使用到不可预计的地步,而实际上这些资源可以被用于"更具有战略意义的地区",即欧洲国家。因此,出于"欧洲第一"的战略、以及对无限参与中国事务而最终导致跟苏联发生冲突对抗的的担心,美国国务院决定撤离中国。①

不过,截然切断对华援助将会令美国国务院受到指责,被认为是国务院的政策导致国民党失败,这就与美国作为冷战旗手的形象很不一致。为此,该报告建议:对华提供"可能推迟共产党进程"的有限援助,这就意味着在并不"一反以往美国政策"的情况下,逐渐撤离中国,"让国民政府存活的军事责任清晰地放在中国人肩上","限制美国资源的枯竭并避免对国民政府的全盘承诺"。② 所以,对国民政府有限的、象征性的援助,既可以证明美国外交政策的一致性,也可以证明美国作为盟友的可靠性,并抵御对国务院放弃国民政府的指责。可见,《援华法案》的目的根本不是援助中国经济、维护中美经济关系,而是美国在冷战思维和重欧轻亚战略下,对中国政治局势作出精确政治算计后对国民政府的放弃,是政治估算和抉择的产物。

由于美国政府决定从中国地区抽身而退,所以他们最担心的就是中国被共产党控制之后,会倒向苏联。因此,美国对华政策的新重点就是"尽量防止中国可能成为苏联政治军事力量的附属"③。在这方面,一些美国外交官和对华政策制定者并没有像美国国务院那样对中国持有悲观消极的态度。他们认为,中国共产党跟苏联并非铁板一块,美国可以用经

---

① "Note by the Executive Secretary to the National Security Council on The Position of the United States Regarding Short-Term Assistance to China", NSC 6, March 26, 1948, box 13, U. S. Department of State Decimal "Lot" File, Country and Area Files, General Records of the Department of State, Record Group 59, National Archives Ⅱ (hereafter RG 59, NA).

② "Note by the Executive Secretary to the National Security Council on The Position of the United States Regarding Short-Term Assistance to China."

③ Memorandum by the Policy Planning Staff, Washington, September 7, 1948, "Policy Planning Staff Files", Foreign Relations of the United States, 1948, The Far East: China, Volume Ⅷ, Lot 54D195, p. 154.

济文化手段疏离中共跟苏联的关系。驻延安观察组成员小约翰·佩顿·戴维斯（John Paton Davies Jr.）就认为，大多数中国共产党人的民族主义情怀胜过对莫斯科的服从，"我们必须采取坚决措施，在政治上夺取中共，而不是听任他们全面投向俄国人。"① 他认定："除了推翻苏维埃政权以外，苏联可能遭受的最为灾难性的政治失败是［北京］叛离莫斯科阵营。"② 戴维斯于1945年被调去美国驻苏联大使馆，在著名外交家和美国驻苏联大使乔治·凯南（George Frost Kennan）手下工作，两人的观点非常相似。凯南认识到，"俄中之间自然而然的权力竞争"终究将使中国成为对苏联主宰欧亚的威胁。③ 凯南向美国国务卿和副国务卿的政策备忘录指出："在争取中国之意愿的斗争中，我们力量最有效的运用将是通过政治、文化和经济的形式。"他分析道："如果继续给予经济资助而没有勒索，它就成为礼物……对后蒋时代的情形，经济资助绝不能事先承诺的。是全部或部分给予，还是全部或部分不给予，执行者必须拥有灵活性。只有这样，美国的政治经济影响才能被感受到。"④ 显然，以凯南和戴维斯为代表的美国外交官持有跟美国国务院不同的对华认识和对华政策理念，美国经济合作总署的官员们便遵循了前者的思想观点。

三 经合署和美国商人的对华策略思维

美国国务院的对华政策一出台，马上就受到了美国对外经济政策的主要执行者——经济合作总署（经合署）的挑战。本来，经合署成立的主要原

---

① David Mayers, "Crossing to Safety from Cold War America: The Collaboration and Friendship of John Paton Davies, Jr. and George Frost Kennan", *Diplomacy & Statecraft*, Vol. 29, 2018, issue 2, p. 213.

② David Mayers, "Crossing to Safety from Cold War America: The Collaboration and Friendship of John Paton Davies, Jr. and George Frost Kennan", *Diplomacy & Statecraft*, Vol. 29, 2018, issue 2, p. 217.

③ David Mayers, "Crossing to Safety from Cold War America: The Collaboration and Friendship of John Paton Davies, Jr. and George Frost Kennan", *Diplomacy & Statecraft*, Vol. 29, 2018, issue 2, p. 216.

④ *Memorandum by the Policy Planning Staff*, Washington, September 7, 1948, "Policy Planning Staff Files", *Foreign Relations of the United States*, 1948, *The Far East: China*, Volume VIII, Lot 54D195, p. 155.

因就是因为冷战的爆发。1947年，美国总统杜鲁门宣布了杜鲁门主义，标志着冷战的爆发，美国国会也很快批准了美国援助土耳其和欧洲其他地区的马歇尔计划。就是在这种背景下，经合署成了一个遏制共产主义在全球扩张的经济机器。但有趣的是，经合署的对华态度，与美国国务院的对华政策背道而驰。跟凯南和戴维斯的观念一样，经合署更关注美国对外政策中人道及经济方面的意义，对中国采取了一种不一样的策略，而学者们大都忽略了这一策略以及经合署在执行美国对华政策过程中所扮演的角色。

早在1948年，经合署主管对华计划的哈兰·克里夫兰（Harlan Cleveland）就间接委婉地批评了美国国务院的援华政策，希望能够尽快找到"进一步促进经济领域以及加强国际经济合作的方法"。"因为人们非常关心与民主国家在经济发展领域的合作，并巩固和扩展与美国以及西欧民主国家的经济联系"。① 克里夫兰认为，从长远考虑，要把中国从共产主义及苏联身边拉开，最有效最重要的手段，就是在美中之间建立起经济纽带以及友谊，而美国能做到这一点。1948年1月，他在一份关于援华政策的备忘录中表示，对国民政府的支持，都是浪费金钱，那跟对中国人民的援助是不一样的。美国不应该沉湎于各种错误的假设中，去构想中国共产党即将面临什么样难以克服的经济问题和可能犯下什么样的错误。相反，为了与苏联争夺中国的人心，美国应该继续当前的对华援助计划。他说，我们的目标应该"是向中国人民表明，我们是跟他们站在同一阵线的，经合署并非是一项美帝国主义的计划"②。他还认为，相对苏联而言，在争取中国人方面，美国有一定的优势。美国在华的慈善工作、特别是在医学及教育领域方面，有数百年的历史。大多数美国在华私营企业、宗教团体以及致力于私人救济的主要机构，都决定在中国政权转换后继续在华运作。所以，如果共产党允许美国商品在其控制区内

---

① Harlan Cleveland, "Study of Economic Potentialities in the Far East", Countries: China, 1948, box 13, Subject Files, 1948–1950, Assistant Administrator For Programs-Assistant Administrator, Records of U. S. Foreign Assistance Agencies, 1948–1961, RG 469, NA II.

② Harlan Cleveland, "Memorandum: Aid-to-China Policy", Griffin Papers, box 4, Hoover Institution.

流通,如果美国能够表明其对中国人民的持续友谊,美国就能抵挡莫斯科在中国占主导的趋势;如果共产党拒绝美国的援助,那就会向中国人民表明,冷战的铁幕是由共产党拉下的。① 因此,美国应该努力赢得中国人民的"心和头脑",以此为契机,来阻止中国倒向苏联。②

经合署的其他官员也持有类似的意见。经合署驻华分署署长饶杰·莱凡曾在1944—1948年担任旧金山市长,随后又担任经合署对华特派团的主任。他曾游历许多国家,从而对国际商业以及中国等外国文化均有很好的了解,许多在华的美国官员和商人对他非常支持并具有信心,那些"中国通"也认为他是"能振作精神和振奋人的"③。在美国国务卿艾奇逊(Acheson)发表了《中国白皮书》之后,莱凡终于把他隐忍多年的想法于1949年9月向加利福利亚的听众们公开。④ 他表示,没有人可以把莫斯科的思想卖给中国这样一个民族,美国也不应走向极端,使用军事手段或经济封锁去反对中共。相反,美国应该把重点放在美国无数的中国朋友身上——受过教育的和有能力的人,他们是"共产党即将需要聘请的人"。"如果我们有足够的技巧和持久的耐心,这些人的地位就可以大大加强。"莱凡还指出,许多美国人一生都在中国工作,这样的工作"并非是没有深远影响的"。他预测:"我们的学校,我们的大学,还有我们无私的传教人员的努力,终究是不会白费的";"随着时间的推移,共产党将会需要与外界进行越来越多的贸易。"美国的对华援助即使"不能赢得中国的友谊,起码可以使中国共产党人的仇恨逐渐被中和。从长远来看,俄国的野心和对中国的限制将导致中国的反感,而这是我们可以

---

① Harlan Cleveland, "Memorandum: Aid-to-China Policy."
② "Reappraisal of ECA Policy", Paul H. Johnstone to Robert Allen Griffin, Deputy Chief of ECA's China Program, and Norman J. Meiklejohn, Feb. 21, 1949; "A Study of Future China Aid—Emphasis Propaganda", attached to the letter to Lapham, "Comments on Future Plans for ECA", Feb. 8, 1949, box 5, China Subjects Files, 1947–1950, RG 286, WRC.
③ Griffin, to Senator William Knowland, Aug. 18, 1948, Folder: Correspondence, Senator William F. Knowland, box 1, Robert Allen Griffin Papers, Hoover Institution.
④ Lapham to Paul C. Hoffman, Administrator of the ECA, Aug. 26, 1949, Folder: E. C. A., box 1, Charles L. Stillman Papers, Hoover Institution.

利用的。"① 这段发言，最代表性地表达了经合署对美国对华援助在文化及经济方面之长远意义的考虑。

经合署对中国事务的看法与许多美国商人的看法趋于一致。首先，正如经合署中国使团团长的特别助理以及代理副团长罗伯特·艾伦·格立芬（Robert Allen Griffin）在1948年11月给克里夫兰的报告中所称：在中国的美国人中，"有95%的人相信美国对华援助的首要政策是去除蒋介石"②。此外，一名与美孚石油公司中国分公司有关系的前美国海军陆战队军官和外交官厄尔内斯特·普莱思（Ernest B Price）明确断言：如果美国援助可以"对广大民众带来普遍利益"并"建设起该国健康的经济"，它将能帮助"抵御共产主义在情感及心理上的吸引力"。最后，在1950年6月15日写给经合署的一份备忘录中，美国西雅图商会的世贸司董事长罗伯特·诺德克菲斯特（Robert W. Nordqvist）强烈要求，国务院应该采取政策，"继续让美国私营企业与中国人做生意，并尽一切努力，如在教育方面、医疗方面和传教方面，来帮助他们。"美国西雅图商会甚至"迫切建议，当中华人民共和国政府愿意在一个正常互惠的基础上愿意进行贸易时，美国政府应正式邀请一个中方代表团来美国参观，并讨论改进商业的方法"③。

四 经合署与国务院的冲突

然而，经合署官员和美国商人的意见并没有受到国务院的重视并被采纳。国务院远东事务办公室主管沃尔滕·巴特沃斯（W. Walton Butterworth）告诉克里夫兰："国务卿想要改变美国对华的一贯立场，尤其不希

---

① Lapham, "The Chinese Situation As I Saw It."
② Griffin: "Development in China", Nov. 29, 1948, Folder: Correspondence, Harlan Cleveland, 1948–1949, box 1, Griffin Papers.
③ Attachment to the Memorandum of William Foster, Deputy Administrator for Program, ECA, June 22, 1950, Countries: China, 1948, box 27, Subject files, 1948–50, Assistant Administrator for Programs—Assistant Administrator, RG 469, NA II.

望在中国事务上涉足太深。"① 受国务院影响，美国总统杜鲁门在1948年12月30日批准了巴特沃斯的备忘录。结果，经合署建议美国政府采取对中国"插足门内"留一手的灵活政策被否决了。② 杜鲁门的理由是：对待全球共产主义，美国必须遵循一贯的态度；美国在其他国家的经历已经表明，试图通过提供对共产党国家的政府援助来影响他们的政策是无用的。③ 然而，经合署的总负责人保罗·豪夫曼（Paul Hoffman）继续宣称，他在中国所有交谈过的人中，有95％的人支持经合署的意见。豪夫曼坚持说，发展西方跟共产党的贸易和经济交往，是利用美国经济力量的优势来对抗共产主义的最好方法，哪怕它最后也不成功。从根本上说，国务院是想主动"走出中国"，而经合署则情愿被动地被"扔出中国"④。

为了克服行政机关内部的不和，杜鲁门政府内阁在1949年1月统一确认了总统的决定，并在1月下旬促成了国务院和经合署之间的协调和妥协。双方同意：对1948年中国援助法案提出修正，把尚未动用资金的使用期从1949年4月3日延长到6月30日，并建议国会授权予总统，来指示经合署把援助给予国民政府或由总统所选择的任何其他中国受益者。

---

① Cleveland, director of the ECA's China program, to Hoffman, Sept. 19, 1948, box 2, Subject File: Correspondence, Harlan Cleveland, Griffin Papers, Hoover Institution.

② "Comment on Your Covering Draft for Congressional Presentation", Harry Price to Cleveland, Jan. 12, 1949, box 25, China Subjects Files, RG 286, WRC. The president's decision was:

(1) That this Government would continue to support through the implementation of the China Aid Act the present Chinese Government or a legal successor Government which pursues an anti-Communist policy. However, should a government come into power which comes to terms with the Chinese Communists, all aid should cease irrespective of whether the Communists are in numerical ascendancy or not.

(2) When the Chinese Communists either directly or indirectly through a coalition government take control over any area, all ECA supplies ashore or in the process of being unloaded can be distributed under conditions similar to those new prevailing. However, ECA supplies which have not yet reached such ports should be diverted elsewhere.

See "China: Effect of Further Communist Expansion on the ECA China Program", Jan. 25, 1949, 500.3, box 15, U.S. Department of State Decimal File, RG 59, NA II; "Memorandum Prepared in the Office of Far Eastern Affairs", Jan. 25, 1949, Foreign Relations of the United States, 1949, Washington, D.C., 1969, 9: 616 – 617; W. Walton Butterworth, director of the Office of Far Eastern Affairs of the State Department, Dec. 30, 1948, Foreign Relations, 1948, 8: 667 – 668.

③ "Aid-to-China Policy-V: Means of Maintaining U.S. Contact with and Influence in China", Cleveland to Hoffman, Feb. 8, 1949, box 20, China Subjects Files, 1947 – 1950, RG 286, WRC.

④ Cleveland to Lapham, Jan. 7, 1949, Foreign Relations, 1949, 9: 610 – 613.

这一修正案，给予经合署在对华援助方面更多的灵活性。但是，国务院仍坚决反对经合署的计划，去协助共产党控制地区内美国私人救济机构，或者设法维持共产党控制区域内的工业重建，或者在上海从国民党掌控过渡到共产党掌控的过程中，继续运送食物和石油给上海。① 然而，经合署的官员们相信，根据对外援助法案118节，对外援助物资的管理者有权决定美国何时或是否应该终止对某一国家的援助。② 为此，克里夫兰建议美国通过以下几种活动施加它对中国的影响：

1. 鼓励中共政策中任何偏离苏联的潜在倾向，并加强中共内部那些主张更"中国化"的政策；
2. 维护中国民众对美国的好感；
3. 保护美国投资，促进美国在远东的商业利益；
4. 强调通过美国的技术援助及经济发展会使中国获取的优势；
5. 鼓励或者援助反共分子；
6. 为美国有兴趣的其他远东地区、特别是日本，保留获得中国的宝贵资源和市场。

经合署技术特派使命的主管查尔斯·斯蒂曼（Charles L Stillman）把上述克里夫兰的建议纳入在一个备忘录中，用于经合署官员在国会前作证，以支持对1948年《援华法案》的修正。③ 可是，杜鲁门在1949年3月3日又批准了国家安全委员会关于对华贸易的报告④，该报告排除了在不久的将来对中共进行援助或发展经济关系的可能性。相反，它认为如果必要

---

① Butterworth, undated, in Ibid., 9: 601 – 606.
② A. I. Henderson, General Counsel of the ECA, and Cleveland, "Continuance of Assistance to Peripheral Areas in China", Feb. 1, 1949, 500.3, Aid to China (General) and ECA Program, U. S. Department of State Decimal File, box 15, RG 59, NA II.
③ Charles L. Stillman, "Draft of Suggested Statement on China", Feb. 28, 1949, Charles L. Folder, China, 1949, box 1, Stillman Papers, Hoover Institution.
④ 这份报告是 NSC 41. 参见 Sidney W. Souers, March 3, 1949, *Foreign Relations*, 1949, 9: 834.

的话，美国应该以经济制裁为威胁来影响中共的行为。① 于是，按照这份文件，若是中国共产党巩固了对中国大陆的控制，经合署就不得不停止其在华的活动。

这份报告让经合署官员们极度不安。在1949年3月10日的一个会议上，经合署官员们同国务卿艾奇逊和巴特沃斯一起讨论了他们的未来对华经济援助计划，并对一份由莱凡准备的对华政策备忘录进行了逐条逐点的审议。该备忘录发问："如果国务院不改变它当前的态度，经合署是否想建议国会进一步对中国援助？"尽管上海将很快落入共产党手中，这份备忘录仍然建议："只要上海、广东、汕头仍保留在非共产党分子手中，继续对这些地区的经济援助将最好地为美国利益服务。"该备忘录还敦促，"不管国务院以后怎样决定，……经合署现在都应该准备去促进一项确定的项目"，并公开表示它进一步援华的立场。预见到莱凡建议可能招来的强烈反对，这份备忘录解释道：仅仅要求对华援助的数额，就会"产生巨大的心理效应。""对那些在上海、广州及汕头的美国商人和外国利益相关者，这将是一剂强心针……"备忘录强调，最重要的是，进一步的援华"将会让世界都知道，我们的兴趣仍然是在中国人民。"② 对经合署官员来说，美国对华援助在人道主义、道义和精神文化方面的效应要比物质方面的作用更有价值。经合署的援华项目将会促进美国与"许多来自高层和真正爱国的中国人的真实友谊"，而且"因为美国和援华使团之目的的真诚和正直，经合署援华使团所有接触到的个人和团体都会随同援华项目一起逐步增长。"③

即便在中共接管上海之后，经合署的官员们仍继续努力将美国对华经济政策非政治化。莱凡在1949年7月写信给豪夫曼，敦促美国不要对中国进行经济封锁，并"继续给予在中共掌控地区的所有美国人，至少

---

① Sidney W. Souers, March 3, 1949, *Foreign Relations*, 1949.
② "Memorandum of Conversation—Subject: Future of the China Aid Program", March 10, 1949, Folder: Correspondence, Roger Lapham, box 1, Griffin Papers, Hoover Institution.
③ Lapham to Hoffman, June 30, 1949, Folder: E. C. A. Personal, box 1, Stillman Papers, Hoover Institution.

是精神上的鼓励，以使他们竭尽所能地坚持在那里，保持中国对美国的大门微开，等待突破"①。莱凡说，"一年来我学会的一件事"，就是"你不能固守己见，你必须灵活应变；你要按照事物本来的面目、而非你所期望的样子去面对。"② 1949年8月，格立芬也建议，美国"应当竭尽全力去防止铁幕在中国落下"；美国应该仅仅"寻求防止打断在中国的美国人及其他外国人的活动，并尽可能防止撤出那些美国人民和机构；如果有美国政府支持和保护，他们是愿意留下来的"③。

把美国对华经济政策非政治化以及通过经济和文化来影响中国的意图，最终导致经合署官员主张承认共产党中国。1949年9月，莱凡建议美国：

1. 尽可能继续在华美国私营企业的运营；
2. 提供一切可能帮助在华美资企业，如教育、医疗、传教等，促使延续它们过去所获得的那种私人支持；
3. 保持开放美国在华大使馆和领事馆；
4. 不管美国是否喜欢共产党政府，准备承认它！④

在加利福尼亚的一次会议中，莱凡把他的建议告诉了听众，然后又被广泛播出。直到朝鲜战争爆发之前，经合署的官员们一直强烈持有这种观点。

五 上海电力公司与美国国务院的冲突

与美国官方的国务院和经合署之间相对立的对华策略一样，美国民间

---

① Lapham to Hoffman, June 30.
② Lapham to Hoffman, June 30.
③ Griffin, "Rough Draft", Aug. 31, 1949, Folder: Correspondence, Roger Lapham, 1948 - 1950, box 1, Griffin Papers, Hoover Institution.
④ Lapham, "The Chinese Situation As I Saw It."

的企业家们在对华态度上也产生分歧。1948年晚期，中国人民解放军即将取得在全中国的胜利，这就迫使在华美国企业家们做一个生死抉择：或是冒险在共产党新政权下继续经营他们的在华企业，或是离开中国。对某些人来说，答案是显而易见的：在为时未晚之前离开。但其他许多人不想就这么轻而易举地就放弃，因为他们在中国有着相当的利益。上海电力公司便是一个典型的例子。

作为美国暨国外电力公司的子公司，上海电力公司建立于1929年8月8日①，传教士医生的儿子及原中国标准石油公司总经理贺清（Paul Hopkins）任其总裁。正如下表所示②，在20世纪30年代，上海电力公司运营得非常好：

表1　上海电力公司及其分支西区电力公司的增长发展（1928—1940）

增长统计	1928年	1940年	增长百分比（%）
发电站装机容量（千瓦）	121000	183500	51.7
并网负载	193895	378881	95.0
年销售量	458360215	782647089	70.7
煤炭消耗（长吨）	411888	622768	51.2
服务总人口	不详	3600000	不详
商业用户	不详	40500	不详
工业用户	不详	9000	不详

在抗日战争期间，上海电力公司受到了严重打击，但在战后迅速恢复。③ 该公司在中国的成功，主要源于其领导人对中国文化的深入了解和

---

① "Memorandum re Shanghai Power Company, a Delaware Corporation; Western District Power Company of Shanghai, Federal Inc. U. S. A.", R. 0268 – 014, box 0124468, BCC; *Shanghai waishang dangan shiliao huibian* [*The compilation of the archives and the historic materials related to the foreign businesses in Shanghai*], Vol. 8, *Meishang ji qita waishang gaikuang* [*A survey of American and other foreign business*], Shanghai Archives and the Institute of Financial Science Research, the Ministry of Finance, Shanghai, 1987, pp. 7 – 15.

② "Memorandum re Shanghai Power Company, a Delaware Corporation; Western District Power Company of Shanghai, Federal Inc. U. S. A."

③ "Electric Power Shortage in Shanghai", 3, 11, a reprint of a series of articles published by the *Shanghai Evening Post*, Oct. 1947, R. 271 – 033, box 0124793; John Kopelman, of Ebasco International Corporation, to E. W. Hill, Dec. 4, 1946, R. 0489 – 088, box 0145268, BCC.

沟通技巧，其政策的灵活性，以及国民政府及地方官员的协助。① 上海电力公司的经验证明，美国企业有可能在一个控制性的经济中取得成功并获取巨大利润，这也使得上海电力公司官员有理由相信，该公司在共产主义政权下同样也能做好。

与历史学家华伦·托泽的说法相反，当美国人在1948年11月13日开始从上海撤离时，上海电力公司的领导并不感到害怕，也不打算主动放弃上海电力公司的运作。例如，迟至1948年9月，即在美领馆指定日期撤离的前两个月，上海电力公司仍与经合署商讨了一项雄心勃勃的新计划，要建立联合电力公司。② 10月7日，贺清告诉美国驻上海领事馆说，即便上海电力公司未能保证降低电费，上海电力也不会放弃其对上海小区的责任。③ 10月末，贺清仍尝试说服他的上司，认为如果南京政府被迫同意组成一个新政府，并且美国愿意提供硬通货（大约二千万美元）去支持新的中国货币，中国经济危机还是可以被克服的。④ 到11月，他还敦促美国政府准备推翻由蒋介石及其不够格的追随者们所领导的政府；他坚持认为，美国政府应该进行快速而逻辑的思维，宣布其经济政策并坚持下去。假如情况正如一些美国外交官所说，中共对美国的劝告是持开放态度的，那么就让美国在中共占领上海之前而非之后来试探中共这种态度吧。⑤

在收到美国驻上海领事馆11月16日通知上海电力公司撤离的公文时，贺清认为，美国政府处理这个问题的方式，是不明智的，它几乎没有考虑放弃在中国的美国私人投资会带来的问题，因为"它没有提供可以在最后一刻还能作出判断的条件，让人可以反复推敲、形成意见，以判断'赤色分子'是否想要无情地践踏这个城市，或是他们是否会在采取这样行动之前停下来，意识到一个被铁幕封锁的吴淞（上海港口）

---

① C. X. George Wei: "The Practice of American Capitalist Economic Liberalism in China", in Wei, *Sino-American Economic Relations*, 1944–1949, Westport, CT, 1997.
② Kopelman to Hopkins, Sept. 16, 1948, R. 0268-014, box 0124468, BCC.
③ Hopkins to Cabot, Oct. 7, 1948, R. 0268-014, box 0124468, BCC.
④ Hopkins to Kopelman, Oct. 30, 1948, R. 0268-014, box 0124468, BCC.
⑤ Hopkins to Kopelman, Nov. 23, 1948.

对他们来说将不是一份资产"①。这个论述为我们提供了贺清想要在中共政权之下继续运营上海电力公司的关键证据。他的想法是：要"留下来看"上海电力公司在共产党政权下是否还有机会继续运营，这与国务院要撤出中国、然后"等着瞧"的政策刚好相反。贺清强调，只要上海电力公司实际上还在国民党人的实际控制之下，它就应该继续提供服务。②

托泽认为，国务院在1948年12月授予上海电力公司的核心员工最后撤离上海的优先权，导致贺清决定尽可能保持上海电力公司在上海的运作，③但这是一种误读。确实，美国驻沪总领事约翰卡伯特（John Cabot）要求上海电力公司继续运营，哪怕最后一条轮船都走了④，但同时也告知上海电力公司，对那些有"迫不得已"的理由选择留守中国的美国人，美国政府不会给他们提供武装保护，也没有计划在晚些时候因形势所迫而把他们撤离中国。也就是说，那些留守的上海电力公司员工不得不自担风险，哪怕美国政府鼓励他们留下来。⑤因此，美国政府将会为上海电力公司提供的保护远远低于霍普金斯的期望。美国政府确实在紧要关头为所有沪上的美国人组织过一次撤离。但是，它不愿意进一步为在此之后继续滞留上海的人士提供任何军事保护。如果上海电力公司或者其他美国企业愿意于撤离期后继续尝试在中国经营，那它们自己就不得不为这一选择承担全部责任。

1948年11月末，国务院告知上海电力公司领导说，它尚未决定将会对中国共产党地区采取怎样的贸易政策。与此同时，它的官员也传递给上海电力公司互相矛盾的信息。有人表示，在不久的未来，发展美中经济关系是可能的。另外的人则表示，中共占领上海将会导致对美国与共产党中国贸易关系的"封锁政策"。国务院建议美国商人不要留在中国，

---

① Hopkins to Kopelman, Nov. 17, Dec. 13, 1948, R. 0268 – 014, box 0124468, BCC.
② Tozer, "Last Bridge to China", p. 66. For unknown reasons, I could not find in BCC the file cited by Tozer.
③ Tozer, "Last Bridge to China", pp. 65 – 67.
④ Tozer, "Last Bridge to China", pp. 65 – 67.
⑤ Hopkins to Kopelman, Dec. 17, 1948, R. 0268 – 014, box 0124468, BCC.

也督促他们不要把没有委任代表的权益和股值留在中国。① 贺清抱怨说，自1945年后，他从政府高级官员那里屡次得不到关于对华政策的答案。② 他写道："最困难的是确定什么是美国对华政策或者什么是未来若干年内的美国对华政策"。他问道：美国是否要支持上海的经济？美国打算供应或允许其他友好国家供应燃料给上海吗？对于这些问题，贺清都没有得到答复，他也看不到会有肯定性的答案。③

贺清的目标是寻求对最后一分钟撤离的保护，以尽可能维持上海电力公司的运作，直到他可以评估中共接管上海后的情况，再作出最后决定。贺清曾威胁，如果关于保证燃料供应的请求被拒绝，他将立刻停止电力供应给国民党控制的上海。④ 在1948年11月至12月间，贺清还尝试说服他的上司，强调由于南京跟上海之间的距离，在放弃上海之前，他们有足够的时间可以观察共产党在南京的行动会不会致使美国公民的生命受到损害。他写道："赤色分子并非100%都是左倾的赤色"，"他们中的很多人纯粹只是反对南京政府。历史已经表明，他们中间的裂痕在迅速扩展……如果我们通过扩大经合署对民众的援助而保留一个在中国的立足点，时间将会站在我们这一边。"⑤ 即便是在12月12日疏散开始后的一个月，贺清仍交给保罗·豪夫曼和美国驻华大使司徒雷登一份备忘录，详述了关于建立联合电力公司的计划，并对为什么假如上海电力公司继续在上海运行应该得到支持的原因。⑥ 所以，贺清所寻求对上海电力公司在最后一刻撤离时所需要保护的时间表，是远远晚于国务院所计划的，这当然不是国务院所能允诺的。1948年12月2日，国务院明确告知，在中共占领上海后，它将无法予

---

① Fulton Freeman, "Memorandum of Conversation, by the Assistant Chief of the Division of Chinese Affairs", Nov. 30, 1948; Lovett to Cabot, Dec. 2, 1948, *Foreign Relations*, 1948, 8: 903 – 905, 907 – 909.

② Hopkins to Kopelman, Dec. 13, 1948, R. 0268 – 014, box 0124468, BCC.

③ Hopkins to Kopelman, Nov. 23, 1948, Ibid.; Cabot to the Secretary of State, Nov. 30, 1948, *Foreign Relations*, 1948, 8: 900 – 903.

④ Hopkins to Kopelman, Nov. 23, 1948, R. 0268 – 014, box 0124468, BCC.

⑤ Hopkins to Kopelman, Nov. 17, Dec. 13, 1948, R. 0268 – 014, box 0124468, BCC.

⑥ Hopkins to Kopelman, Nov. 17, Dec. 13, 1948.

以上海电力公司的"充分保护";① 在之后的时间里,即使是情势所迫,它也无法向上海电力公司提供美国的军事保护。② 国务院不能对在中国的美国公司保证,假如他们的"人员没有利用目前所提供的撤离设施,在共产党占领之前仍还会有最后一秒钟撤离的便利。"③ 这当然不是贺清所追求的。

六 上海电力公司与经合署的合作

虽然缺乏美国政府的支持,也没有国务院为上海电力公司提供最后一刻保护的承诺,贺清心生犹豫。他坦承:"如果美国政策仍然是放弃上海……那我将碍于压力而遗憾地屈从这个决定"。④ 终于,经合署继续援华的计划在1948年12月被搁置⑤,但贺清仍不放弃维持上海电力公司运营的念头。1949年1月,贺清遗憾地说:"如果该政策被短视地执行,那我们过去对中国人民的帮助就自我表明是反对自己。至少在一段时期内,上海的工业将会被破坏。"⑥ 到了3月,他还对其父亲发誓:"我可能在战斗中被赶出中国,但我肯定不会像一个被宠坏的学童那样偷偷溜出中国"。⑦

贺清决心这么做,也不是无缘无故和莽撞的。他考虑过:如果上海电力公司坚持在上海的运营而得不到国务院的支持,它将会面临什么样的命运?为此,他考查了曾经在三个战乱地区进行运营的IBM,包括纳粹德国控制的法国、俄罗斯控制的德国和现今国民党控制的上海。上海电力公司学到了IBM在法国和德国成功运营的经验,也得悉IBM决定完全靠中国人员去运营其目前在上海的业务,甚至决定在上海被共产党占领后,它仍将

---

① Lovett to Cabot, Dec. 2, 1948, *Foreign Relations*, 1948, 8: 907 – 908.
② Hopkins to Kopelman, Dec. 7, 1948, R. 0268 – 014, box 0124468, BCC.
③ Lovett to Cabot, Dec. 2, 1948, *Foreign Relations*, 1948, 8: 907 – 908.
④ Hopkins to Kopelman, Nov. 17, Dec. 13, 1948, R. 0268 – 014, box 0124468, BCC.
⑤ See footnote 81.
⑥ Hopkins to Kopelman, Jan. 28, 1949, R. 0268 – 014, box 0124468, BCC.
⑦ Hopkins to his father, March 5, 1949, Folder: Correspondence, Paul S. Hopkins, box 1, Griffin Papers, Hoover Institution.

在那里继续经营。① IBM 的经历和政策给予贺清莫大鼓舞。他决定，如果英国政府提供的保护是恰当的话，上海电力公司的英国人员可以在自愿的基础上参与公司运作。② 结果，在 1949 年 4 月 26 日，所有的英国员工都投票留在中国。实际上，所有的外国人员都愿意并渴望留下。③ 在共产党控制上海之后，贺清开始把主要的管理任务转移到中国人员身上，并把美国雇员减到最少。④ 在共产党到达之前，贺清还设法储备了应急燃料、维修材料及供应物资，以防有一天上海电力公司用现金也无法购买到这些物资。在 1949 年的头两个月，中央银行为上海电力公司投入了大量资金用于购买石油和煤炭。有了这些资金，上海电力公司偿还了其价值已缩水近无的借款，并按市场的燃料价格所生产的电力而收费。央行资金所提供的杠杆作用是如此显著，以至于上海电力公司设法迅速积聚了许多燃料和金条。于是，贺清松了一口气说："很显然，我没有双腿发抖。"⑤

实际上，上海电力公司的这种做法并非独一无二。1949 年 5 月 13 日，美国驻上海领事馆报告称，在上海的美国商人完全明白留在中国的潜在危险，但他们仍打算留在那里，直到中共接管。他们当中，几乎没有谁被领事馆官员说服而离开中国。⑥ 甚至在中共占领上海之后将近两个月的 7 月 15 日，也只有 16% 的美国人离开了上海。⑦ 出于同样原因，美国天津商会要求国务院批准美国驻天津总领事关于复苏与中共正常贸易的建议。⑧ 美国总统航轮公司（American President Lines）表现出极大的勇气，继续在中共管辖的领域经营。1949 年 2 月 10 日，国务院很惊讶地

---

① James S. Carson to MacKinnon, Dec. 2, 1948, R. 0268 – 014, box 0124468, BCC.
② Hopkins to Kopelman, Nov. 25, 1948, R. 0268 – 014, box 0124468, BCC.
③ Hopkins to Walter S. Robertson, President of American and Foreign Power, May 7, 1949; and MacKinnon to Kopelman, April 26, 1949, R. 0268 – 014, box 0124468, BCC.
④ W. Hunter, General Manager-Operations of the Shanghai Power Company, to Yeh Tsing-ming, Director of the Bureau of Public Utilities, People's Government of Shanghai, Sept. 15, 1949, and Hopkins to Kopelman, Sept. 19, 1949, R. 0268 – 014, box 0124468, BCC.
⑤ Hopkins to MacKinnon, March 30, April 26, 1949, R. 0268 – 014, box 0124468, BCC.
⑥ Cabot to the Secretary of State, May 13, 1949, *Foreign Relations*, 1949, 9: 1257 – 1258.
⑦ Leighton Stuart to the Secretary of State, Jan. 6, July 20, 1949, *Foreign Relations*, 1949, 9: 1213 – 1214, 1269 – 1270.
⑧ Robert L. Smyth to the Secretary of State, March 10, 1949, *Foreign Relations*, 1949, 9: 910 – 911.

得知，在没有得到共产党承诺公平对待的承诺下，美国总统航轮公司已经让菲尔莫总统号（President Fillmore）运载1280吨一般商业进口货物，驶向已被中共控制的的北方港口天津。①

此外，上海电力公司也得到了经合署的支持。自1946年春天，经合署一直在帮助上海电力公司的运作，同意为绕道至上海的进口石油支付额外运费。经合署最终保证把给予上海电力公司的供应维持到1949年5月。② 结果，在上海管控权从国民政府转移到共产党手中的这段过渡时期，上海电力公司得以维持其运作。贺清开心地看到，他关于保持"持续关注"的政策，将会成为今后跟美国政府打交道的一种基础。③ 在上海的最后几个月，贺清反复敦促他在美国的合作伙伴，去说服国务院改变其对华政策。他认为，调和美国与中共的差异是可能的，而这第一步必须来自美国。他说，由强国提出和解是正确且合理的；就算被拒绝，也不会造成伤害，而美国至少也可以维护它的自尊。在中共完全胜利之前举行谈判，将会创造更多的贸易优势，甚至可以防止中共政策变得更强硬。④ 贺清关于美国对华经济政策的观点听起来跟经合署官员的说法很相似。他告诉

---

① 实际上，在二月十日之前好几天，菲尔莫总统号提出的卸货申请就被中国共产党领导人批准了，但由于该船与天津没有直接的通讯工具，所以消息被延误了。参见 Cabot to the Secretary of State, Feb. 10, 1949; Dean G. Acheson to Cabot, Feb. 12, 1949, O. Edmund Clubb to the Secretary of State, Feb. 14, 1949, Smyth to the Secretary of State, Feb. 24, 1949, *Foreign Relations*, 1949, 9: 907–910.

② "American Consulate General, Shanghai, Enclosure No. 6 to Dispatch No. 1203: Shanghai Power Company, Exhibit 'C', March 14, 1947"; "Subject: Shanghai Power Rates and the United Power Project, by American Consulate General, Shanghai, April 19, 27, 1948, No. 381 & 481", Richard E. Kleinhans, box 6, Commercial Section, Records of the Foreign Service Posts of the Department of State, Record Group 84, WRC; "The Draft Copy of the Chinese Government's Application to the Export-Import Bank of Washington for the Loan for the Project of United Power Company", box 94, Arthur N. Young Papers, Hoover Institution; Hopkins to Kopelman, Dec. 13, 1948; MacKinnon to Kopelman, April 26, 1949; comments by Kopelman at the meeting held in Mr. Muldoon's office on Jan. 18, 1951 with Mr. Turner of FEPD and Mr. Harrison of the Controller's Office in attendance, R. 0268–014, box 0124468, BCC; T. C. Tsao, "Plans Set for MYM20 Million Sino-US Power Plant Here; Final Approval Awaited", "Official Analyses New Power Project", and "A Study of Shanghai United Power Company Project", *North China Daily News*, Sept. 18, Oct. 31, Nov. 4, 1947.

③ Hopkins to Robertson, May 7, 1949, R. 0268–014, Box 0124468, BCC.

④ "Hopkins Comments since Occupation of Shanghai by the Communist Army", R. 0268–014, Box 0124468, BCC.

艾伦·格立芬：停止对中国人民的援助就是"承认我们的动机是政治而非人道主义原则。"① 但遗憾的是，贺清的愿望最终未能实现。相反，后来美国国务院对华经济封锁政策的实施，让上海电力公司连同其他美国在沪公司，都变成了美国对华经济政策的受害者。②

七 结论与反思

战后美国对华经济政策的制定和执行过程，充分体现了美国对外政策行施的特点，即美国任何一项重大的对外政策，从制定到执行，会受到多重机构和各种个人因素的影响，包括总统、国务院、国家安全委员会、总统私人顾问、驻外大使、国务院区域研究处、国会、党派、利益集团以及思想意识形态等。在很多情况下，具体决策部门和执行部门的战略构想和外交目标，主要决策者和主要执行者的思想方法和外交理念，都会对美国对外关系产生不同程度的影响，而他们之间又常常是有所冲突、有所博弈的，这是我们需要重视和加强研究的一个领域，本文便是在这方面的一种尝试。

如果从经济和文化的角度去思考经合署与国务院之间互相冲突的对华经济政策，人们或许会质疑所谓的与中国之"冷战"的性质及其必要性。美国许多决策者是否真正了解共产主义在中国存在的原因？对这个问题，答案显然是否定的。其实，经合署的对华态度表明，当年美国人当中是有了解中国情势的。1948年，《时代》杂志一篇名为《来自亚洲的帮助》的社论就指出，西方低估共产主义力量的悲剧，不是来自蒋介石或是马歇尔的错误："它远比对个人和党派的指责更为深刻和广泛。"③ 众议院外交事

---

① Hopkins to his father, March 5, 1949, Folder: Correspondence, Paul S. Hopkins, box 1, Griffin Papers, Hoover Institution.
② Tozer, "Last Bridge to China", pp. 70 – 71.
③ Harlan Cleveland, "Study of Economic Potentialities in the Far East", Countries: China, 1948, Box 13, Subject Files, 1948 – 1950, Assistant Administrator For Programs-Assistant Administrator, RG 469: Records of U. S. Foreign Assistance Agencies, 1948 – 1961, National Archives II, Maryland, U. S. A.

务委员会的波尔屯报告也指出,由于中国"必须用15世纪的政治来面对19世纪的进步",这就使"为落后国家所设计的共产主义计划在中国得到进展。"① 其实,中国会"进入民族主义,工业主义和进步的主流";美国应该"在反对集权主义的斗争中,让亚洲人有时间去组织来自亚洲(而非来自西方)的援助。"② 这篇社论没有只是从冷战的敌对或资本主义与共产主义的两极化来看待亚洲事务。相反,它超越了政治和意识形态领域,把中国和亚洲事务放在一个更广阔的经济、文化和历史的背景下来理解。它明智地指出:冷战时期美中关系的核心问题,是发展中亚洲国家的最根本问题——民族主义和工业主义,而非意识形态的共产主义。这篇社论很好地代表了克里夫兰的意见,他曾用它来支持他的政策建议。③

这篇《时代》社论也呼应了莱凡关于中国事务的看法。莱凡相信,冷战最好由思想而非军事来发动:"通过我们所说所做来说服其他民族,即他们在法律的自治下会比追随莫斯科的模式——把俄罗斯的意愿强加在我们所有人身上——过得更好。""法律下的自治",他解释道,是"人们有权在自由选举下去选择自身政府的模式。或者如果人们希望,也可以改变政府的模式——无论其趋势是朝向国家社会主义还是资本主义"。莱凡敦促美国政府设法保留在中国的少数美国人,不管他们是商人还是援华人员。他问道:"当你因为尝试某种方法而失败时,为什么不去尝试另外一种方法?"他声称:"抑制莫斯科扩展在华影响的最佳机会就是承认中国共产主义政权","这是现今留下来去完成我们目标的最佳实践方法"。莱凡不赞同有些人,他们认为中共是莫斯科的绝对追随者并认为尝试与中共打交道在原则上是错误的。④

《时代》社论也反映了上海电力公司官员对待共产党中国的态度。正

---

① Harlan Cleveland:"Study of Economic Potentialities in the Far East."
② Harlan Cleveland:"Study of Economic Potentialities in the Far East."
③ Harlan Cleveland:"Study of Economic Potentialities in the Far East;"Lapham:"Memorandum of Explanation", Dec. 28, 1949, box 1, Folder: Roger D. Lapham, box 1, Griffin Papers, Hoover Institution.
④ Lapham:"Memorandum of Explanation", Dec. 28, 1949, box 1, Folder: Roger D. Lapham, box 1, Griffin Papers, Hoover Institution.

如戴维德·贝克（David G. Becker）和理查德德·斯克莱（Richard L. Sklar）所阐明，① 在现代国际社会中，具有"后帝国主义"信念的跨国公司相信两点基本原则：第一，在通常的分配奖励之差异性下，在不同经济发展阶段上的政治自治国家之间，存在着彼此之间的相互利益即双赢的可能性而非零和游戏；第二，企业可以从自我的经济利益中走出来，去充分接受本土化。所以，具有"后帝国主义"经营哲学的跨国公司，往往不指望其母国运用外交或强制手段，去改变他们企业所在国家的投资条件；它们寻求制定明智的政策，去适应其运行公司所在国的政治环境和价值观，以求同地方政权之间达到某种适应与合作。上海电力公司显然是遵循了"后帝国主义"的公司政策和行为。

美国决策者们有着共同的意识形态和利益取向，认为共产主义和苏联是他们的主要对手，但他们之间因为对中国情势的理解和判断不同，所以设计出来的美国对华政策也很不相同。国务院主要依据短期的政治估算及意识形态考虑而做出决策。他们对中共的看法更多是来源于对政治及意识形态标签的阅读而非对中国历史和文化的深入了解。他们忽视了人民与人民之间的交往或文化与经济交往所能产生的无形却影响深远的作用。相形之下，经合署官员们跟凯南、戴维斯等一些美国外交官一样，相信文化及经济的互动对外交关系的长期作用，认为在人道主义及经济领域继续中美友谊是种推进两国关系的更佳方法，他们不想失去这么一个可以通过持续的经济和文化互动来发展美国与共产党中国良好关系的机会。但人们一定会问：经合署的政策到底是否可行？当中国共产党与美国的政治关系处于敌对之时，经合署的经济外交及人民外交是否可行？

虽然历史无法推翻重来，但中共处理美国对华援助的一个例子表明：中共与经合署之间存在着某种合作的可能性。1949年，当经合署试图结束它在中国的任务时，它把价值4百万美元的剩余棉花迅速分给了上海

---

① David G. Becker and Richard L. Sklar, *Postimperialism: International Capitalism and Development in the Late Twentieth Century*, Boulder, CO: 1987.

紧急救济联合会、教会世界理事会和中国福利基金。[①] 有趣的是，中共并不介意接受来自意识形态敌人——美国的经济援助。即将接管上海的中共没有没收这些来自"美国鬼子"的商品，他们只是要求把所有经合署供给的物资从不信任的教会世界理事会和中国福利基金转移到上海紧急救济联合会[②]，而经合署对此也有默契，有意把大部分商品分配给所信任或掌控的上海紧急救济联合会。

在现有关于冷战史研究的文献中，学者们并没有就中国何时才坚定地倒向苏联一题达成共识。本文关心的问题是：无论中共的政策究竟是在何时发生，在1949—1950年，即便中美在政治及外交上已经没有调和的余地，中美双方有没有机会继续他们之间的经济和文化关系呢？根据本文研究的结果来看，答案是肯定的。中苏联盟并不必然排除中美经济关系，意识形态的对立并不一定就非得关闭经济及人道主义的通道。然而，美国国务院把美国对华经济政策政治化的结果，就使得美国彻底排除了在经济文化上维持发展中美关系的可能性。在这个意义上说来，1949—1950年中美关系的主要障碍，并非是双方在经济或政治利益方面的根本冲突，而是美国对华政策制定者对中国的误判和误解，是在冷战思维下对华经济政策的政治化。这一状况，一直要到1972年尼克松总统访华前后才发生改变。同样，目前美国对华经济政策也出现了被政治化的情况，它被无限夸大了的政治计算和心胸狭隘的想象所绑架，完全忽视了美中之间在经济、国际秩序、区域安全等方面的重要基本利益，而它们才是美国政府更需要认真考虑和维护的国与国关系的根本关系。笔者相信，目前美国政府的对华经济政策是违背中美基本利益以及人类社会之正常运作的，所以，与美国20世纪40年代的对华经济政策一样，现今的美国对华经济政策迟早也会被历史纠正。

---

① John B. Nason, Director of ECA China Mission, to Philip D. Sprouse, Chief of the Division of Chinese Affairs, Office of Far Eastern Affairs, the State Department, June 14, 1950, Countries: China, 1948, box 27, Subject files, 1948–50, Assistant Administrator For Programs-Assistant Administrator, RG 469, National Archives II, Maryland, U. S. A.

② John B. Nason, Director of ECA China Mission, to Philip D. Sprouse, Chief of the Division of Chinese Affairs.

Politicization of the Postwar American Economic Policy toward China: Contention between Two Strategies

C. X. George Wei

Abstract: The Sino-American relations went through a critical moment in the 1940s, when there were two different strategies toward China among the American government. The Department of State (DS) made use of the American economic policy toward China to complete its short-term political agenda for China and politicized US-China economic relations, while the Economic Cooperation Administration (ECA) took the American economic policy toward China to achieve the long-term American goal in China and attempted to depoliticize US-China economic relations. The two sides contended with each other with their different strategies. After 1948, the DS decided to apply its political strategy on China to its economic policy toward China as well and withdraw from China politically and economically, but the ECA sought to continue the Sino-American economic relations, in order to win the heart and mind of the Chinese people with humanitarianism after the Chinese Communists took over Mainland China. This approach is in line with the thought of many American businessmen who have enterprises in China and who believed that the opportunity for the development of the Sino-American economic relations would be much better after 1948. Right at the moment when the Chinese Communists were going to take over Shanghai, many American companies in China, represented by Shanghai Power Company, refused to follow the evacuation order from the DS and actively cooperated with the ECA. They opted to stay in Shanghai until the last minute. This demonstrated the contest of two different China policies among the Americans at that time. Unfortunately, the politicized China policy of the DS got an upper hand, which thoroughly cut off the last hope to maintain the Sino-American economic relations after 1949.

Key Words: US-China relations; American economic policy toward China; politicization; the Economic Cooperation Administration; Shanghai Power Company

培育中国的农业工程师
——国民政府农林部与美国万国农机公司的合作(1945—1948)*

张瑞胜**

【内容摘要】1945年时任国民政府农林部驻美代表邹秉文向美国万国农机公司提出了中美合作的中国农业工程计划。该计划旨在由万国农机公司的资金和技术支持下迅速实现中国的农业机械化。从1945年至1948年间，该计划设立的万国农机奖学金共计全额资助了二十名中国农科和工程科学生赴美国明尼苏达大学和爱荷华州立大学攻读农业工程专业研究生并从事专业实习训练。同时，该计划资助了由农业工程学科创始人戴维森（J. Brownlee Davidson）教授领队的美国专家团来华指导农业工程的教学、研究以及推广。由于国民党大陆战败，美方于1948年12月中止了这项计划，撤回了相关专家。但该计划培养的农机人才在新中国成立后都选择留在祖国大陆，成为了第一代的红色农业工程师，并为我国的农业工程事业做出了卓越贡献。

【关键词】农林部；万国农机公司；农业工程；美国

---

* [基金项目] 本文获得北京师范大学历史学院青年教师发展资助项目和中央高校基本科研业务费专项资金（310422183）资助。

** 张瑞胜，美国普渡大学国际关系史博士，现为北京师范大学历史学院讲师，研究方向为中美跨国科技史，科技、社会与自然。

1902年，著名的美国摩根大通银行（J. P. Morgan & Company）收购了两家美国领先的农机公司麦考密克收割机（McCormick Harvesting Machine Company）和迪林收割机（Deering Harvester Company），并联合重组成立了当时世界上最大农业机械公司——万国农机公司（International Harvester Company）。① 万国农机公司的总部在芝加哥，但他们早已雄心勃勃希望将其生产的农业机械拓展到世界各地。

自1905年以来，俄罗斯凭借良好的农业资源和关税豁免政策成为万国农机最重要的海外市场。② 而万国农机也一直希望把它的商业版图扩展到中国，由于他们在俄罗斯远东地区符拉迪沃斯托克（Vladivostok）设有办事处，万国农机首先将目光投向了中国东北大片肥沃的黑土地。正如万国农机外国销售部主管查尔斯 H. 哈尼（Charles H. Haney）所说："相比其他省份，满洲可能是中国最进步的地区，也可能是中国最可能与我们发展贸易的地区。"③ 万国农机的设想是如果他们在满洲出售的农业机械需要维修或保养，中国当地的铁匠和木匠可以复制绝大部分普通部件，而特定的铸件可由他们位于符拉迪沃斯托克和鄂木斯克的仓库提供。④ 然而，1911年辛亥革命的爆发推翻了清朝统治，中国被袁世凯等各路军阀混战撕裂，东北也不例外。军事冲突和政治动荡则必然导致长期的经济萧条和社会混乱。从1912年到1913年间，万国农机只在东北卖了约一百台步犁以及一些割草机、圆盘耙、钻机和铲耙。⑤ 随着1914年第一次世界大战的爆发，万国农机暂缓了他们的满洲计划。一战后，万国农机继续尝试在满洲开展业务，并于1922年在哈尔滨设立了分销公司，主营火

---

① Wisconsin Historical Society, *History and Development of International Harvester - 1976*, Madison: Wisconsin Historical Society, 1976, p. 7.

② Fred V. Carstensen and Richard Hume Werking, "International Harvester in Russia: The Washington-St. Petersburg Connection?", *Business History Review*, Vol. 57, No. 3, 1983, p. 354.

③ Couchman to International Harvester Company, Vladivostok, April 5, 1909, Folder 786, International Harvester Archives, Wisconsin Historical Society, Madison, WI.

④ Randall E. Stross, *The Stubborn Earth: American Agriculturalists on Chinese Soil, 1898 - 1937*, Berkeley: University of California Press, 1986, p. 56.

⑤ Randall E. Stross, *The Stubborn Earth: American Agriculturalists on Chinese Soil, 1898 - 1937*, Berkeley: University of California Press, 1986, p. 59.

犁以及农具销售业务。① 根据记载，1924 年 8 月，因为万国的农具农机在荒地开垦中被证明"颇有功效"，东三省的农户邀请万国农机派人员到当地教授操作使用。② 1925 年 4 月获得北洋政府外交部的批准后，万国农机派遣了他们远东办事处的六名俄罗斯雇员前往满洲各地安装农机农具。③ 随后在 1930 年，万国农机又派了两名俄罗斯雇员前往东北，帮助组装调试从美国进口的新型农机。④ 从 1925—1937 年，万国农机向北满各地销售各类拖拉机计约 356 台，此外还有大量农机农具。⑤

同时，万国农机不仅继续在满洲销售农机，它的各线产品也销售到中国的其他地区。1924 年，察哈尔省陶林县大有农垦牧公司向万国农机购买了五部"McCormick Deering"牌的耕作机，每台机器"马力十五—三十匹……一日可垦地四顷耕深五寸乃至七寸"⑥。1929 年，山西省农业试验站也从万国农机购买了卡车、圆盘耙、播种机和联合收割机。⑦ 而在长江流域，早在 1924—1925 年，上海的慎昌洋行（Anderson Meyer & Company）进口了万国农机的三匹马力水泵，卖给了江苏和浙江的农民，⑧ 随后万国农机指定慎昌洋行为其在华唯一进口商，同时指定东方汽车（Oriental Motors）为其在上海的本地销售代理，推广其卡车。⑨ 由于其可靠的耐用性和性价比，从 1925—1935 年，万国农机在中国销售了数百辆

---

① 黑龙江省农业机械供应公司史志编辑室：《黑龙江省农业机械供应志》，黑龙江人民出版社 1990 年版，第 96 页。

② 钟世铭：《外交部奉天交涉署训令：第二七一号（中华民国十三年八月三日）：令各县知事：保护美商万国农具公司俄行员游历》，《奉天公报》1924 年第 4451 期。

③ 高清和：《外交部奉天交涉署训令：第一七二号（中华民国十四年四月十一日）：令各县知事：保护美商万国农具公司俄机师游历》，《奉天公报》1925 年第 4690 期。

④ 王镜寰：《外交部驻辽宁特派员办事处训令：第二〇五号（中华民国二十年四月九日）：令本省各县政府：保护美商万国农具公司雇员俄人尼格来别特罗为七吴少夫等游历》，《奉天公报》1931 年第 99 期。

⑤ 章有义：《中国近代农业史资料》第二辑，上海三联书店 1957 年版，第 251 页。

⑥ 不详：《杂纂：陶林县西北地方之垦殖公司：附表》，《中外经济周刊》1926 年第 156 期。

⑦ 王红谊、章楷、王思明：《中国近代农业改进史略》，中国农业科技出版社 2001 年版，第 87 页。

⑧ 周昕：《中国农具发展史》，山东科学技术出版社 2005 年版，第 834 页。

⑨ Unknown, "International Trucks Widely Used in China", *The China Press* (Jan 20, 1935): 4.

的卡车。① 而在大上海这样更广阔的舞台上,他们可以推销各类机械化的农机农具产品,如柴油发动机、谷物钻机、棉花采摘机、犁、肥料喷洒机、收割机、灌溉机以及脱粒机。在当时,美国是出口中国农机最多的国家,而万国农机无疑就是其中最主要的出口商之一。② 显然,万国农机认为他们在中国具有广阔的市场潜力。

当然,即使万国农机的各线产品被引进到了中国各地,也并不意味着中国已经实现了美式的农业机械化。例如,根据伪满洲国政府财政部门的统计,1934 年东北地区进口的农机具产品总价值为 52086 美元,但其中从日本进口的就占到了 37254 美元,而从日本进口的这些只是普通的农具,包括犁、锄头、耙子和叉子。③ 所以,直到 1936 年,依然只有极少数东北农民使用拖拉机或捆束机。尽管当时的农民们渴望了解这些高效的新式机器,但长期的战乱导致他们普遍的购买力都很低,如果没有外界的帮助,他们根本负担不起。根据万国农机哈尔滨进口分公司的数据,在北满地区也只有约一百台捆束机和约两百五十台收割机,而南满地区农场的农机数量则更少。④ 普通东北农民还是按照传统的方式以人力和畜力来完成耕地、种植和打谷等一系列农作。考虑到东北在民国时期是中国工业化程度最高的地区之一,其他地区的农业机械化水平则可能持平或是更低。

以万国农机为代表的美国公司相信,当政治和社会形势稳定以后,优质的产品会确保他们在中国农业机械化进程中处于领先地位。⑤ 但是情况没那么简单,除了农民资金短缺,这些公司在中国还面临着其他的挑

---

① Unknown, "International Trucks Widely Used in China", *The China Press* (Jan 20, 1935): 4.
② 北京农业工程大学:《中国农业机械化重要文献资料汇编》,北京农业工程大学 1988 年版,第 1337 页。
③ Mechanized Agricultural Plans in Manchuria, June 1936, Page 7, Folder China-Mechanization 1936–1941, Box 54, Entry 5, Record Group 166, Narrative Reports (1920–1941), National Archives II, College Park, MD.
④ Mechanized Agricultural Plans in Manchuria, June 1936, Page 7, Folder China-Mechanization 1936–1941, Box 54, Entry 5, Record Group 166, Narrative Reports (1920–1941), National Archives II, College Park, MD.
⑤ Paul M. Dutko, "Factors in North Manchuria Enlarging Field for American Tractors and Farm Machinery, January 1929", Folder Manchuria, 1928–, Mechanization, Box 125, Entry 5, Record Group 166, Narrative Reports (1904–1939), CHINA (Manchuria), National Archives II, College Park, MD.

战。当时中国农村问题重重,土地零碎化、廉价的劳动力、普遍缺乏现代农业工程知识等都阻碍农业机械的推广。① 早在20世纪20年代,燕京大学社会学教授、华北农村建设协进会委员张鸿钧就购买了各种美国农具,在内蒙古通辽进行田间试验。② 他试验的结果之一就是"播种、锄地等机,决不适于东北之种植"③。即使到30年代,国内对美式农具的怀疑也很有市场。例如,当时就有学者总结认为,中国已开发的农业区域地形不适合机械化,同时农业机械制造业也不发达,再加上我国并非劳动力缺乏,大规模农业机械化只会加剧失业和其他社会问题。④ 可以说,至少相当一部分当时的中国知识分子并没有认可或者接受农业机械化。

然而,万国农机的董事会主席哈罗德·福勒·麦考密克(Harold Fowler McCormick)并没有失去对中国的兴趣。作为老洛克菲勒(John D. Rockefeller)的女婿和洛克菲勒基金会(Rockefeller Foundation)第三位创会理事,麦考密克支持并见证了洛氏基金会在中国的多项慈善援助和技术合作,其中包括洛氏旗下的国际教育委员会(International Education Board)资助的康奈尔大学与金陵大学的作物改良合作计划(1925—1931)以及洛氏基金会直接资助成立的华北农村建设协进会(1936—1944)。同时,万国农机还直接资助了2万5千美元给晏阳初的中华平民教育促进会,以支持中国的平民教育和乡村建设事业。⑤ 因此,可以说,麦考密克和他的万国农机对中国农村一直保持着高度的兴趣,只是受制于各种原因还未能全面发力。

而1943年5月至6月在美国佛吉尼亚州温泉市(Hot Spring, Virginia)

---

① Paul M. Dutko, "Factors in North Manchuria Enlarging Field for American Tractors and Farm Machinery, January 1929", Folder Manchuria, 1928 –, Mechanization, Box 125, Entry 5, Record Group 166, Narrative Reports (1904 –1939), CHINA (Manchuria), National Archives II, College Park, MD.

② 沈志忠:《近代中美农机具事业交流与合作探析(1898—1948年)》,《南京农业大学学报》(社会科学版)2010年第4期。

③ 周昕:《中国农具发展史》,山东科学技术出版社2005年版,第836页。

④ 区昭文:《由美国底农业机械化讨论到我国现时能否农业机械化(附图表)》,《现代生产杂志》1935年第1卷第7期。

⑤ Committee on Agricultural Engineering for China, 1947, Folder Extension, 1946 –1949, Box 608, Entry 5, Record Group 166, Foreign Agricultural Service Narrative Reports (1946 –1949), National Archives II, College Park, MD.

召开的联合国粮食与农业大会却成了重要的转折点。包括民国政府在内的 44 个国家的代表参加了此次会议。中国代表团由郭秉文率领,其中包括两位重要的农业教育家,时任中央农业试验所代理所长的沈宗瀚和中华农学会主席邹秉文,两者都曾在美国康奈尔大学学习。会议期间,中国代表团于 1943 年 5 月 21 日举行了记者招待会,邹秉文在会上表示,"中国需要且欢迎外国在农业方面之技术协助",沈宗瀚亦声明"中国需要新式农业用品与机器,……然吾人必须再事研究,……以何种形式始最适合。"① 这是民国政府第一次在国际场合发表官方声明,希望在农业工程机械领域与外国合作。随后作为民国政府指派的农林部驻美首席代表,邹秉文又于 1945 年 10 月 6 日在加拿大魁北克召开的联合国粮农组织成立大会上被选为该组织的首任执行委员会委员。② 邹秉文在美期间,走访了美国的农业主管机构、赠地大学、农业试验站、农业推广站。此时的美国农村看上去欣欣向荣,正如美国农业工程师学会创始人戴维森教授(J. Brownlee Davidson)所说"在美国农场上动力机器的使用增长,以及由此带来的农业生产进步,是帮助美国农业在粮食和纤维生产方面处于世界领先地位的主要影响因素。"③ 亲眼目睹了现代农业科学技术带来的美国农业生产革命,邹秉文希望与美方洽谈合作事宜。④ 随后,邹秉文在 1944 年 5 月的美国经济学会(American Economic Association)年度会议和 6 月的美国农业工程师学会(American Society of Agricultural Engineers)年度会议上发表了"中国必须建设农业工程"的演讲,号召美国各界人士帮助中国实现二战后的乡村重建和农业现代化。⑤ 邹在演讲中系统性地

---

① 不详:《联合国粮食会议特辑:联合国粮食会议:我代表举行招待记者会:希望大会能领导战后世界从事增加生产与改善消费工作》,《粮政月刊》1943 年第 1 卷第 2—3 期。

② 不详:《联合国粮食农业机构会议:我首席代表邹秉文氏当选执委》,《中华农学会通讯》1945 年第 54—55 期。

③ Committee on Agricultural Engineering for China, 1947, Folder Extension, 1946 – 1949, Box 608, Entry 5, Record Group 166, Foreign Agricultural Service Narrative Reports (1946 – 1949), National Archives II, College Park, MD.

④ 不详:《会务拾零:邹理事长于六月间当美国农业工程师学会在威斯康新召开年会之时,曾出席该会演说》,《中华农学会通讯》1944 年第 43 期。

⑤ The Committee on Agricultural Engineering in China, *Introducing Agricultural Engineering in China*, Chicago: International Harvester Company, 1949, p. 1.

提出了美方可以与中方合作的四件工作，包括聘请美国专家来华在中农所、中央大学以及金陵大学推动农业工程学科的教育和科研，选送中国学生赴美学习农业工程学，以及鼓励一些成功的美国农机制造商到中国开分公司等。① 1945年初，邹向万国农机提出了农业工程合作的意向，邹的提议与万国农机对中国的长期兴趣一拍即合，麦考密克随即同意在一些修改的基础上资助该项目。② 因为邹的身份是农林部驻美国特派代表，所以很快民国政府正式批准了与万国农机的合作计划。③ 该计划主要内容包括，从1945—1948年间，万国农机公司将提供20个全额奖学金机会资助中国学生赴美国明尼苏达大学和爱荷华州立大学攻读农业工程硕士学位并后续实习训练一年，以帮助中国直接培养农业工程人才。④ 同时，该合作计划将资助四位顶尖的美国农业工程师组成美国在华农业工程师委员会负责农业机械化在中国的教育、研究以及推广事宜。⑤

万国农机奖学金

1945年初，民国政府教育部分别在重庆、昆明、成都和西安举行了四场留学资格考试，通过严格的考试，选出了十名农学本科毕业生和十

---

① 华恕编:《邹秉文纪念集》，中国农业出版社1993年版，第39—40页；Tao Dinglai, "Brief history of agricultural engineering development in China: In memory of Mr. Zou Bingwen", *International Journal of Agricultural and Biological Engineering*, Vol. 1, No. 1, August 2008, pp. 8–11.

② The Committee on Agricultural Engineering in China, *Introducing Agricultural Engineering in China*, Chicago: International Harvester Company, 1949, p. vi.

③ A Plan for Promoting Agricultural Engineering Research and Education by the International Harvester Company in Cooperation with the Chinese Government, 1945年12月，万国农具公司拟派专家，农林部档案，20-16-006-24，"中研院"近代史研究所档案馆，台北。

④ Committee on Agricultural Engineering for China, 1947, Folder Extension, 1946-1949, Box 608, Entry 5, Record Group 166, Foreign Agricultural Service Narrative Reports (1946-1949), National Archives II, College Park, MD.

⑤ An Initial Plan for Promoting Agricultural Engineering Research and Education by the Chinese Government in cooperation with the International Harvester Company, 时间不详，美国农具公司辅导我国农具研究及训练，农林部档案，20-16-045-07，"中研院"近代史研究所档案馆，台北。

名工程学本科毕业生,他们都有两到三年的实际工作经验。① 农学专业录取的十人分别是徐明光、吴起亚、李翰如、吴湘淦、余友泰、张季高、何宪章、方正三、蔡传翰、崔引安;而十位工程学录取生则是张德骏、王万钧、曾德超、水新元、徐佩琮、李克佐、吴克騆、高良润、陈绳祖、陶鼎来。② 这二十位赴美留学生中,工程学专业毕业生是选送明尼苏达大学攻读农业工程硕士,而农学专业毕业生则被录取到爱荷华州立学院(后来的爱荷华州立大学)进修农业工程硕士课程,而万国农机公司则为他们提供全额奖学金,包括学费、生活费、书本费、设备费以及实习差旅费。③

1945年6月,第一批十名赴美留学生顺利抵达弗吉尼亚州的诺福克,他们先去华盛顿拜见了邹秉文。④ 邹安排这些学生参观了美国农业部(U.S.D.A.)和位于贝茨维尔的农业研究中心(Beltsville Agricultural Research Center),并受到植物工业、土壤和农业工程局助理局长阿瑟·W·特纳(Arthur W. Turner)的接见。⑤ 随后,这十名万国农机奖学金获得者在芝加哥受到了他们的赞助商万国农机公司的董事会主席福勒·麦考密克(Fowler McCormick Jr.),即麦考密克的儿子小麦考密克的热烈欢迎。⑥ 同年8月,第二批十名中国留学生也按计划抵达美国。这些中国学生先被安排在明大和爱荷华州立学习农业工程的本科专业课程。随后,他们

---

① An Initial Plan for Promoting Agricultural Engineering Research and Education by the Chinese Government in cooperation with the International Harvester Company,时间不详,美国农具公司辅导我国农具研究及训练,农林部档案,20-16-045-07,"中研院"近代史研究所档案馆,台北。

② 美国万国农具公司奖学金学生简历表,1948年5月,美国万国农具公司34年度奖学金赴美人员,农林部档案,20-21-074-07,"中研院"近代史研究所档案馆,台北。

③ An Initial Plan for Promoting Agricultural Engineering Research and Education by the Chinese Government in cooperation with the International Harvester Company,时间不详,美国农具公司辅导我国农具研究及训练,农林部档案,20-16-045-07,"中研院"近代史研究所档案馆,台北。

④ 余友泰:《纪念我国农业工程事业的先导者——邹秉文先生》,载华恕编《邹秉文纪念集》,中国农业出版社1993年版,第219—224页。

⑤ 余友泰:《纪念我国农业工程事业的先导者——邹秉文先生》,载华恕编《邹秉文纪念集》,中国农业出版社1993年版,第219—224页。

⑥ Committee on Agricultural Engineering for China, 1947, Folder Extension, 1946–1949, Box 608, Entry 5, Record Group 166, Foreign Agricultural Service Narrative Reports (1946–1949), National Archives II, College Park, MD.

继续修学农业工程的研究生专业课程，以满足获得各自大学硕士学位的课程要求。经过两年系统的课程学习，他们掌握了应用农业科学和工程技术的基本知识，并先后获得了硕士学位。

毕业后，这些中国学生被安排到美国各地的农场和农业企业参与为期数周的专业实习工作。他们先期被分配到州立和企业农场参与 8 至 13 周的训练工作以实地操作拖拉机等各种农业机械，这其中主要包括爱荷华州立农场（Iowa State Farm）、明尼苏达大学农场（University of Minnesota Farm）、新泽西州的西布鲁克农场（Seabrook Farms of New Jersey），和伊利诺伊州的万国农机农场（International Harvester Farm of Illinois）。[1] 随后，他们则根据各自的意愿和兴趣被分配到各州和联邦的众多研究机构以及遍布全美各地的农业公司工作实习，这其中包括田纳西流域管理局（Tennessee Valley Authority）、明尼苏达州州立林业站（State Forestry Station of Minnesota）、位于伊利诺伊州的美国农业部皮奥里亚实验室（USDA Research Laboratory）、位于密西西比州斯通维尔的美国轧棉实验室（U. S. Cotton Ginning Laboratory）、位于华盛顿特区的土壤保护局（Soil Conservation Department）、丹佛的美国垦务局（U. S. Bureau of Reclamation）、新泽西州哈里森的卫盛顿泵公司（Worthington Pump Company）、明尼阿波利斯-莫林公司（Minneapolis-Moline Company）、底特律的福特汽车公司（Ford Motor Company）、印第安纳州南本德的奥利弗农场设备公司（Oliver Farm Equipment Company）、伊利诺伊州皮奥里亚的卡特彼勒拖拉机公司（Caterpillar Tractor Company）、俄亥俄州哥伦布市的联合叉锄公司（Union Fork and Hoe Company）、洛杉矶的莫斯钻井公司（Moss Well Drilling Company）、加州伯克利的先进泵公司（Advance Pump Company）、加州霍利达尔的 Adel 制造公司（Adel Manufacturing Company）、位于弗雷斯诺的加州棉花石油公司（California Cotton Oil Company）以及全美各地的万国农机经销商。[2] 在实习期间，每个中国学生都能够

---

[1] The Committee on Agricultural Engineering in China, *Introducing Agricultural Engineering in China*, Chicago: International Harvester Company, 1949, pp. 144–150.

[2] The Committee on Agricultural Engineering in China, *Introducing Agricultural Engineering in China*, Chicago: International Harvester Company, 1949, pp. 144–150.

访问五至六个州，实地考察学习美国各地的农业工程研究、教育、推广以及商业运营。① 1948年，在实习培训的最后阶段，万国农机在加州的斯托克顿租了一个80英亩的农场，为二十位中国学生提供了一个为期十周的集中培训项目。在最后的现场培训中，万国农机为学员们提供了拖拉机、犁耕机、饲料磨机、肥料播撒机、收割机等各种设备，供日常操作、调试和检修实践。② 这些中国学生通过在美国的大学课堂学习全面的农业工程科学并在试验站农场实习最新的农业机械，他们在农业工程方面的专业科学知识和实践技能都得到了全面的提高。在美国期间，万国农机为每位学生提供每月150美元的生活津贴、100美元的书本费以及250美元的实训年差旅费。③ 在当时，学生的平均每周房租约5美元和食物费用约为每天3美元，这意味着万国农机奖学金涵盖了这些中国留学生在美期间几乎全部的合理费用。④ 万国农机公司的慷慨支持帮助这些普通的中国留学生免于了在美期间经济上的拮据和生活上的窘迫，可以有尊严地全身心投入到农业工程的学习和训练之中。

训练结束后，除张季高、何宪章、徐佩琮没有按计划回国外，17名中国学生于1948年5月27日从旧金山出发，并于6月回到上海。⑤ 他们应邀于6月28日赴南京参与一系列的欢迎仪式和学术活动，包括会见邹秉文、沈宗涵等农政要员、与美国在华农业工程师委员会举行会议、参观中央农业试验所新成立的新式农业机械实验场、中国农业机械公司南

---

① 王希贤：《缅怀农界先贤益增后学重任——为纪念邹秉文诞生一百周年而作》，载华恕编《邹秉文纪念集》，中国农业出版社1993年版，第236—240页。
② The Committee on Agricultural Engineering in China, *Introducing Agricultural Engineering in China*, Chicago: International Harvester Company, 1949, pp. 150 – 151.
③ A Plan for Promoting Agricultural Engineering Research and Education by the International Harvester Company in Cooperation with the Chinese Government, 1945年12月，万国农具公司拟派专家，农林部档案，20 – 16 – 006 – 24，"中研院"近代史研究所档案馆，台北。
④ 王希贤：《缅怀农界先贤益增后学重任——为纪念邹秉文诞生一百周年而作》，载华恕编《邹秉文纪念集》，中国农业出版社1993年版，第236—240页。
⑤ 为检送由美返国学员工作分配计划表复请鉴察由，1948年6月，美国万国农具公司34年度奖学金赴美人员，农林部档案，20 – 21 – 074 – 07，"中研院"近代史研究所档案馆，台北。当时张季高正在美国为他的变轨曳引机申请专利，何宪章的妻子生病了，所以他留下来照顾妻子，而徐培聪则退出了这个项目，选择留在美国。

京分厂、金陵大学农学院、中央大学农学院、中农所农具陈列馆等。① 根据他们各自的意愿和民国政府的安排，这些归国留学生被分配到从事与农业工程教学科研推广相关的各种岗位。其中，蔡传翰、张德骏、曾德超、水新元加入了中国农业机械公司；徐明光、李翰如、余友泰、陶鼎来和陈绳祖加入了联合国善后事业委员会机械农垦管理处；吴起亚和崔引安被聘为中央大学农业工程系的教师；吴湘淦入职金陵大学农学院；方正三入职浙江大学农学院教师；李克佐和吴克骗入职中农所；高良润则加入中央工业试验所；王万钧入职了农林部棉产改进处；而随后回国的张季高也入职了农林部烟产改进处。② 这是第一批在美国学习农业工程归国的中国学生，他们几乎全部成为民国乃至新中国最为重要的农业工程专家。

美国在华农业工程师委员会

1945 年，邹秉文代表民国政府农林部与万国农机达成合作协议，即万国农机将赞助四名美国农业工程专家尽快访华。在三年合作期限内，这些美国专家将组成一个在华委员会，进行农机机械在中国运用的实地调研并提供相关培训服务，帮助中国建立自己的农业工程教育、研究和推广体系。③ 万国农机同意不仅将支付四名美国专家的薪水和差旅费，同时还将提供当时总价值达 8 万美元的现代化农业工具和机械，用于中农

---

① Program for 17 Harvester Fellows in Nanking, 1948 年 6 月，美国万国农具公司 34 年度奖学金赴美人员，农林部档案，20-21-074-07，"中研院"近代史研究所档案馆，台北；万国农具公司奖学金十七学员南京会谈参观日程，1948 年 6 月，美国万国农具公司 34 年度奖学金赴美人员，农林部档案，20-21-074-07，"中研院"近代史研究所档案馆，台北。
② 美国万国农具公司奖学金学生工作分配情形表，1948 年 6 月，美国万国农具公司 34 年度奖学金赴美人员，农林部档案，20-21-074-07，"中研院"近代史研究所档案馆，台北。
③ 美国万国农具公司拟选派专家来华协助改进中国农业机械由，1945 年 8 月，美国农具公司辅导我国农具研究及训练，农林部档案，20-16-045-07，"中研院"近代史研究所档案馆，台北。

所的农业工程研究、示范和培训。① 后来万国农机又向金陵大学和国立中央大学各捐赠了价值1.5万美元的农机设备。② 戴维森教授受了邹秉文和万国农机的邀请，担任了美国在华农业工程师委员会主席的职务。作为爱荷华州立大学农业工程系的系主任和美国农业工程师学会的创会主席，戴维森无疑是当时美国首屈一指的农业工程大家，因而农林部部长周诒春很快就任命戴维森为中农所农业工程部的首席工程师。③ 同时，农林部还请求戴维森在美国挑选三名可以胜任的农业工程师组成这个委员会。戴维森招募了美国农业部农业安全管理局的前首席水利设施工程师霍华德·富兰克林·麦科利（Howard Franklin McColly）作为他在中农所的副手。④ 戴维森还提名了前波特兰水泥协会的农业工程师埃德温·L. 汉森（Edwin L. Hansen）和纽约州立农学院（法明岱尔）农业工程系前系主任阿奇·A. 斯通（Archie A. Stone），分别赴金陵大学和国立中央大学任教，同时两人也会分担中农所的部分研究工作。⑤ 由四位经验丰富的美国农业工程师组成的委员会原定于1946年7月来中国。⑥ 然而，由于中国的政治不稳定、南京的住房问题以及美国海运工人大罢工等各种问题，委员会直到1947年1月才离开旧金山。⑦ 他们于2月份抵达中国南京，

---

① 美国万国农具公司拟选派专家来华协助改进中国农业机械由，1945年8月，美国农具公司辅导我国农具研究及训练，农林部档案，20-16-045-07，"中研院"近代史研究所档案馆，台北。

② 农林部代电国立中央大学金陵大学，1945年7月，美农具专家来华，农林部，20-21-039-20，"中研院"近代史研究所档案馆，台北。

③ J. B. Davidson to Arnold P. Yerkes, 1946年1月，美农具专家来华，农林部，20-21-039-20，"中研院"近代史研究所档案馆，台北。

④ Committee on Agricultural Engineering for China, 1947, Folder Extension, 1946–1949, Box 608, Entry 5, Record Group 166, Foreign Agricultural Service Narrative Reports (1946–1949), National Archives II, College Park, MD.

⑤ Committee on Agricultural Engineering for China, 1947, Folder Extension, 1946–1949, Box 608, Entry 5, Record Group 166, Foreign Agricultural Service Narrative Reports (1946–1949), National Archives II, College Park, MD.

⑥ 农林部代电国立中央大学金陵大学，1945年7月，美农具专家来华，农林部，20-21-039-20，"中研院"近代史研究所档案馆，台北。

⑦ Committee on Agricultural Engineering for China, 1947, Folder Extension, 1946–1949, Box 608, Entry 5, Record Group 166, Foreign Agricultural Service Narrative Reports (1946–1949), National Archives II, College Park, MD.

并向民国政府和万国农机提出了几项重要的工作计划。一是调研中国农业科研和教育机构;二是调研中国农业的条件,包括粮食和经济作物的生产、农具和耕作方法、农场电力和能源供应以及与农业生产相关的公共设施;三则是对美式农具、农机在中国农业的应用进行研究和示范。①

调研农业工程教育、科研和推广

首先,因为委员会的四名成员分别就职于中农所、中央大学和金陵大学,所以他们以这三所院校为起点开启了在华调研。戴维森和麦科利就职于中农所。中农所位于南京中山门外五英里的孝陵卫,拥有数百英亩的实验农场、研究大楼和设备。中农所由十个系组成,包括初级和高级农学家共计330人,当时由沈宗瀚任所长。在委员会来华前不久,中农所新成立了农业机械系,但规模较小。委员会分到了两栋新装修的楼房,一栋机械楼占地面积3600平方英尺作为他们的办公用地,另一栋库房则约4400平方英尺满满存放着美国运来的各式农机。② 随后,1947年12月,中农所又造了新楼房来存放第二批从美国运来的农机。③ 斯通则在国立中央大学任教。当时,国立中央大学是由东南大学和南京高等师范学校等学校合并而成的全国最大的公立大学。斯通就任教于农学院农学系的农业工程组。学校划拨了一小块田地作为农业机械的示范用地,又改建了一座楼房作为他们的教学科研大楼。其实早在1945年秋天,邹秉文向万国农机提出合作计划之后,中央大学就开设了农业工程课程。因此,当斯通来到学校的时候,已

---

① The Committee on Agricultural Engineering in China, *Introducing Agricultural Engineering in China*, Chicago: International Harvester Company, 1949, pp. 6 – 7.

② Report of the Committee on Agricultural Engineering in China for the Year Ending December 31, 1947, March 1948, Folder Extension, 1946 – 1949, Box 608, Entry 5, Record Group 166, Foreign Agricultural Service Narrative Reports (1946 – 1949), National Archives II, College Park, MD.

③ Transmission of Annual Report for 1947 of Committee on Agricultural Engineering sponsored by the International Harvester Company, Chicago, Illinois, March 1948, Folder China-Mechanization-Poultry and Eggs, 1946 – 1949, Box 616, Entry 5, Record Group 166, Narrative Reports (1946 – 1949), National Archives II, College Park, MD.

经有一批大三的学生是农业工程专业的。因而,中央大学的农业工程本科项目虽然称不上一个成熟的项目,但也已经有了相应的教学设置。委员会的另一位成员汉森则赴金陵大学农学院农业工程组任教。金陵大学是当时中国规模最大的私立高校之一,拥有国内一流的农学院。金大于1914年由美国传教士建立,40年代时该校农学院正由康奈尔大学校友章之汶任院长。农学系则是农学院最重要的系部之一,共有教职27人,并且早在1932年就设立了农具组(后改组为农业工程组),由林查理(Charles Henry Riggs)任组长。① 而农业工程不仅仅是金大农学院四年制大学本部(本科)的十个主修学程之一,同时也是二年制农业专修科(专科)的三组专业之一。② 除了教育科研机构,当时还有一些农业机械的推广组织和机构。例如,第二次世界大战后,1943年由农林部和中国农民银行共同创立的中国农业机械公司于1946年8月从大后方的重庆迁到了经济中心的上海。③ 他们试图以上海为总部建立覆盖全国的农业机械生产和贸易网络。④ 另一个主要机构是1945年9月在农林部和行政院善后救济总署领导下成立的机械农垦复员物资管理处,负责接收并调配联合国善后救济总署提供的农机设备。⑤ 该管理处负责将用于战后农业生产的农机设备分配到各省,包括多种农用曳引机及配件、灌溉抽水机、柴油引擎、钻井机以及各式畜用手用小型农具等等。⑥ 这些成千上万套的济华农机农具中,绝大部分是利用捐款在美国定制采购或是美军的剩余物资。⑦ 虽然中国农业机械公司和机械农垦复员物资管理处均未与美国在华农业工程师委员会或是万国农机公司有官方的直接的关联,然而,这二者聘请了1948年从美国学成归国的17名万国农机奖学金获得者之中的10名,因而他们在当时对于农业机械的推广也

---

① 金陵大学:《金陵大学六十周年纪念册》,金陵大学1948年版,第36—37页。
② 金陵大学:《金陵大学六十周年纪念册》,金陵大学1948年版,第39页。
③ 不详:《中国农业机械公司概况》,《中华国货产销协会每周汇报》1947年第4卷第54期。
④ 林继庸:《中国农业机械化前途的展望》,《新中国画报》1948年第11期。
⑤ 农林部善后救济总署机械农垦复员物资管理处:《机械农垦复员工作概况(三十五年九月至十二月)》,农林部善后救济总署机械农垦复员物资管理处1947年版,第1页。
⑥ 马保之:《一年来农垦处工作概况》,《行总周报农渔副刊》1946年第9期。
⑦ 不详:《联合国善后救济总署:计划供应我国机械农垦复员物资一览表》,《行总周报农渔副刊》1946年第2期。

是非常重要并且专业的。总之,战后的中国已经涌现出了一批农业工程的教育、科研以及运用推广的院校和组织,但数量上十分零星,程度上非常初级。

调研农业条件

为了了解中国的农业条件,该委员会原计划在中国各地进行一系列的调研行程。然而,陆军上将乔治·C. 马歇尔(George C. Marshall)为代表的美国使团在中国共产党和国民党之间建立联合统一政府的外交调停谈判最终以失败告终,马歇尔也于1947年1月离开中国。内战在当年3月再次爆发,委员会只得服从国民政府的安排避开了战区和解放区,实际上极大地限制了委员会的出行计划。1947年4月,在农林部和中农所的安排下,麦科利和斯通与大约60名国民党政府官员一起对黄泛区进行了为期7天的视察。[①] 由于黄河几百年来的泥沙沉积和堆积作用,该三角洲地区是中原地区物产最为丰富的双季制农业区之一,盛产冬小麦等主粮作物和棉花、烟草等经济作物。然而,1938年,蒋介石下令于河南花园口扒开黄河堤坝,泛滥的洪水暂时阻止了日本军队进一步的军事行动,也导致数以百万计的农民家庭痛失他们的家园和土地。1947年,在国际社会的援助下,国民政府修复了堤坝,但社会和经济的创伤依然深重。根据委员会的调查,在九年的黄泛期间,泥沙沉积高达15英尺,如果当地农民可以装配现代化的农具农机以及良种,这场毁灭性性的灾难可能会成为世界上最大的复垦项目之一。[②] 1947年8月,由于战争中断了铁路和公路交通,委员会乘飞机赴北平进行了为期十五天的农业调研。根据

---

① Transmission of Annual Report for 1947 of Committee on Agricultural Engineering sponsored by the International Harvester Company, Chicago, Illinois, March 1948, Folder China-Mechanization-Poultry and Eggs, 1946 – 1949, Box 616, Entry 5, Record Group 166, Narrative Reports (1946 – 1949), National Archives II, College Park, MD.

② Committee on Agricultural Engineering for China, 1947, Folder Extension, 1946 – 1949, Box 608, Entry 5, Record Group 166, Foreign Agricultural Service Narrative Reports (1946 – 1949), National Archives II, College Park, MD.

委员会的报告,他们采访了北平周边地区的许多农民,这些农民表示对农用机械很感兴趣,打算利用现代工具来降低劳动力成本和提高生产率,这意味着万国农机在华北地区也有着广阔的潜在市场。① 1947年12月,爱国实业家、民生公司的创始人卢作孚邀请委员会到位于重庆西北部的北碚社区参观。北碚是20世纪30年代卢作孚发起的一个著名的农村复兴实验社区。然而,根据委员会的记载,1947年北碚虽然已经开设了集约化的农业生产和进步学校,但除了少数家畜如水牛和黄牛,所有的农业操作都是依靠人工体力劳动进行的。② 看起来似乎北碚可能成为中国西南的现代农业工程示范区,然而相比中国其他的农村地区,北碚可能只是一个个案。委员会在四川考察期间得知,当地佃农将当年作物产量的80%作为土地租金上交地主,只剩下20%左右用于佃农的日常生活,广大佃农可支配收入的极度匮乏也可能将破坏万国农机的潜在市场。③ 1948年7月,时任山西省省长的阎锡山也邀请该委员会访问山西省省会太原,以讨论山西对现代农业设备的需求。然而,孤立的国统区太原在当时已经被连片的解放区包围,因而委员会的考察也仅仅是走马观花。

在委员会的一系列的调研中,他们还参观了一些半现代化的农业设备工厂,包括无锡的柴油工厂、重庆的民生工厂、太原的西北实业公司以及上海的喷雾器和杀虫剂工厂等。④ 这些工厂很多都面临现有的生产能力低和农民的消费需求低的两难境地。因此,农业机械化引进近代中国实际上面临着深刻而复杂的问题。这其中最重要的一个事实就是绝大部

---

① Transmission of Annual Report for 1947 of Committee on Agricultural Engineering sponsored by the International Harvester Company, Chicago, Illinois, March 1948, Folder China-Mechanization-Poultry and Eggs, 1946 – 1949, Box 616, Entry 5, Record Group 166, Narrative Reports (1946 – 1949), National Archives II, College Park, MD.

② Transmission of Annual Report for 1947 of Committee on Agricultural Engineering sponsored by the International Harvester Company, Chicago, Illinois, March 1948, Folder China-Mechanization-Poultry and Eggs, 1946 – 1949, Box 616, Entry 5, Record Group 166, Narrative Reports (1946 – 1949), National Archives II, College Park, MD.

③ The Committee on Agricultural Engineering in China, *Introducing Agricultural Engineering in China*, Chicago: International Harvester Company, 1949, p. 59.

④ The Committee on Agricultural Engineering in China, *Introducing Agricultural Engineering in China*, Chicago: International Harvester Company, 1949, pp. 50 – 51.

分普通农民都不具备必要的购买力。

再加上运输困难大和费用高,剥削性的土地租赁和所有权制度,以及大起大落的货币汇率,中国的农机制造商面临着无数的问题,没有简单的解决办法。

研究与示范

作为美国私立企业万国农机资助赴华调研的委员会,此行最重要的任务自然是研究并展示美国农业机械和技术在中国农业生产中的应用。早在1945年12月的时候,中农所就已经向万国农机提交了它的需求清单,请求赠予各种机械制造设备34868美元,实验仪器14347美元,文献资料581.05美元,辅助机械工具26603.95美元,总价值共计约8万美元。[1] 由于美国方面部分机器型号产能不足以及罢工等问题的影响,万国农机的第一批装货于1947年2月才随委员会一起抵达上海。随后民国方面的问题也来了。根据战时国民政府的进口规定,所有从国外进口的货物如果想要获取免税都需要到上海江海关税务司办理特殊的免税许可证。农林部不得不通过冗长的文件上书行政院,并与上海输入临时管理委员会和财政部多次交涉,声称这些农机农具货物和委员会的个人物品仅仅用于中国的农业工程的研究和教学。[2] 最后,直至1947年4月,兼理行政院院长的蒋介石才最终批准了农林部的免税申请,而此时委员会抵华已经两个月了。[3] 这样的问题并不是个案。比如,早在1946年11月万国农机就准备将两辆供美农机专家在华使用的普利茅斯牌(Plymouth)汽车

---

[1] List of Machine Shop Equipments, Laboratory Instruments and Literatures Submitted to the International Harvester Co., 1945年12月, 美国农具公司辅导我国农具研究及训练, 农林部, 20 - 16 - 045 - 07, "中研院"近代史研究所档案馆, 台北。

[2] 农林部呈行政院, 1947年2月, 美农具专家来华, 农林部, 20 - 21 - 039 - 20, "中研院"近代史研究所档案馆, 台北。

[3] 行政院指令:美国农具专家带来行李及农具等件准免税入口案, 1947年4月, 美农具专家来华, 农林部, 20 - 21 - 039 - 20, "中研院"近代史研究所档案馆, 台北。

从纽约运往上海，每辆价值1450美元。① 然而，根据当时的海关规定，对于价值超过1200美元的汽车，进口商首先要从财政部获得入口证。② 同时按照当时的税率，"汽车税率为30%连附加税约40%，总税额计美金一千二百元"，这么高昂的税费连当时的农林部也都承担不起。③

最终经过政府机构间的反复扯皮，在1947年8月，也就是委员会到达中国的六个月之后，这两辆汽车按照科学仪器入口免税办法给予先行放行了。④ 类似的行政手续的繁杂和审批的延误迫使美国专家们的农机耕作示范计划不得不一推再推，这些延误在非常讲究季节时效性的农耕作业中往往意味着所有配套工作又要推迟到下一个耕作季节了。这些民国官僚体制上的效率低下，也实际上大大降低了推进农业机械化工作的效率。

然而委员会在华期间，万国农机还是向中国运送了四批货物。1947年2月，第一批货物同委员会一起抵达。第一批货物包含190种农业机械和工具。⑤ 其中比较重要和昂贵的农机农具包括收割机、脱粒机、播种机、农田菜园除尘器、喷洒器、钢制拖车、菜园拖拉机、电泵、牵引发动机、马力耕田机、载货汽车以及其他机械化工具。⑥ 1947年6月，第二批货物从纽约出发，8月16日抵达上海。⑦ 这批货物包括93个包裹，其中包括耙、谷物割捆机、农用卡车、履带拖拉机、播种机、耕种机、煤油发动机、谷物播种机、草籽播种机、推土机、土壤粉碎机、耧谷机和

---

① 农林部呈行政院，1946年11月，美农具专家来华，农林部，, 20-21-039-20，"中研院"近代史研究所档案馆，台北。
② 农林部呈行政院，1946年11月，美农具专家来华，农林部，20-21-039-20，"中研院"近代史研究所档案馆，台北。
③ 农林部中央农业实验所呈农林部，1947年9月，36年万国农具公司运所汽车2辆，农林部，20-41-054-28，"中研院"近代史研究所档案馆，台北。
④ 输入临时管理委员会执行委员会呈农林部，1947年8月，36年万国农具公司运所汽车2辆，农林部，20-41-054-28，"中研院"近代史研究所档案馆，台北。
⑤ 行政院本年三月二十二日从三字第六二二二号代电，1947年3月，美农具专家来华，农林部，20-21-039-20，"中研院"近代史研究所档案馆，台北。
⑥ The International Harvester Company to the National Agricultural Research Bureau，1947年3月，美农具专家来华，农林部，20-21-039-20，"中研院"近代史研究所档案馆，台北。
⑦ The National Agricultural Research Bureau to the Chinese Ministry of Agricultural and Forestry，1947年8月，美国万国农具公司赠与第2批农具，农林部，20-21-074-09，"中研院"近代史研究所档案馆，台北。

抛光机、内燃机以及各种实验室用品和说明书。① 这批万国农机的货物当时市场价值高达 15124.11 美元。② 在这批货物中，有很多是当时世界上最先进最昂贵的农业机械，包括价值 2420.45 美元的 International TD－6 履带式拖拉机，价值 1054.85 美元的 International Farmall "A" 蒸馏煤油拖拉机，价值 677.70 美元的 International Farmall "A" 煤油拖拉机，价值 992 美元的 TD－6 W. G. 推土机以及价值达 1570 美元的 R－4－A 汽油发电机。③ 1947 年 12 月 11 日，万国农机捐赠中国的第三批海运货物自美国旧金山抵达上海。④ 这次共计 78 个集装箱的农机和农具，市价达 12866.78 美元。⑤ 这批货物又补充了一批价值不菲的新型成套农机设备，包括价值 3835.56 美元的 Bucyrus-Erie Model 21W 钻井机，价值 696.46 美元的 McCormick-Deering 单行牵引式玉米收割机，价值 443.75 美元的 McCormick-Deering 单行常规垂直电动力玉米割捆机，价值 341.83 美元 McCormick-Deering No. 200－F 液体肥料喷洒机，价值 230.20 美元的 McCormick-Deering 四行甜菜－豆类种播种机，价值 228.75 美元的 McCormick-Deering No. 6 割晒机以及价值 223.08 美元的 McCormick-Deering Type "R" 12－7 纯谷物播种机。⑥ 随后，万国农机赠送的第四批设备于 1948 年 5 月由旧金山运抵上海，共计 109 件农机农具、零件及杂项设备。⑦ 虽然这批

---

① Copy of Bill of Lading, 1947 年 10 月，美国万国农具公司赠与第 2 批农具，农林部，20－21－074－09，"中研院"近代史研究所档案馆，台北。

② International Harvester Company to the Chinese Ministry of Agricultural and Forestry, 1947 年 6 月，美国万国农具公司赠与第 2 批农具，农林部，20－21－074－09，"中研院"近代史研究所档案馆，台北。

③ International Harvester Company to the Chinese Ministry of Agricultural and Forestry, 1947 年 6 月，美国万国农具公司赠与第 2 批农具，农林部，20－21－074－09，"中研院"近代史研究所档案馆，台北。

④ The National Agricultural Research Bureau to the Chinese Ministry of Agricultural and Forestry, 1947 年 12 月，美国万国农具公司运送第 3 批农具，农林部，20－21－074－02，"中研院"近代史研究所档案馆，台北。

⑤ Uniform Through Export Bill of Lading, 1947 年 11 月，美国万国农具公司运送第 3 批农具，农林部，20－21－074－02，"中研院"近代史研究所档案馆，台北。

⑥ Uniform Through Export Bill of Lading, 1947 年 11 月，美国万国农具公司运送第 3 批农具，农林部，20－21－074－02，"中研院"近代史研究所档案馆，台北。

⑦ Export Bill of Lading, 1948 年 4 月，美国万国农具公司运送第 4 批农具，农林部，20－21－074－03，"中研院"近代史研究所档案馆，台北。

货物主要是为了补充在华器械的组件、零部件和修理工具，但是因为这是中美合作计划中最后一次的运输，万国农机也赠送了一些成套的新型农机，包括价值324.05美元的McCormick-Deering No.15 履带干草打捆机，价值420.23美元的Farmall Cub小型拖拉机以及价值630.00美元的McCormick-Deering No.2-2 滚动玉米去苞叶脱粒机。①

随着这些现代化的农机农具陆续运抵中国，委员会提出了一系列的研究和示范项目。这些项目包括机械工具操作培训课程和实地试验，小麦、棉花、烟草、水稻、玉米、大豆、高粱等作物生产中人力与机器的成本对比，以及钻井、粮食储存和作物加工的现场示范。②然而，由于运输的不断延误和内战造成的社会混乱，这些项目大部分都只停留在了图纸上。在部分有幸得以实施的实地测试和工具演示的项目中，由于资源有限，机器的现场测试调试与操作人员的培训和演示都结合在一起了。在中农所，美方专家带领科研人员测试了包括McCormick-Deering和International Harvester联合收割机、Farmall A和Farmall Cub拖拉机、Farquahar单行播种机、52-R收割机和脱粒机、玉米收割机以及各种现代农业工具。③然而，由于中农所科研人员都几乎没有时间提前准备这些测试，而且大多数操作人员此前没有相关经验，他们的测试结果也并不准确。

最后，委员会还尝试利用培训班、会议、农场参观、实验室检查、学生讨论以及期刊发文等方式向普通农民、学术界以及政府官员强调农业工程的重要性。例如，戴维森就曾在当时最具影响力的综合学术期刊之一《东方杂志》上呼吁，农业工程的引进是美国农业发展史上最为重要的进步，对中国农业发展亦有借鉴意义。④

---

① Export Bill of Lading，1948年4月，美国万国农具公司运送第4批农具，农林部，20-21-074-03，"中研院"近代史研究所档案馆，台北。

② The Committee on Agricultural Engineering in China, *Introducing Agricultural Engineering in China*, Chicago: International Harvester Company, 1949, pp.73-75.

③ The Committee on Agricultural Engineering in China, *Introducing Agricultural Engineering in China*, Chicago: International Harvester Company, 1949, pp.79-104.

④ J. B. Davidson、马逢周：《美国的农业机械化（附表）》，《东方杂志》1947年第43卷第1期。

然而，1948年冬天，随着中国人民解放军在辽沈、淮海、平津三场全国决定性的战役中逐一取得了胜利，政治和军事时局均不适合委员会继续其在华工作，在美国大使馆的协助下，美方专家于1948年12月15日返回了美国。[①]

影响和意义

在中华民国向中华人民共和国过渡这样关键的历史时期，作为美国私营农业科技公司与民国政府的首次正式合作，既对中华民国产生了短期的直接影响，也对1949年以后的中华人民共和国产生了长期的间接影响。

虽然受经济萧条、政局动荡、管理混乱、技术落后等客观因素制约，其民国时期的直接成果并不是很突出，但其合作机制及其影响却值得借鉴和反思。首先，万国农机公司是私立的以盈利为目地的外国公司，单靠该公司及其合作计划并不能实现中国农业现代化这一远大的目标，因而万国农机及其资助的美国在华农业工程师委员会主要是作为顾问团队来努力缩小中美农业技术方面的认知差距。也正是由于该项中美合作的国际国内影响，民国的政府、公立大学以及私立大学至少初步认识到了农业工程在全世界范围内的重要性，包括中央农业实验所、金陵大学和国立中央大学，至少在形式上都设立了农业工程系或组。其次，美国在华农业工程师委员会虽然由外国私立盈利性公司资助设立，并打着开拓中国市场的如意算盘，但客观上对中国的农业条件进行了一些初步但必要的研究，并对现代农业生产机械工具进行了基本的引入、试验和示范。此外，该合作计划设立的万国农机奖学金项目选拔了中国当时最优秀的人才全额资助赴美留学，在美期间课程学习与实习训练相结合，培养了一批当时中国最好的农业工程师。这些留学生回国后，直接成为民国农业工程教育的顶梁柱。

而该项合作的长期影响和意义却是在1949年以后的中华人民共和国。

---

① 农林部中央农业实验所呈农林部，1948年12月，37年美籍农具专家戴维生等3人返美，农林部，20-21-039-19，"中研院"近代史研究所档案馆，台北。

培育中国的农业工程师

万国农机奖学金获得者之一、中国中国农业科学院前副院长的陶鼎来曾回忆:"那个时候,中国还没有农业工程这个名词,没有人知道它到底是什么。"① 该委员会和万国农机公司做出的可能是最重要的贡献就是将现代农业工程学科的概念全面系统地引入了中国。然而与万国农机公司的合作,只是中华民国时期中美两国间一系列农业科技合作与交流的其中一项。从康奈尔大学与金陵大学的作物改良合作计划(1925—1931),到美国洛克菲勒基金会资助的华北农村建设协进会(1936—1943),再到美国与民国政府的中美农业技术合作团(1946—1948),一系列有组织有规模的农业科技合作项目从大学、私立基金会、私立公司等各个有机社会组织起步最后上升到两国政府层面上的科技合作,其合作程度之深值得研究。中美两国的农业科学家和农业改革实践者们,在万国农机的合作和作物改良计划中尝试从技术和工业化入手,在华北农村建设协进会又试图改进农村社会制度和文化,他们尝试各种路径以促进近代中国的农业现代化,其合作领域之广亦值得思考。

虽然民国政府于 1949 年在大陆倒台,但几十年来这样促进中国农业科技现代化的努力并没有白费。新中国的农业科技事业不仅仅接管、改造并重组了民国时期的科研和高等教育机构,同时也团结了民国时期的广大农业科技和教育工作者。1949 年,尽管时局不稳政治动荡,但绝大多数万国农机奖学金获得者都选择留在中国大陆。从那此后,他们义无反顾地投身于中国大陆的农业工程教学和科研工作。美国中国史学家舒喜乐教授(Sigrid Schmalzer)曾在她的书中说道:"也许令人惊讶的是,新中国的(农业科技)道路表现出与 20 世纪早期美国在海外推行的科研推广范式有更多引人注目的相似之处。"② 这些美国留学的中国农业工程师仍然可以利用他们在世界上最大的资本主义国家学习到的先进科学技

---

① Tao Dinglai, "Brief history of agricultural engineering development in China: In memory of Mr. Zou Bingwen", *International Journal of Agricultural and Biological Engineering*, Vol. 1, No. 1, August 2008, pp. 8 – 11.

② Sigrid Schmalzer, *Red Revolution, Green Revolution: Scientific Farming in Socialist China*, Chicago: University of Chicago Press, 2016, p. 3.

术知识为新中国社会主义的农业教育、科研、推广做出自己的贡献。后来这些万国农机奖学金获得者们回忆道:"全国解放以后,国家的建设事业得到空前的大发展。农业方面各个学科领域之所以能够很快建立起步,是因为都有比较强的学科带头人。"① 而这些农业工程领域的学科带头人拥护中国共产党的领导,在各地都走上了领导岗位,继续为祖国的农业工程事业继续发光发热。② 因而从长远来看,新中国的农业工程事业继承了民国政府农林部与美国万国农机公司的跨国科技合作的科学遗产,该项合作是中国与美国跨国科技交流史上重要的一章节。

Cultivating China's Agricultural Engineers
—A Research on the Cooperation between the Ministry of Agriculture and Forestry of the Republic of China and the International Harvester Company (1945–1948)

Zhang Ruisheng

Abstract: In 1945, Dr. P. W. Tsou, then the resident representative of

---

① 余友泰等:《纪念我国农业工程事业的先导者——邹秉文先生》,载华恕编《邹秉文纪念集》,中国农业出版社1993年版,第223页。

② 万国农机奖学金获得者新中国任职及工作岗位包括李克佐——原华北农业机械总厂、北京内燃机总厂副厂长兼总工程师,北京汽车工业总公司副总经理兼总工程师;余友泰——原东北农学院院长、东北农学院名誉院长,黑龙江省科学技术协会名誉主席;吴克騆——东北农学院教授;张德骏——吉林工业大学农业机械学院院长、名誉院长;曾德超——原北京农业机械化学院副院长,中国工程院院士,北京农业工程大学教授;李翰如——原北京农业机械化学院副院长、教授,后任北京农业工程大学教授,已去世;崔引安——历任吉林工业大学教授,北京农业工程大学教授;王万钧——中国农业机械化科学研究院副院长、总工程师;张季高——曾任沈阳农学院农业工程系教授、系主任,后任中国农业工程研究设计院副院长、教授级高级工程师;方正三——曾任中国科学院西北水土保持研究所研究员;后任中国农业工程研究设计院教授级高级工程师;吴湘淦——南京农业大学农业工程学院教授(原南京农学院农业工程系系主任);高良润——原镇江农机学院教授,后任江苏工学院院长、教授;吴起亚——原镇江农机学院教授,后任江苏工学院教授;水新元——农业部南京农业机械化研究所副所长、教授;何宪章——曾任广东省农业机械研究所总工程师;陶鼎来——中国农业工程学会常务副理事长,农业部规划设计研究院教授级高级工程师。资料来源:余友泰等《纪念我国农业工程事业的先导者——邹秉文先生》,载华恕编《邹秉文纪念集》,中国农业出版社1993年版,第225页。

the Ministry of Agriculture and Forestry of the Nationalist government in the U. S. proposed the Agricultural Engineering Program for China to the International Harvester Company. This initiative was financially and technologically supported by International Harvester Company to help China quickly achieve agricultural mechanization. This program was composed with the Harvester Fellowships to sponsor twenty Chinese students who majored in agriculture and engineering to learn agricultural engineering at the University of Minnesota and Iowa State College (later Iowa State University) and take practical training in the U. S. after their graduation. In addition, this program sponsored a U. S. expert group led by J. Brownlee Davidson, the founder of discipline of agricultural engineering, to direct the teaching, research, and extension of agricultural engineering in China. Due to political and military issues, this program was suspended in December 1948 with the withdrawal of the U. S. expert group. However, most these agricultural engineering talents cultivated in this program chose to stay in mainland China after the Liberation of 1949. They became the first generation of agricultural engineers for the People's Republic of China, who made outstanding further contributions to China's agricultural engineering work.

Key Words: Ministry of Agriculture and Forestry; International Harvester Company; Agricultural Engineering; the United States

《环球航行记》与18世纪欧洲中国观的转变

陈鸣悦*

【内容摘要】 1748年出版的《环球航行记》是英国海军准将乔治·安森1740—1744年远征的官方叙事。它充斥着对中国的负面评价,涉及国民性、政治、军事、科学、艺术、文学等多个方面。这些言论不仅参考了安森作为亲历者的感受,还参考了传教士此前对中国的批评,是欧洲积攒已久的对华负面情绪的集中爆发。该书之所以全盘否定中国,既与安森的身份、性格、经历等因素密切相关,又源于它需要通过刻画游离于国际秩序之外的中国来衬托英国的先进性,并将安森的行为合理化。《环球航行记》出版后在欧洲广为流传,为时人提供了一种重要的了解中国的信息来源,推动了18世纪欧洲中国观由积极向消极的转变。

【关键词】 《环球航行记》;安森;中国观

1748年,根据英国海军准将乔治·安森(George Anson)远征经历编撰而成的《环球航行记》[1] 在伦敦出版,随即风靡欧洲。它由理查德·沃尔特(Richard Walter)与本杰明·罗宾斯(Benjamin Robins)[2] 在安森的

---

* 陈鸣悦,清华大学人文学院博士研究生。

[1] Richard Walter, *A Voyage Round the World in the Years 1740 to 1744*, London: Printed for the Author, by John and Paul Knapton, in Ludgate-Street, 1748.

[2] 沃尔特是"百夫长"号牧师,也是《环球航行记》唯一的署名作者。他在1742抵达澳门后跟随东印度公司商船提前返回英国,对安森在华经历无切身感受。罗宾斯是知名的科学家与数学家,1742年创作的《炮术新原理》(*New Principles of Gunnery*)尤为出名,发明了可以测量火枪子弹速度的弹道摆装置(ballistic pendulum),极大地推进了弹道学的发展。他本人未参与环球航行。由于沃尔特前期创作并不理想,罗宾斯后来肩负起《环球航行记》主要的写作任务。

《环球航行记》与18世纪欧洲中国观的转变 ◇◆◇

授权下创作,讲述了一段传奇的冒险故事:1740年9月,安森在"詹金斯之耳战争"(War of Jenkins' Ear)①期间率六艘军舰出征南美的西班牙殖民地,但由于风暴侵袭和疾病肆虐,舰队损失惨重。为夺取从阿卡普尔科驶向马尼拉的西班牙大帆船,仅剩的英舰"百夫长"号(Centurion)历尽艰辛横渡太平洋。在澳门短暂停留后,它于1743年6月在菲律宾附近成功阻击大帆船,缴获大量财宝。重返中国休整后,"百夫长"号绕过好望角返程,最终于1744年6月完成环球航行。

在《环球航行记》中,"百夫长"号两度到访中国的情节虽然只占全书约六分之一,但却备受读者关注,因为这段叙述对中国进行了全方位贬低,在18世纪欧洲中国热潮流中与时人对华主流印象相背。随着《环球航行记》的广泛传播,该书的中国观在欧洲产生了重大影响。近年来,学界对《环球航行记》的涉华情节已有不少评介,②但仍有一些问题存在拓展空间。例如,《环球航行记》的观点是否完全出于安森的认识?该书为何对中国全盘否定?该书对18世纪欧洲中国观的转折发挥了怎样的作用?本文力图在《环

---

① "詹金斯之耳战争"是1739年至1748年英国与西班牙爆发的军事冲突,后成为奥地利王位继承战争的一部分。

② Glyndwr Williams, *Documents Relating to Anson's Voyage Round the World 1740 – 1744*, London: Navy Records Society, 1967; Glyndwr Williams, *The Prize of All the Oceans: the Triumph and Tragedy of Anson's Voyage Round the World*, London: HarperCollins, 1999; Robert Markley, "Anson at Canton, 1743: Obligation, Exchange, and Ritual in Edward Page's 'Secret History'", in Linda Zionkowski and Cynthia Klekar, eds., *The Culture of the Gift in Eighteenth – Century England*, New York: Palgrave Macmillan, 2009, pp. 215 – 233; Stankomir Nicieja, "Oriental Disenchantment: Images of China in the Writings of Daniel Defoe and Commodore George Anson", in Grazyna Bystydzieńska and Emma Harris, eds., *Queen Anne to Queen Victoria: Readings in 18th and 19th Century British Literature and Culture*, Vol. 3, Warsaw: University of Warsaw, 2013, pp. 369 – 377. [美]史景迁:《大汗之国——西方眼中的中国》,阮叔梅译,台湾商务印书馆2000年版,第68—72页;何芳川:《中外文化交流史》(下卷),国际文化出版公司2008年版,第818—826页;张国刚:《从中西初识到礼仪之争——明清传教士与中西文化交流》,人民出版社2003年版,第171—180页;张国刚、吴莉苇:《中西文化关系史》,高等教育出版社2006年版,第435—437页;姜智芹:《文学想象与文化利用:英国文学中的中国形象》,中国社会科学出版社2005年版,第176—178页;赵欣:《〈安逊环球航海记〉与英国人的中国观》,《外国问题研究》2011年第3期;程章灿:《想象异邦与文化利用:"红毛国"与大清朝——前汉学时代的一次中英接触》,《南京审计学院学报》2004年第1期;王乐:《乔治·安森的广州之行——解读十八世纪英国人对中国的认知》,硕士学位论文,上海外国语大学,2018年;徐桑奕:《西风拂粤:近代中西互动视域下的安森环球航行及在华行纪》,《全球史评论》2019年第2期。

球航行记》文本基础上，结合多方原始文献，对上述问题展开探讨。

一 《环球航行记》对中国形象的建构

《环球航行记》涉及中国的部分集中于第三卷的第六至第十章，以夹叙夹议的方式在介绍安森来华经历的同时表达对中国的评价。在之前的篇章中，该书对"百夫长"号到访过的圣凯瑟琳（St. Catherine's）、圣朱利安（St. Julian）、巴塔哥尼亚（Patagonia）、胡安·费尔南德斯岛（Juan Fernández）、天宁岛（Tinian）等地也进行了集中介绍，但侧重点均在自然风貌，语言并无敌意，但该书对中国的态度则截然不同。相关情节可归纳如下：

1742 年 11 月，"百夫长"号在漫长的太平洋航行后驶近澳门。在找寻引水人时，安森一行人惊讶地发现，此前从未见过如此大型军舰的中国渔民对"百夫长"号漠不关心。《环球航行记》认为这表现出中国人可鄙的性格，足以驳斥时人对中国人才智的奢侈赞美。[①] 抵达澳门后，"百夫长"号被引导至氹仔（Typa）停泊。由于澳门的葡萄牙地方官权力有限，安森为了争取购买物资、整修船只的许可，不顾海关阻拦，亲自乘小船前往广州。在英国大班的建议下，他通过中国商人向地方官府表达诉求，但商人却并未积极行动。书中将这种欺骗"归罪为一个国家无与伦比的怯懦，以及政府统治之下的敬畏"[②]。一个月后，忍无可忍的安森回到军舰上，强迫海关官员将表达诉求的信件转交两广总督。过了两日，一名地方官奉总督之命登上英舰视察，参加了安森举办的宴会，对英人的诉求表达了支持。经过焦急的等待，"百夫长"号终于在 1743 年 1 月获得休整许可。对于只有当地官府允许英舰才能休整的规矩，《环球航行记》评论称，地方官执行禁令十分严厉，"并不是为了阻止犯罪，而是要通过掠夺那些罪犯来

---

① Richard Walter, *A Voyage Round the World in the Years 1740 to 1744*, London: Printed for the Author, by John and Paul Knapton, in Ludgate-Street, p. 349.

② Richard Walter, *A Voyage Round the World in the Years 1740 to 1744*, London: Printed for the Author, by John and Paul Knapton, in Ludgate-Street, p. 357.

致富。死刑在中国很少见,一个民族软弱的天性与对钱财强烈的依恋使他们宁愿采用罚款的方式"。① 4月19日,"百夫长"号重新出海。

6月20日,"百夫长"号在菲律宾附近俘获了西班牙大帆船"卡瓦东加"号(Nuestra Señora de Covadonga),次月携战利品重回中国。考虑到恶劣的气候条件,安森在未经地方官府允许的情况下威胁引水人将军舰带入虎门,并以国际惯例中军舰不应付关税为理由拒绝缴税。此处,《环球航行记》介绍了虎门防卫力量之薄弱,嘲讽中国人"天真地认为这样就足以阻止任何敌人强行通过"②。接下来,安森派遣下属向总督送信表达来意,表示愿意亲赴广州拜访。同时,几名西班牙俘虏在接受中国官员盘问时表明受到了安森的优待,以至于起初对安森的道德抱有疑虑、将其视为海盗的中国官员"把他看成是更为重要的人物"③。不久,地方官登船传达两广总督的指示,即向英舰提供每日补给品,并派引水人将船带到四沙停泊。安森依旧拒绝缴纳关税,但同意释放船上的西班牙俘虏。在处理完停泊事宜后,安森着手订购回程物资,但却气愤地发现中国商人并未如约提供。对此,《环球航行记》再次严厉地批判中国人不守信用、诡计多端的秉性。④ 书中还举了多个事例佐证这一点:一次,一名英国军官在岸上遭到农民抢劫,当时一位中国官员曾指责窃贼的行为,但当窃贼被安森抓住后,这位官员却求安森宽容地将其释放。另一次,"百夫长"号丢失了一根桅杆,最后被中国官员找到。安森命中国翻译将钱交给官员作为回报,却得知翻译将这笔钱私吞。此外,船员们在购买物资时还发现家禽被填充了砂砾和石子,猪肉也被注水。中国人还希望借扔下船的动物死尸再捞一笔,捡丢下船的腐肉。

---

① Richard Walter, *A Voyage Round the World in the Years 1740 to 1744*, London: Printed for the Author, by John and Paul Knapton, in Ludgate-Street, pp. 363–364.
② Richard Walter, *A Voyage Round the World in the Years 1740 to 1744*, London: Printed for the Author, by John and Paul Knapton, in Ludgate-Street, p. 387.
③ Richard Walter, *A Voyage Round the World in the Years 1740 to 1744*, London: Printed for the Author, by John and Paul Knapton, in Ludgate-Street, p. 388.
④ Richard Walter, *A Voyage Round the World in the Years 1740 to 1744*, London: Printed for the Author, by John and Paul Knapton, in Ludgate-Street, p. 392.

为解决订购回程物资问题,安森于10月13日亲赴广州。中国商人表现出为安森积极联络总督的态度,但一直无实际进展。已对商人失去信任的安森认为"在他们的话语中,没有一句是真实的"①。在安森的不断催促下,商人们终于备好物资,但若得不到总督许可,货物便无法装船。11月24日,安森派下属直接到广州城门口送信,申请与总督会面。两日后,广州爆发大火。中国官员应对拙劣,无力阻挡火灾。安森则带领下属积极救火,并协助保卫中国商人的仓库与住宅,致使"英国人在灭火过程中表现出的决心以及在其他地方表现出的可靠与守时成为中国人日常聊天的话题"②。11月30日,两广总督隆重接见了安森,同意授予安森将物资装船的许可,且未提出向英舰征税事宜。这使安森认为"百夫长"号开创了英国军舰在华免税先例。③ 备好物资后,"百夫长"号于12月起程返英。

叙述完以上情节,《环球航行记》准备对中国展开集中的观察。它特别指出:"虽然可以认为,仅在广州这个位于帝国角落的地方进行的观察是非常不完善的材料,并不能得出任何一般性的结论,但那些获得探索这个国家内部情况机会的人,显然已被一些荒谬的偏好所影响。"④ 接下来的评论包罗万象。

在技术方面,《环球航行记》对中国人的工艺水平不屑一顾,认为"他们最主要的优势似乎是模仿……尽管他们可以复制出不同的零件,也可以构造出相似的整体,但他们永远不能达到理想效果所必须的精确"⑤。在艺术方面,该书认为欧洲的绘画方式、雕刻方式是最为优越的,而中国的画家却很少在刻画人的特征或者组织大型构图上有所建树。书中写

---

① Richard Walter, *A Voyage Round the World in the Years 1740 to 1744*, London: Printed for the Author, by John and Paul Knapton, in Ludgate-Street, p. 403.
② Richard Walter, *A Voyage Round the World in the Years 1740 to 1744*, London: Printed for the Author, by John and Paul Knapton, in Ludgate-Street, p. 406.
③ Richard Walter, *A Voyage Round the World in the Years 1740 to 1744*, London: Printed for the Author, by John and Paul Knapton, in Ludgate-Street, p. 410.
④ Richard Walter, *A Voyage Round the World in the Years 1740 to 1744*, London: Printed for the Author, by John and Paul Knapton, in Ludgate-Street, p. 411.
⑤ Richard Walter, *A Voyage Round the World in the Years 1740 to 1744*, London: Printed for the Author, by John and Paul Knapton, in Ludgate-Street, pp. 411–412.

道:"简而言之,中国人的大多数作品中总有僵硬与细碎的成分,令人非常不愉快。"① 在文学方面,《环球航行记》将其评价为"固执和荒唐"。它将字母作为最神圣的发明,而中国却"继续坚持用随意的笔画这种原始与天然的方法来表现文字"②,使得文字难以记忆与理解。在品性方面,《环球航行记》不仅指出中国人并不像部分传教士所言的那样纯良,而且认为这与中国人对激情的压抑密切相关,因为"要遏制更强大、更猛烈的激情而不同时变得自私是很难的"③。最后,该书批判了中国的政治与军事,认为"这种政府形式如果不首先为公众提供安全保障,使其免受外国势力的侵扰,那肯定是一种最不完善的体制"④,仅"百夫长"号就能胜过中国的所有海军力量。

总的来说,《环球航行记》蓄意构建了勇敢、智慧的安森与狡猾的中国官民展开周旋的经历,对中国流露出极度厌恶的情绪。其中着墨最多的是中国人负面的国民性,其次是军事的落后与政治的腐败,结尾部分对科学、艺术、文学等方面的集中论述也颇具杀伤力。同时,该书对赞颂中国的耶稣会士的讽刺与批驳几乎贯穿相关篇章。

二 《环球航行记》的信息来源

后世常将《环球航行记》的观点直接称作安森的观点,或是将书中内容视为亲历者的经验。此类说法并不准确。要更加全面地看待该书与安森的关联,必须细致地考察其信息来源。

---

① Richard Walter, *A Voyage Round the World in the Years 1740 to 1744*, London: Printed for the Author, by John and Paul Knapton, in Ludgate-Street, p. 412.
② Richard Walter, *A Voyage Round the World in the Years 1740 to 1744*, London: Printed for the Author, by John and Paul Knapton, in Ludgate-Street, p. 412.
③ Richard Walter, *A Voyage Round the World in the Years 1740 to 1744*, London: Printed for the Author, by John and Paul Knapton, in Ludgate-Street, p. 414.
④ Richard Walter, *A Voyage Round the World in the Years 1740 to 1744*, London: Printed for the Author, by John and Paul Knapton, in Ludgate-Street, p. 414.

《环球航行记》的扉页写道,该书"根据尊敬的乔治·安森勋爵的文件和其他材料汇编而成,并在他的指导下出版。"① 可见作者在创作时参考的信息来源主要有两种。

其一是"百夫长"号的相关文件,包含日志、信件、账簿、名册等类别。其中贡献最大的无疑是众多军官的航海日志。它们多为跨页记载,左页以表格形式显示每天的航行数据,包括日期、风向、航向、纬度、经度等,右页是记事簿。这些资料构成了《环球航行记》的行文基础。虽然根据现有证据无法准确罗列作者究竟参考过哪些日志,但通过内容对比可知,《环球航行记》对圣凯瑟琳、胡安·费尔南德斯岛、天宁岛等地的大篇幅叙述很大程度上借鉴了"百夫长"号军官菲利普·索马里兹(Philip Saumarez)的日志。②

其二是安森的讲述。成书过程中,他与两位作者沃尔特和罗宾斯保持密切联系,提供了创作指导。《环球航行记》中有许多故事细节是多数军官与船员未曾亲历的,也未被其他军官的日志所记载,例如1743年11月安森面见两广总督的过程。因此可以推断,作者应是在向安森了解情况后得知了这些情节。

在这两种信息来源中,"百夫长"号军官的材料对中国的观察与评价较为有限。笔者在阅览了数十种留存至今的日志原稿后发现,最为系统、最具批判性的论述出自一份现存于根西岛(Guernsey)索马里兹家族庄园中的日志残卷。它包含几段不见于索马里兹其他日志版本中的文字,涉及中国军事落后、性格顺从等特征。它指出,中国人"有某种温和与顺从,夹杂着极度的忍耐和认命","这对支撑法律体系和防止罕见的起义

---

① Richard Walter, *A Voyage Round the World in the Years 1740 to 1744*, London: Printed for the Author, by John and Paul Knapton, in Ludgate-Street, title page.
② 索马里兹在"百夫长"号出发前为三副,至1741年已升为中尉,在夺取西班牙大帆船后被任命为该船船长,深受安森赏识。他的日志有多个版本。现藏于英国国家海事博物馆与澳大利亚国家图书馆的版本较为完整。Philip Saumarez, "A Journal of the Proceedings of His Majesties Ship the *Centurion*, from 28 December 1739 to 21 June 1743", National Maritime Museum, ADM/L/C/301; Philip Saumarez, "A Journal of the Proceedings of His Majesties Ship *Centurion Prize*, Between 21 June to 15 December 1743", National Maritime Museum, ADM/L/C/306; Philip Saumarez, "Logbooks, 1739 – 1743", National Library of Australia, MS 6740.

和叛乱做出了巨大贡献。"① 日志还提道："在这样一个独断专行的政府里，死刑并不是那么频繁。除了体罚和罚款外，任何判决在得到皇帝批准之前都是无效的。"② 这些表述与《环球航行记》相近，但目前尚无法判断这份日志是否被沃尔特与罗宾斯参考过。

相较之下，作为全书基调的奠定者，安森对《环球航行记》中国观的形成起到了更加重要的作用。若无他的授意，该书不可能对中国采取全盘否定的态度。而且，书中对商人的欺诈、海防的落后等方面进行大肆抨击，也完全能够代表安森在华期间对中国的直观印象。

然而，如果将《环球航行记》的论述完全视作安森作为亲历者的认知，那么最大的疑点在于，他是否真的有能力在如此短的时间内对中国展开深入、全方位的观察？与安森熟识的东印度公司前大班詹姆斯·纳什（James Naish）就提出过怀疑："由于本书的作者不可能像他在这里提到的那样，发现中国机械和艺术的缺陷，所以他应该告知他的读者，他冒昧地说了这么多他所知甚少的内容，是从谁那里听来的。"③ 毕竟，安森在华停留总共不过十个月，大部分时间在船上度过，与中国官民的直接接触并不多，且面临语言不通等诸多困难。他想如传教士一般对中国的工艺、绘画、文字做出细致的评判，绝非轻而易举。更何况，安森学识平庸，来华前对中国知之甚少，回程后又忙于政治和军务，没有时间深入研读前人对中国的论作，难以形成对中国的系统性认识。一种更符合逻辑的推论是，安森对华初始印象在转化成文字的过程中，由作者进行了大幅度的加工。

根据罗宾斯的好友詹姆斯·威尔逊（James Wilson）的陈述，他将沃尔特的原始手稿和《环球航行记》进行比对后发现，"整个导言，以及书的正文中的许多论述，都是罗宾斯先生写的"④。他指出沃尔特只照搬了航海日志中的风向、天气、气流、停泊地等基本信息，罗宾斯则以"他

---

① Philip Saumarez, "Journal of Philip Saumarez, Feb 1741 to June 1744", Sausmarez Manor.
② Philip Saumarez, "Journal of Philip Saumarez, Feb 1741 to June 1744", Sausmarez Manor.
③ Richard Walter, *A Voyage Round the World in the Years 1740 to 1744*, Ms. Notes by James Naish, British Library, 10025.f.8, p.412.
④ James Wilson, "Preface", in Benjamin Robins, *Mathematical Tracts*, Vol.1, London: J. Nourse, 1761, p.36.

自己的风格和方式"添加了很多整体评论。① 这意味着书中对中国的评述主要出自罗宾斯之手。但如若要在《环球航行记》中表达安森原有思想之外的对华观念,势必要汲取新的知识来源。而在当时的英国,罗宾斯最有可能参考的对象恰恰就是《环球航行记》中处处批判的耶稣会士著作。

实际上,《环球航行记》并没有提供任何超越前人的颠覆性论据。因为在此前的两个世纪,利玛窦（Matteo Ricci）、曾德昭（Alvaro Semedo）、安文思（Gabriel de Magalhães）、李明（Louis le Comte）等耶稣会士早已论及中国科学停滞、品性贪婪、军事落后、汉字难认等缺陷。仅以18世纪中叶颇受英国人欢迎的《中国近事报道》和《中华帝国全志》为例,前者提出过,"这数量众多的中国字是中国人无知的根源所在,因为把一生都用于识字,他们几乎没有时间研究其他的科学"②。后者直言,"中国人是天性柔弱的",中国军队"无论是勇气还是纪律,他们都无法与欧洲的士兵相比,他们很容易陷入混乱并被击溃"③。只不过这些零星的批判往往淹没在了耶稣会士对华友善的腔调中。但当他们营造出的幻象遭受怀疑之时,许多以积极态度呈现的中国特征便能轻而易举地转化为对中国的抨击。例如,一些传教士虽然不认可中国的创新能力,但会转而指出"他们还是可以不费力地模仿出我们发明的东西,并仿造的相当好。"④ 但到了《环球航行记》中,中国人缺乏创造力成为主要的批判对象,善于模仿的优势反而是微不足道的。

在18世纪英国的游记类作品中,描述异域风情时借用前人论述是一个普遍现象。"百夫长"号环球航行结束后,化名为约翰·菲利普斯

---

① James Wilson, "Preface", in Benjamin Robins, *Mathematical Tracts*, Vol.1, London: J. Nourse, 1761, p. 36.
② ［法］李明:《中国近事报道（1687—1692）》,郭强等译,大象出版社2004年版,第170页.
③ Du Halde, *A Description of the Empire of China and Chinese - Tartary, Together with the Kingdoms of Korea, and Tibet: Containing the Geography and History*, Vol.1, London: T. Gardner for E. Cave, 1738, p. 261.
④ ［法］李明:《中国近事报道（1687—1692）》,郭强等译,大象出版社2004年版,第204页.

(John Philips) 的见习船员与数学教师帕斯科·托马斯（Pascoe Thomas）分别出版了各自的航行记。① 两人都对广州的风土人情展开大篇幅介绍，包含城市、农业、水文、风俗、语言、宗教、政体等多个方面，但这些内容多非原创。菲利普斯虽然声称他的描述属于个人观察，但实际上抄袭了英国作家托马斯·萨尔蒙（Thomas Salmon）的《现代历史》。② 而托马斯则引用了李明的《中国近事报道》。两人摘录的段落总体对中国保持肯定的态度。相对而言，《环球航行记》虽然没有直接照搬传教士言论，但也汲取了许多前人的知识。从某种程度上说，《环球航行记》不仅是安森在华感受的反映，更是18世纪中叶之前欧洲积攒的对华负面言论的一次集中爆发。

总之，《环球航行记》的观点并不等同于亲历者的观察，也并不都出自安森的原创。在安森确定全面批判中国的基调后，作者结合安森的个人观察，又借鉴了传教士已有的贬华言论，使《环球航行记》的对华论述最终成形。

三　《环球航行记》批判中国的原因

如上文所言，《环球航行记》的对华态度既与安森的个人印象有关，也与成书过程的加工有关。因而探究该书贬华的具体缘由，也应从这两方面入手。

对于安森厌恶中国的原因，首先应注意的是安森的成长背景和个人身份。1712年，年仅十五岁的安森加入海军，自此一路晋升。环球航行

---

① John Philips, *An Authentic Journal of the Late Expedition Under the Command of Commodore Anson*, London: Print for J Robinson, at the Golden Lion in Ludgate street, 1744; Pascoe Thomas, *A True and Impartial Journal of a Voyage to the South-Seas, and Round the Globe, in His Majesty's Ship the Centurion, Under the Command of Commodore George Anson*, London: Printed and sold by S. Birt, 1745.

② Thomas Salmon, *Modern History, or the Present State of All Nations*, 3 Vols, London: Bettesworth and Hitch, 1739.

前,他长期在北美与西非执行海上任务,对欧洲知识界赞扬中国的风气没有显著感受,对中国并无先入为主的美好印象。作为远征军的指挥官,安森以维护英帝国尊严为己任,具有与传教士、商人以及其他游历者截然不同的来华姿态。与"百夫长"号其他军官和船员相比,安森作为领导者,肩负着远征成败的重担,在诸多事务上亲力亲为,对历经的困难有更加直接、深刻的感受。正因如此,菲利普斯和托马斯对中国的态度并不像安森一般轻蔑,而级别更高的索马里兹则较为认同安森。

其次,安森环球航行前期的艰苦经历塑造了他来华期间糟糕的心理状态。在性格方面,安森给人的印象一向是沉稳、谦逊、勇敢、乐观的。一位欣赏安森的女士甚至说:"虽然他的面容比较严肃和沉稳,但从来都是面带微笑地跟人打招呼。事实上,我不记得我曾见过他不带着笑容说话。"① 《环球航行记》的出版更使安森面对艰险从容不迫的形象深入人心。然而,人们对安森的日常印象以及书中对安森形象的建构并不能反映他在环球航行期间的真实心境。1742年11月抵达澳门前,安森刚刚度过了两年噩梦般的旅程——不仅远征目标未能实现、舰队的五艘军舰相继失散或损毁、大半船员丧命,而且存活的船员也备受疾病折磨、士气低落。初至澳门时,安森除了收到詹姆斯·纳什的信件外,并未如预期一样得到海军部与亲朋好友的问候,这使安森认为自己被遗忘了。② 在一片世事艰难、前途未卜的氛围中,安森感到了极度的焦虑与彷徨。在致纳什信件中,安森沮丧地写道:"我当然是不幸的,一场灾难降临在我身上!""我只有四十五人在桅杆前,其中有些人还没有恢复知觉,有许多人因坏血病发疯、变傻了。"③ 在这种急躁情绪的主导下,安森很难以包容的心态对待异邦文明,也很难理智、耐心地看待眼前的难题。

---

① A Lady, *The Private Character of Admiral Anson*, London: Print for J. Oldcastle, 1747, p. 8.
② "Part of a Letter from Anson to James Naish", Staffordshire Record Office, D615/P (S) /1/10/4A – B.
③ "Part of a Letter from Anson to James Naish", Staffordshire Record Office, D615/P (S) /1/10/4A – B.

进而，来华期间的坎坷经历使安森的中国印象急剧恶化。从某种程度上说，安森对中国社会现实的揭露并非凭空得来。广州与澳门的确存在品行稍逊的疍民、通事、商贩、农民等群体，官场也的确存在收受贿赂等腐败现象，为安森批判中国提供了依据。但需要注意的是，买到注水猪肉等琐事并不会对安森的中国观起到决定性作用。他真正在意的是在实现军舰休整目标以及捍卫英帝国荣誉过程中遭遇的阻碍：其一，安森在获取休整许可、购买物资、求见总督时屡屡受挫，不断的拖延使他忍无可忍；其二，中国官民并未对安森以及他所代表的英帝国报以足够的尊重。虽然《环球航行记》有意描写安森通过善待俘虏、参与救火等行为使中国人刮目相看，并在最后得到两广总督的热情接见，但假如真的有如此完美的收尾，为何这没能使安森的对华印象有分毫改善？事实上，且不言安森得到百姓敬重的说辞可信度几何，中方史料揭示，两广总督直到和他会面时依旧在以抚恤外夷的态度"宣扬圣德，并酌赏缎匹牛酒"①。与安森在广州朝夕相处的英国大班首领爱德华·佩奇（Edward Page）同样记载，总督的接待远没有书中热烈，最后还不耐烦地催安森离开，以致安森悻悻离去。②

对于这些真正令安森苦恼的挫折，最重要的影响因素并非中国人的不良品性。在中国官民看来，军舰来华缺乏先例，"百夫长"号的到来本就是清朝海防与贸易秩序的破坏者，应当谨慎应对。处置此事时，广东地方官在保障海防安全的同时总体秉持着"难夷进口内地原有抚恤之例"③的方针，对英舰予以帮助。而根据东印度公司官方档案，安森初次来华时，中国商人与海关监督一直保持联系，并转达过官员的意见。④ 佩

---

① 《广州将军策楞奏报通省收成分数并英船开行广州民房失火等事》，乾隆八年十一月十一日，《军机处录副奏折》，中国第一历史档案馆藏，档案号：03—9720—066。

② Edward Page, "A Little Secret History of Affairs at Canton in the Year 1743 When the Centurion, Commodore Anson was Lying in the River", Oregon Historical Society, MS 2894, p. 30.

③ 《两广总督马尔泰等奏报理寄椗于十字门外吕宋哨船出洋缘由折》，乾隆九年四月十一日，中国第一历史档案馆等编：《明清时期澳门问题档案文献汇编（一）》，人民出版社1999年版，第200页。

④ "Diary and Consultation Books", December 1742, Bsitish Library, IVR/R/10/3, pp. 11 - 17, 37 - 41.

奇则指出，安森重返中国后，商人也一直在为帮助安森求见总督奔波。①他迟迟未收到物资的原因是他自以为与商人沟通好，却由于未预先付款而未使协议生效。② 可见安森的许多指控源于他的个人臆想或刻意抹黑。事实上，造成安森在华经历不顺的根本因素是中英两国国情与处事观念的鸿沟。作为东方的贸易中心，清廷统治下的中国已形成了规范化的商业运行与对外管理机制。来华的外国人受到严格管辖，需要遵守固定的程式规范。清朝官员以怀柔远人的心态对待外来者，不可能将贸然闯入的安森视作英国官方的代表。而另一边，18世纪的英帝国日渐强盛，海上实力发展迅速。作为帝国实力的象征，皇家海军承载着帝国的优越感。持有殖民扩张思维的安森固执己见，自然处处碰壁。

除上述因素外，特定的写作目的使《环球航行记》对中国的批判进一步升级。18世纪中叶正是英国与法国、西班牙海上争霸的关键阶段。《环球航行记》的前言提及了作品对航海、商业和国家利益等方面的促进，指出"在满足人类的好奇心，促进未来航海者的安全和成功，以及扩大我们的商业和势力方面，它无疑可以与迄今为止公开的任何这类叙述相媲美。"③ 可以看出，该书意在提供航海经验，点燃英国人探索太平洋的兴趣，激发英国人的爱国热情，同时如格林杜尔·威廉姆斯（Glyndwr Williams）所言，"为英国在南海的势力和商业扩张提出合乎逻辑的辩护"④。《环球航行记》对中国的批判，实则是通过把价值观与行为方式迥异的中国描述成游离于国际秩序之外的落后形象，衬托英国的先进性，并将安森一行人种种违抗当地秩序的行为合理化，从而凸显安森凭借开创军舰免税先例实现了对华外交胜利，捍卫了帝国荣耀。而该书对英国

---

① Edward Page, "A Little Secret History of Affairs at Canton in the Year 1743 When the *Centurion*, Commodore Anson was Lying in the River", Oregon Historical Society, MS 2894, p. 1.

② Edward Page, "A Little Secret History of Affairs at Canton in the Year 1743 When the *Centurion*, Commodore Anson was Lying in the River", Oregon Historical Society, MS 2894, p. 43.

③ Richard Walter, *A Voyage Round the World in the Years 1740 to 1744*, "Introduction", London: Printed for the Author, by John and Paul Knapton, in Ludgate-Street.

④ Glyndwr Williams, *The Great South Sea: English Voyages and Encounters, 1570–1750*, Newhaven: Yale University Press, 1997, p. 256.

新教优越性的宣扬也转化为对法国耶稣会士的揶揄。

四 《环球航行记》的时代影响

《环球航行记》是一本现象级的畅销书,1748 年 5 月出版前便有超过 1800 人订阅,出版后更是轰动一时。友人亨利·莱格(Henry Legge)9 月从柏林给安森写信表示:"这里所有懂一点英语的人(有很多人)都在参照着语法书和辞典阅读你的南海航行记。"① 该书还在《绅士杂志》(*Gentlemen's Magazine*)连载,并被译为荷兰语、法语、德语、俄语、意大利语、瑞典语等,在世界多国传播。至 1776 年,《环球航行记》已经有至少 15 个版本。至世纪末,它在全欧洲已有至少 40 个版本。

与所有立意新奇的著作一样,《环球航行记》的对华态度为其招致了不少质疑之声。该书刚刚出版,崇拜孔子的查尔斯·斯坦霍普(Charles Stanhope)便与作者罗宾斯就中国人的性格问题展开激烈争辩。② 与安森政治上颇有嫌隙的霍勒斯·沃尔波尔(Horace Walpole)将此书视作浪漫史③,认为安森扑灭广州大火以及被两广总督热烈欢迎的情节"和他的前辈格列佛在小人国灭火一样真实"④。最为知名的批判者无疑是法国思想家伏尔泰(Voltaire)。他在《风俗论》(1756)中指出:"难道可以根据边境群氓的行为来评价一个伟大民族的政府吗?假如中国人在我们沿海遇到船难,根据当时欧洲国家的法律可以没收沉船的财货,而按照习惯又允许杀死货主,那么中国人又将怎样评论我们呢?"⑤ 在《路易十五时

---

① "Henry Legge to George Anson", 4 September 1748, British Library, Add MS 15956, p. 211.
② "Thomas Birch to Philip Yorke", 21 May 1748, British Library, Add MS 35397, p. 104.
③ "Horace Walpole to the Earl of Strafford", 5 July 1757, in W. S. Lewis, A. Dayle Wallace and Robert A. Smith, eds., *Horace Walpole's Correspondence*, Vol. 35, London: Oxford University Press, 1973, p. 284.
④ "Horace Walpole to George Montagu", 18 May 1748, in W. S. Lewis and Ralph S Brown, eds., *Horace Walpole's Correspondence with George Montagu I*, New Haven, CT: Yale University Press, 1941, p. 55.
⑤ [法]伏尔泰:《风俗论》上册,梁守锵译,商务印书馆 1995 年版,第 216—217 页。

代简史》(1768) 中,他再次强调,不应根据发生在庞大帝国边缘的几起事件来判断整个中国。① 此外,在中国有切身生活经历的商人也提出了不同意见。曾经八次前往中国的詹姆斯·纳什反驳了安森对中国人欺诈的指控,并结合个人经历感叹:"我永远有理由认为中国人可以被推荐给世界其他地方。"② 爱德华·佩奇还模仿《环球航行记》的文风,故意写了一段批评英国的文字,表示假设这是由中国人所写,"他的同胞们可能会对这种叙述感到满意,但这一切可能都不是真的"③。

然而,这些声音虽然颇为中肯地道出了《环球航行记》缺乏逻辑、以偏概全、歪曲事实等缺陷,但难以阻碍该书观点得到欧洲知识界的广泛征用。在英国,作家托马斯·萨尔蒙于1752年出版的《环球旅行者》中大段引述了《环球航行记》在科学、文学、德行、政治、军事等方面对中国的负面评价。④ 这与他早年编写的《现代历史》中对中国的赞颂形成鲜明对比。1758年,《绅士杂志》刊登了塞缪尔·沃特森(Samuel Watson)批驳伏尔泰的文章,参考了《环球航行记》对中国科学、艺术、道德等方面的批判。⑤ 1761年,英国思想家托马斯·珀西(Thomas Percy)编译出版了中国小说《好逑传》,在注释中引用了《环球航行记》里中国人派手持战斧、穿别致盔甲的高大士兵在护墙上阔步走的情节,佐证中国军事能力低下。⑥ 而亚当·斯密(Adam Smith)则在1776年出版的《国富论》中写道:"据说,在广州附近,有数千百户人家,陆上没有居处,栖息于河面的小船中。因食物缺乏,这些人往往争取欧来船舶投弃船外的最污秽食物。……他们得到它,正像别国人得到卫生食品那样

---

① [法] 伏尔泰:《路易十五时代简史》,吴模信译,商务印书馆2016年版,第205页。
② Richard Walter, *A Voyage Round the World in the Years 1740 to 1744*, Ms. Notes by James Naish, British Library, 10025. f. 8, p. 398.
③ Edward Page, "A Little Secret History of Affairs at Canton in the Year 1743 When the *Centurion*, Commodore Anson was Lying in the River", Oregon Historical Society, MS 2894, pp. 60 - 61.
④ Thomas Salmon, *The Universal Traveller: or, a Compleat Description of the Several Foreign Nations of the World*, Vol. 1, London: Richard Baldwin, 1752, pp. 21 - 22, 25.
⑤ "Observations on Voltaire's Account of China", *The Gentleman's Magazine*, Vol. 28, 1758, pp. 58 - 60; "Farther Observations on Voltaire's History", *The Gentleman's Magazine*, Vol. 28, 1758, pp. 416 - 418.
⑥ Thomas Percy, *Hau Kiou Choaan or The Pleasing History*, Vol. 3, London: Printed for R. and J. Dodsley in Pall-mall, 1761, pp. 131 - 133.

高兴。"① 这显然是对《环球航行记》观点的转述。

在法国等欧陆国家,《环球航行记》也备受青睐。孟德斯鸠(Montesquieu)1749年读到了该书的阿姆斯特丹版本,直言"在我看来这是一本充满启迪的书"②。他在1757年再版的《论法的精神》中表示,就中国人的糟糕品德而言,可以请安森勋爵这位伟人作证。③ 卢梭(Jean-Jacques Rousseau)也是《环球航行记》的忠实读者。在《新爱洛伊斯》(1761)中,主人公圣普乐跟随安森环球航行,观察到"世界上人数最多和最文化昌明的民族,却被一小撮强盗所统治"④。他还进一步对中国人缺乏勇气、思想贫乏、处事圆滑等方面展开抨击。狄德罗(Denis Diderot)借用了《环球航行记》中关于中国渔民缺乏好奇心的描述,指出"这种冷漠告诉我们,什么是一个以操劳为一切,视新奇为毫无意义的民族的幸福"⑤。德国文学家格里姆(Grimm Melchior)写道:"我想,著名的安森船长是第一个纠正我们对这个官僚政府看法的人,我们曾对它有过如此诌媚的描绘。"⑥ 意大利文学家巴雷蒂(Giuseppe Baretti)则将矛头直指中国糟糕的军力。他借由安森在中国为所欲为的事例,指出"欧洲任何港口没有一艘军舰无法击溃中国和日本的所有船队"⑦。

可见,《环球航行记》在欧洲反响热烈,对中国多方面的负面评价都得到了时人重视。但要全面探讨此书的时代影响,还需要结合具体案例与时代特征展开分析。

首先必须指出,18世纪欧洲中国观的转变是渐进的过程,且是多方合力的结果,因此任何一本著作发挥的作用都是有限度的。就《环球航

---

① [英]亚当·斯密:《国民财富的性质和原因的研究》上卷,郭大力、王亚南译,商务印书馆1983年版,第65—66页。
② "Montesquieu à Domville", 22 juillet 1749, in André Masson ed., *Œuvres Complètes de Montesquieu*, Tome 3, Paris: Nagel, 1950-1955, p. 1245.
③ [法]孟德斯鸠:《论法的精神》上卷,许明龙译,商务印书馆2009年版,第133页。
④ [法]卢梭:《新爱洛伊丝》,李平沤、何三雅译,译林出版社1993年版,第415页。
⑤ 钱林森:《中外文学交流史(中国—法国卷)》,山东教育出版社2015年版,第459页。
⑥ Jules Taschereau ed., *Correspondance Littéraire, Philosophique et Critique de Grimm et de Diderot Depuis 1753 Jusqu'en 1790*, Tome 8, Paris: Furne, 1829-1831, p. 230.
⑦ Giuseppe Baretti, *La Scelta Delle Lettere Familiari*, Bari: Gius. Laterza & Figli, 1912, p. 110.

行记》而言,它被广泛征引并不代表它能够凭一己之力改变时代风向,因为思想家的知识来源十分复杂,选择性地引用他人观点往往是对已有观点的印证与强化。例如孟德斯鸠在年轻时便通过与赴法留学的黄嘉略、耶稣会士傅圣泽(Jean F. Foucquet)等人的交谈,结合传教士、商人、外交官的著作,形成了对中国的基本看法。此外,直至18世纪后半叶,传教士的著作依旧是欧洲人了解中国最重要的信息来源,且物质层面的中国热仍在盛行。与安森来华时间相仿的宫廷画师王致诚(Jean D. Attiret)所留下的记录在欧洲便颇受欢迎,而安森的哥哥托马斯·安森(Thomas Anson)于沙格伯勒(Shugborough)的庄园中添置了许多中国风建筑与陈设,也是中国风盛行的一个重要范例。

然而,以上事实并不能磨灭《环球航行记》的时代影响,因为无论如何,它都是18世纪欧洲中国观转变过程中最重要的著作之一。能够在同时代纷繁复杂的信息源中占据一席之地、为知识界所广泛认可,本就说明了此书的价值。18世纪中叶前,欧洲人对中国的负面言论影响力较为微薄。无论是李明、杜赫德等传教士的零星批判,还是作家丹尼尔·笛福(Daniel Defoe)的猛烈言辞,① 抑或是思想家维柯的讽刺,② 都没有掀起太大的风浪。18世纪中叶以后,随着科技水平的提高与启蒙观念的发展,欧洲人自身的优越感不断增强,愈加不需要拿东方的美好作为评价西方社会的参照。如张国刚所言:"中国形象发生颠覆性的转变,归根结底是欧洲人看待中国时的坐标已经斗转星移,从尊敬古代变为肯定当今,从崇尚权威变为拥戴理性,从谨慎地借古讽今变为大胆地高扬时代精神。"③ 同时,中国形象方面掌握着话语权的耶稣会处于由盛转衰

---

① Daniel Defoe, *Farther Adventures of Robinson Crusoe: Being the Second and Last Part of His life*, London: Print for W. Taylor, 1719; Daniel Defoe, *Serious Reflections during the Life and Surprising Adventures of Robinson Crusoe*, London: Print for W. Taylor, 1720. 笛福在《〈鲁滨孙漂流记〉续篇》与《感想录》中,借主人公鲁滨孙之口多次贬低与谩骂中国的文化、政治、军事、品行等方面。

② [意] 维柯:《新科学》,朱光潜译,人民出版社1987年版。该书对中国的文字、绘画与雕塑进行了批判。

③ 张国刚:《18世纪晚期欧洲对于中国的认识——欧洲进步观念的确立与中国形象的逆转》,《天津社会科学》2005年第3期。

的阶段。① 在欧洲中国形象的转折点上，无论是偏向于否定中国的孟德斯鸠和卢梭，还是相对中立的萨尔蒙、珀西与狄德罗，都在小心地择取材料，力图更加全面地看待中国。《环球航行记》的出现可谓恰逢其时。它代表了一种有别于耶稣会士的亲历者声音。在知识界的竞相征引下，这种声音被传播到千家万户，随着时间的推移为愈多人所认可。可以说，《环球航行记》既顺应了欧洲对华负面言论升温的趋势，又极大地加速了这种趋势的进行。

结　语

在18世纪欧洲中国热的浪潮中，《环球航行记》对中国展开全方位批判，俨然时代的叛逆者。但从多个角度来看，这一著作又是时代精神的化身。在信息来源方面，书中观点不只是安森的切身感受，也继承了传教士先前对华负面评价。这意味着欧洲人对华积聚已久的负面情绪在这一著作中得到了集中的爆发。在贬华原因方面，安森的身份、性格、来华过程固然有特殊性，但英国国力增强、海上扩张需求增大、中英联系日益密切、中英双方发生观念冲突却是长期的趋势。此书通过批判中国来颂扬英国成就的写作方式，也在此后的一个世纪中并不鲜见。在时代影响方面，《环球航行记》顺应了欧洲优越感增强、耶稣会士衰落的时代潮流，成为欧洲人了解中国重要的信息来源。它的内容被时人竞相征用，推动了欧洲中国观由积极转向消极的大趋势。

---

① 耶稣会在18世纪饱受挑战。17世纪末，多明我会与方济各会等不同教派认为耶稣会的"适应政策"损害了天主教教义传播的纯正性，随即引发"礼仪之争"。1723年，康熙下令禁教，大批传教士处境恶化。1762年，法国巴黎高等法院宣布解散耶稣会，两年后，路易十五发布敕令，取消法国耶稣会。1773年，教廷颁布教皇敕谕，取缔耶稣会。敕令于1778年传到中国后，耶稣会在华活动终结。如许明龙所言："对中国形象的形成起到过重要作用的耶稣会士的著述和译作，绝大多数出版于1750年以前。"许明龙：《欧洲18世纪中国热》，山西教育出版社1999年版，第290页。

A Voyage Round the World and the Change of European Perceptions of China in the 18th Century

Chen Mingyue

Abstract: *A Voyage Round the World*, published in 1748, is the official narrative of British Commodore George Anson's expedition from 1740 to 1744. It is full of critical remarks about China, covering a wide range of aspects including national character, politics, military, science, art, and literature. These views, which refer not only to Anson's feelings as a first-hand witness but also to previous criticism of China by missionaries, are a concentrated outbreak of long-standing negative feelings towards China in Europe. The reasons for the book's total rejection of China are closely related to Anson's identity, character, and experience, as well as the need to emphasize Britain's progressiveness and justify Anson's behavior by portraying China as outside the international order. *A Voyage Round the World* was widely circulated in Europe after its publication, serving as a vital source of information on China for contemporary people and leading to the change of European perceptions of China from positive to negative in the 18th century.

Key Words: *A Voyage Round the World*; George Anson; European Perceptions of China

探秘"外交核爆炸"
——中国学术界对中法建交史的研究述评[*]

姚百慧^{**}

【内容摘要】 中国学术界对中法建交史的研究取得了丰硕的成果。这些成果揭示了广阔的历史图景：中法建交前中法双方的战略变动与政策变化，产生了怎样积极的影响；周恩来—富尔的商谈，如何解决了中法建交的原则性问题；中国在瑞士谈判中实施的"速决为宜"战略，如何迅速促成了《中法建交公报》的发表；美台是如何应对中法建交的；中法建交对双边关系、两国战略地位以及国际格局的重大影响等等。这些成果在内容和方法上对中国外交史、冷战国际史的研究都有积极推动作用。但既有研究也表现出多国档案的利用不够深入、学者对话不够的缺憾，同时在内容上重过程而轻影响、重中国而轻法国、重美台而轻其他国家和地区，从而留下若干问题尚未解答。

【关键词】 中法建交；中国外交；法国外交；学术史

1964年1月，作为社会主义国家的中国，和西欧主要资本主义大国之一的法国，首次相互承认并建立大使级外交关系。中法建交不仅为双边关系的良性发展打下基础，而且推动着国际格局从两极向多极逐步转变，被誉为"外交核爆炸"。本文旨在评述中国学术界对中法建交史的研究状况，[①] 并以此纪念这一重大外交事件。

---

* 本文为国家社科基金重点项目"围绕中法建交的国际关系史研究"（19ASS009）阶段性成果。
** 姚百慧，首都师范大学历史学院教授，历史学博士。
① 这里的"中国学术界"研究，指的是在中国发表的、中国学者（包括华裔）的成果。

一

根据所依据的资料及研究内容，可以把中国对中法建交史的学术研究分为三个阶段。

第一阶段主要依据公开资料（报刊、回忆录等），大致时间为20世纪90年代之前。这一阶段，少量回忆录得以出版。比如，外交部西欧司司长谢黎，以及法国前总理、作为戴高乐代表访华的富尔。① 中国大陆研究者利用公开资料，以及可利用的内部文献，或对中法建交过程进行全景扫描，或对其中中国领导人的作用进行分析。台湾学者则从美台关系、法台关系等角度关注中法建交问题。

第二阶段大致为20世纪90年代到2000年代中期。在这一阶段，更多的回忆录得以出版。包括：中国驻瑞士大使和建交中方谈判代表李清泉、西欧司副司长和建交后赴法临时代办宋之光、外交部西欧司的张锡昌、法国外长德姆维尔、当时为法国亚洲大洋洲司司长后曾任驻华大使的马纳克等人。② 与此同时，中外都解密了部分档案。中国解密的较少，

---

① 谢黎：《我国同西方国家关系的重大突破——中法建交谈判纪事》，载外交部外交史编辑室编《新中国外交风云》（第1辑），世界知识出版社1990年版，第90—108页；谢黎：《六十年代国际关系的重要事件——中法建交》，《外交学院学报》1988年第4期；Edgar Faure, "Renaissance de la Chine", *Espoir*, No. 1, 1972, pp. 20 – 25；杨起：《一桥飞架东西——访中法建交的开拓者富尔》，《瞭望周刊》1984年第4期；Michel Cartier et Isabelle du Breuil, "Rencontre avec Edgar Faure", *Aujourd'hui la Chine*, No. 37, avril 1984。

② 陈金沙：《在周总理领导下参与中法建交谈判——访中国原驻瑞士大使李清泉》，《江淮文史》1994年第1期；李清泉：《学习周总理的谈判艺术和外交风格——忆中法建交谈判》，《外交学院学报》1996年第2期；宋之光：《五星红旗飘扬在巴黎上空——中法建交回顾》，载外交部《当代中国使节外交生涯》编委会编《当代中国使节外交生涯》（第4辑），世界知识出版社1996年版，第39—47页；张锡昌：《我经历的"外交核爆炸"》，载李同成主编《中外建交秘闻》，山西人民出版社2003年版，第103—137页。尤其是黄舍骄主编的《春华秋实四十年——中法建交回忆录》（世界知识出版社2004年版），集中收录了李清泉、张锡昌、张国强（当时为中国驻瑞士大使馆馆员）等人的回忆。陈三井的《中法断交前的一段外交秘辛——法国专使团的艰困访华行》（载陈三井《近代中法关系史论》，三民书局1993年版，第263—274页）利用纪业马的回忆、戴高乐书简集、对陈雄飞的采访等资料，详细考证了贝志高1964年1月台北之行的任务、行程，蒋介石与贝志高的两次会谈经过，得出来与档案解密后近似的历史图景，有相当的史料价值。

几篇零散的文献收录在《周恩来外交文选》（1990 年）、《毛泽东外交文选》（1994 年）、《中法建交四十年重要文献汇编》（2004 年）中，有些资料在诸如《周恩来年谱1949—1979》（1997 年）等官方权威著作里被利用。台湾地区的解密档案，主要见于"国史馆"和"中央研究院"所藏文献。法国、美国解密的档案文献更多、更完整，并少量出版，收录在诸如《法国外交文件集》（*Documents Diplomatiques Français*）、戴高乐的《书信、札记、文稿》（*Lettres，Notes et Carnets*）和《美国外交文件集》（*Foreign Relations of the United States*）等当中。

这一阶段著作的主要特点，是利用中、法、美某一国的单边档案，进行专题研究。主要利用中国大陆文献讨论的主题包括：毛泽东、周恩来与中法建交，中法建交的经过等。主要利用法国文献讨论的主题包括：戴高乐第二次执政时期对华政策演变、法国承认中国的动因、决策及中法建交谈判情况。主要利用美国和台湾地区文献讨论的主题则是美国和台湾当局对中法建交的反应。

第三阶段大致为 2000 年代后期到现在。虽然在此之前，韩念龙、王泰平等人编纂的官方外交史中已部分利用内部档案披露建交细节，但 2006 年中国外交部档案系统解密，才让中法建交的主要国家文献第一次相对完整地呈现，由此带来了学术研究的新突破。与此同时，藏于美国斯坦福大学胡佛研究所的《蒋介石日记》也陆续开放。近年来，学者还辑录、出版了有关中法建交的专题档案。①

这一阶段在资料利用上有两个趋向，一是单边档案（尤其是中国外交

---

① 姚百慧：《中法建交多国档案选编（一）：中国解密档案》，载李丹慧主编《冷战国际史研究》（第 8 辑），世界知识出版社 2009 年版，第 437—451 页；姚百慧：《中法建交多国档案选编（二）：美国解密档案》，载李丹慧主编《冷战国际史研究》（第 9 辑），世界知识出版社 2010 年版，第 311—350 页；姚百慧：《中法建交多国档案选编（三）：法德澳解密档案》，载李丹慧主编《冷战国际史研究》（第 12 辑），世界知识出版社 2011 年版，第 367—403 页；姚百慧：《中法建交多国（地区）档案选编（四）：台湾解密档案》，载李丹慧主编《冷战国际史研究》（第 17 辑），世界知识出版社 2014 年版，第 297—359 页；李晓姣：《中法伯尔尼建交谈判法文档案选译——法国谈判代表的记录》，载徐蓝主编《近现代国际关系史研究》（第 3 辑），人民出版社 2013 年版，第 315—322 页；姚百慧：《中法建交多国档案选编》，社会科学文献出版社 2016 年版。这些成果整理了中国外交部解密档案目录 198 条，汇总出版了中国大陆的档案 7 件、中国台湾地区档案 87 件、法国档案 57 件、美国档案 93 件、德国和澳大利亚档案各 2 件。

部档案)的新挖掘,二是综合利用中国、法国、美国、德国、澳大利亚等多边档案。一些传统主题得到更深入的研究,并有中法建交史的专著出现。利用单边档案讨论的主要主题是,中国政府和国家领导人在中法建交中的决策。利用多边档案讨论的主题包括:美国和台湾当局在中法建交中的决策变化、法国国内政治对中法建交影响等。黄庆华在2014出版了第一部以中法建交为主题的学术专著,用全书正文三章讨论了二战及战后初期的中法关系、战后及新中国建国初期中法关系、中法关系之最终确立。①

综合学术界以上三阶段的研究,可以发现两方面的趋势。一是研究资料从公开文献到单边档案再到多国档案的综合利用;二是研究内容由综合到专题再到专题与综合并存。这些研究成果,尝试回答的问题包括:影响中法关系正常化的因素有哪些?中法两国决策及建交的过程如何?美国和台湾当局是如何应对中法建交的?中法建交有哪些影响?以下就学界对这些问题的研究情况予以详述。

二

新中国1949年成立,但中法1963年底才开始建交谈判、1964年才建交,为什么中法建立正常关系要拖延十几年之久?学者们分别从法国角度和中国角度予以探讨。

在张锡昌看来,法国政府迟迟未能做出承认新中国的决策,原因是多种多样的,而主要原因是:"第四共和国历届政府经济上依赖美国援助,军事上依赖美国保护,政治上需要美国支持,因而不敢得罪美国";戴高乐虽然敢于对美采取独立行动,但因阿尔及利亚战争的持续和中国对阿尔及利亚独立斗争的支持,他也在执政5年多、阿尔及利亚战争结束后才采取同中国建交的步骤。② 长时间内,殖民地问题(先是印度支

---

① 黄庆华:《中法建交始末——20世纪40—60年代的中法关系》,黄山书社2014年版。
② 张锡昌、周剑卿:《战后法国外交史》,世界知识出版社1993年版,第220—221页。

那、后是阿尔及利亚）是影响法国对华政策的重要因素，"正是由于法国把维护印度支那殖民利益置于对华利益之上，才没有登上西欧开往北京的外交列车"①。总的来说，法国未承认中国的主要原因是"对美依赖"和"殖民地问题"。

张锡昌的观点影响很大，黄庆华认同"对美依赖"论，而且认为这一因素始终存在。他提出，法兰西第四、第五共和国政府迟迟没有承认中国新政府，主要原因是"法国在战后恢复和重建时期对美国经济援助的严重依赖，这种依赖导致了法国在制定对外政策和发展对外关系方面，在很大程度上失去了独立自主"；至于二战时期戴高乐与蒋介石的同盟关系、中国抗美援朝、抗法援越和支持阿尔及利亚民族独立，"这些仅仅是法国推迟承认中国新政府的一些次要原因"，"更确切地说，这些不过是法国在对内、对外解释其迟迟不承认中华人民共和国中央人民政府为中国唯一合法政府时的一系列冠冕堂皇的说辞"②。李群英、毛传伟、周磊等都认可阿尔及利亚因素在中法发展关系中的负面作用。③

从中国的角度出发，牛军提出，由于西欧在中国战略地位相对较低，造成了中国和西欧关系发展受到影响。他分析了1955—1965年中国对西欧国家政策演变的过程、主要动力与基本特征。毛泽东等中国领导人在这个时期对西欧国家的认识是在一个比较复杂的结构中形成的。一方面，对美苏冷战体系的认知占了很大的比重；另一方面，支援亚非拉地区的反殖民主义运动和革命运动的义务感、对中国国家安全的强烈关注、对中国近代历史的痛苦记忆等，都在影响他们对西欧国家问题的思考，并导致在这个时期处理与西欧国家的关系在中国对外政策中的战略排序一直比较靠后，这是中国与西欧国家关系难以获得发展的重要原

---

① 张锡昌等：《峰峦迭起：共和国第三次建交高潮》，世界知识出版社1998年版，第3—23页。

② 黄庆华：《中法建交始末——20世纪40—60年代的中法关系》，黄山书社2014年版，第9页。

③ 李群英：《中法建交过程中的阿尔及利亚因素》，《中国政法大学学报》2009年第6期；毛传伟：《中法建交中的阿尔及利亚因素》，硕士学位论文，外交学院，2009年；周磊：《中法建交过程中的阿尔及利亚问题及台湾问题（1958—1964）》，硕士学位论文，华东师范大学，2012年。

因之一。即便西欧国家被视作国际统一战线的对象,但也是作为"第二中间地位",处于相对次要的位置。他讨论了中国由于支持越南和阿尔及利亚,导致中法关系难以发展。而在中法建交后,许多欧洲国家并未很快与中国建交,这固然与美国的阻挠和美欧同盟关系的制约有关,但中国的政策同样也起到了重要的作用。① 高嘉懿考察了1955—1957年中法围绕商务外交代表问题的外交互动,认为两国虽然都存在着把互设商务代表作为建交前奏的想法,但长达两年的探索并无结果;中国重建"中间地带"是以亚非国家为主,但对西方国家并无明确政策,采取"区别对待",故而警惕、谨慎地看待法国提出的互设商务代表问题。②

黄庆华认为,从中国方面来说,中法能够建交的原因最关键的一个,是中国决定通过打破意识形态和社会制度方面的束缚,调整或放弃"一边倒"对外战略,采取灵活务实的外交策略,争取和团结"第二中间地带"中颇具影响的国家共同反对美苏霸权主义,并使中国摆脱美苏两个超级大国对中国的孤立、包围和威胁,使中国摆脱"南北受压"的困难处境。中法建交既是中国重新调整对外战略和中国"一边倒"战略宣告终结的标志,也是中国将毛泽东有关"两个中间地带"这一国际战略理论付诸实践的开始。③

翟强同样讨论了中国因素的影响,认为法国一开始不承认中国原因有二。一是当时的中国外交是高举意识形态大旗,支持民族解放斗争,对改善同资本主义国家的关系并不在乎,所以越南问题、阿尔及利亚问题成为1949—1963年中法隔阂的主要原因。二是法国在台湾问题上的立场是导致中法分歧的另一因素。但由于1962年之后中国外交陷入美苏两国封锁,毛泽东提出"第二中间地带"理论,而且在台湾问题上

---

① 牛军:《"第二中间地带":1955—1965年的中国对西欧国家政策研究》,载杨凤城主编《中共历史与理论研究》(第1辑),社会科学文献出版社2015年版,第134—154页。

② 高嘉懿:《一九五五至一九五七年中法围绕商务代表问题的外交互动探析》,《中共党史研究》2017年第8期。

③ 黄庆华:《中法建交始末——20世纪40—60年代的中法关系》,黄山书社2014年版,第364—369页。

作了灵活处理,使得该问题不再成为中法建交的拦路虎,中法关系取得了突破性进展。①

三

20世纪90年代之前的中文著作,对建交决策和经过涉及较少。20世纪90年代的几部著作,宏观梳理了整个建交过程。这些著作谈及:越南局势升级让戴高乐觉得中法关系正常化有了紧迫性,戴高乐选择富尔作为自己的代表前往中国,富尔的中国之行与中法达成的三项默契,中法在瑞士首都伯尔尼的谈判,最终达成的建交公报等等。②

部分成果则突出了毛泽东、周恩来、戴高乐等两国领导人在中法关系发展中的作用。曲星阐述了毛泽东关于中法关系的四条战略思想:"打扫干净屋子再请客";不拿被压迫民族争取民族解放利益作交易;美法之间的矛盾应该利用;珍视独立自主是中法两国最大的共同点。③ 谢黎认为,周恩来对欧洲资本主义地带的外交战略思想有两方面,一是彻底改变旧中国的依附地位,在独立自主基础上同欧洲资本主义国家建立平等的外交关系,二是从维护世界和平的战略全局出发,同它们发展友好的合作关系。④ 王文博通过中法建交分析了周恩来对西欧国家的外交政策思想及其谈判艺术。周恩来做出了正确的战略决策,决定回应戴高乐的建

---

① 翟强:《从隔阂到建交:一九四九到一九六四年的中法关系》,《中共党史研究》2012年第8期。

② 张锡昌、周剑卿:《战后法国外交史》,世界知识出版社1993年版,第219—235页;王泰平主编:《中华人民共和国外交史(1957—1969)》(第2卷),世界知识出版社1998年版,第361—372页;张锡昌等:《峰峦迭起:共和国第三次建交高潮》,世界知识出版社1998年版,第1—93页;王泰平主编:《新中国外交50年》(中),北京出版社1999年版,第1029—1048页。

③ 曲星:《试论毛泽东关于中法关系的战略思想》,《外交学院学报》1993年第4期;曲星:《试论毛泽东关于中法关系的战略思想》,载裴坚章主编《毛泽东外交思想研究》,世界知识出版社1994年版,第239—255页。在文字和注释上,两文略有差别,但基本观点和结构相同。

④ 谢黎:《简论周恩来对欧洲资本主义地带的外交战略思想》,载中华人民共和国外交部、中共中央文献研究室编、裴坚章主编《研究周恩来——外交思想与实践》,世界知识出版社1989年版,第239—245页。

交试探。建交过程体现了周恩来卓越的谈判艺术,具体包括:区别对待、多做工作;求同存异,不强人所难;平等协商,尊重对方选择;坚持原则,善于妥协。① 张家展把戴高乐对中国问题的认识放在法国外交战略下分析,系统考察了戴高乐实现中法关系正常化设想的变迁经过,以及戴高乐要"变老虎为朋友"政策构想的推行。②

进入21世纪,对决策和建交过程的讨论明显深入。在对中国的决策方面,翟强的文章讨论了中国领导人对戴高乐的观察。他认为,在毛泽东争取"间接同盟军"和与中间地带国家合作的战略思想指导下,中国政府重视戴高乐要发展中法关系的言行,希望抓住机遇,促进中法关系发展,并通过中法关系的突破,来推动中国同其他欧洲国家的关系,从而改善中国在国际上的孤立地位,促成一个反对美苏垄断的国际统一战线。③ 李靖着重分析了中国国内政治因素对中法建交的影响,包括:日趋激烈的国内政治斗争导致中国的危机感增强;"左倾"的政治气氛导致中国误判自身的地位;中国外交决策机制导致中方的决策权高度集中在毛泽东、周恩来等领导人手中;解决台湾问题的困难加大、紧迫性加强。这些促成了中国与法国建交,但也让中国高估了建交的效果。④ 高嘉懿认为,1961—1962年的日内瓦会议期间,中国缓和了同法国的关系,为后续中法建交提供了一次关键契机。⑤

姚百慧通过系列文章,专门考察了中国在富尔访华、瑞士谈判两个阶段的详细决策过程。在富尔访华问题上,他把中国对外战略调整、对法政策调整与富尔中国之行联系起来,认为中国领导人对法美矛盾的观

---

① 王文博:《从中法建交谈判看周恩来对西欧国家的外交政策思想及其谈判艺术》,载中华人民共和国外交部、中共中央文献研究室编、裴坚章主编《研究周恩来——外交思想与实践》,世界知识出版社1989年版,第246—247页。对周恩来作用的讨论,后来还有学者涉猎,如高长武:《周恩来与中法建交的几个关节点》,徐行主编《二十一世纪周恩来研究的新视野》(下册),中央文献出版社2009年版,第1218—1227页;高长武:《周恩来与中法建交》,《党史天地》2009年第4期。
② 张家展:《第五共和国时期的戴高乐与中国》,《法国研究》1991年第2期。
③ 翟强:《从隔阂到建交:一九四九到一九六四年的中法关系》,《中共党史研究》2012年第8期。
④ 李靖:《影响中法建交的中国国内政治因素分析》,硕士学位论文,外交学院,2011年。
⑤ 高嘉懿:《第二次日内瓦会议与中法关系改善——兼论中国"两个中间地带"的外交战略》,《华东师范大学学报》(哲学社会科学版)2017年第5期。

察,是提出"第二中间地带"理论的重要原因之一;20世纪60年代初,中国对法政策开始向积极的一面发展,并把邀请富尔访华作为试探中法关系的重要举措。富尔访华及由此促成的中法建交,既是中法双方外交大战略调整的结果,也是中国对欧战略、对法政策一系列调整的结果;就在中法都谋求改善双方关系的时候,富尔充当了"龟山"与"蛇山"之间的桥梁。① 他系统考察了《周恩来总理谈话要点》的形成过程,认为它并不是一个单方面的文件,而是中法平等协商的结果;法国官方声称法国同中国建交完全是"无条件的",但没有先决条件并不等于法国不承担任何义务,法国要承担的义务集中体现在该文件的三项默契中。②

关于瑞士谈判,姚百慧认为中国的决策是"速决为宜",这加快了建交谈判的速度;中方认为中法建交意义重大而且很有可能,这种乐观判断是中方采取这一政策的原因;但中方并未因此放弃在台湾问题上的原则立场。③ 他同时重点分析了《中法建交公报》和与此密切相关的中国外交部声明的出台经过,认为瑞士谈判同北京会谈有很强的继承性,但也在两个方面改变了北京会谈所达成的协议,一是建交方式上,以发表公报取代了互换照会;二是在公报具体措辞上,不提"唯一合法政府"的辞句。虽然中方在一些具体问题上对法方做了让步,但这并不表示中国降低了建交条件或反对"两个中国"的政策有所改变。④

黄庆华用近乎实录的方式,对中法建交谈判整个过程进行了叙述。他用100余页的篇幅,详细描绘了富尔访华和伯尔尼会谈的经过。其著作对重要的档案,采取全文照录或少量穿插引语的方法引用,为后人利用这些档案资料提供了方便。他认为,中法建交这一事件不仅揭露了法国有关中法建交不存在巴黎与台北"断交"及承认北京政府为唯一合法政

---

① 姚百慧:《中国对法政策调整与富尔一九六三年中国之行》,《中共党史研究》2014年第5期。
② 姚百慧:《中法建交谈判中关于台湾问题的"三项默契"——〈周恩来总理谈话要点〉形成考释》,《当代中国史研究》2012年第2期。
③ 姚百慧:《"速决为宜":论中法瑞士建交谈判中的中国外交》,载徐蓝主编《近现代国际关系史研究》(第2辑),人民出版社2012年版,第290—315页。
④ 姚百慧:《〈中法建交公报〉形成考释》,《当代中国史研究》2013年第2期。

府之前提的谎言,而且有力地证明了中法建交确实是有条件的。①

相比较而言,对中法建交中法国决策的讨论并不充分。既有研究主要围绕如下几个零散的问题。一是戴高乐承认中国的原因。吴圳义认为,戴高乐承认中方有多方面的政治和经济原因。政治方面,希望借此提高法国的国际威望,显示法国外交的独立自主,甚至借中方之力恢复法国在东南亚的影响力,增加法国对国际事务的发言权,使法国能在美、苏两大集团外形成一个举足轻重的第三势力。经济方面,戴高乐虽对与中方贸易不太乐观,但还是想借助承认促进双方贸易的发展。黄庆华认为,长期以来一直流行的说法——占领中国市场、发展对华贸易,即"扩大贸易说",只是法国承认中国的一个次要原因;戴高乐承认中国是为了实现法国"伟大"这一最高目标,而承认中国并与之建立正常关系,则是他通过反对美苏两霸、实现世界多极化、凸显法国"伟大"的全球战略的一个组成部分。②

二是承认中国的时机选择,一般强调这与越南局势发展有关。20 世纪 60 年代,美国肯尼迪政府从出钱、出枪、出顾问让越南人打越南人,发展到派遣"特种部队"进行"特种战争",美国侵越战争急剧升级,越南局势愈加动荡。为了政治解决越南问题,法国必须同中国对话,建立两国的外交关系。③

三是富尔中国之行中戴高乐的决策。在戴高乐为何选择富尔作为"特使"访问中国上,一般认为是由于富尔在法国政坛上地位"颇为特殊"。他在第四共和国曾两度出任总理,在戴高乐内阁里虽并无职务,但深得戴的信任,是戴高乐政治圈里的要员,"在野又通天"。另外,富尔同中国领导人结识。加之他出身律师,能言善辩,是个谈判能手。由此,他成为秘密访问的合适人员。对于富尔在中国问题上给戴高乐提供咨询

---

① 黄庆华:《中法建交始末——20 世纪 40—60 年代的中法关系》,黄山书社 2014 年版,第 262—369 页;黄庆华:《1963—1964 年间的中法建交谈判——中法建交叙略(三)》,《晋阳学刊》2014 年第 1 期。

② 黄庆华:《中法建交始末——20 世纪 40—60 年代的中法关系》,黄山书社 2014 年版,第 235—262 页。

③ 张锡昌、周剑卿:《战后法国外交史》,世界知识出版社 1993 年版,第 221 页;张锡昌等:《峰峦迭起:共和国第三次建交高潮》,世界知识出版社 1998 年版,第 29—30 页。

意见、戴高乐就访华问题给富尔的指示、戴高乐给富尔的亲笔信等，学界也多有引用。① 李洪峰认为，中法建交是法兰西第四共和国到第五共和国历届政府对华政策发展的必然结果，戴高乐的决断对于促成两国建交起到了至关重要的作用。②

四是瑞士外交谈判中法国的外交活动。主要包括：在瑞士建交谈判前，法国外长给谈判代表德波马歇的指示；1964年1月8日，戴高乐召开内阁会议，就中法建交问题统一内部意见。③

此外，少量著作讨论了法共、法国民众及议员在中法建交中的作用。翟强提到，1950年代后期，中国政府在考虑同什么样的法国政治团体与个人发展关系时，往往先征询法共的意见，以避免中国的举动损害法共在国内的政治地位。1960年代，由于法共在中苏分歧中支持苏联，中国在制定对法政策时已不再担心发展中法关系会对法共造成不利影响，后来甚至考虑用改善同戴高乐政府的关系来孤立法共。④ 周磊同样分析了法共这个"中间人"，在中国政策中地位由高到低，由此给中法建交带来的积极影响。⑤ 高嘉懿更为详细地讨论了法共和法国民众的作用。她分析了法共在中法关系中的特殊作用，以及法国政府和中国政府对于法共作用的态度；介绍了中苏分裂时期中共对法共左派、左翼青年学生等的宣传活动、政策态度和影响作用，以及法共中央和法国政府对中共宣传活动

---

① 张锡昌、周剑卿：《战后法国外交史》，世界知识出版社1993年版，第221—222页；张锡昌等：《峰峦迭起：共和国第三次建交高潮》，世界知识出版社1998年版，第20—21、30—31、34—36页；黄庆华：《中法建交始末——20世纪40—60年代的中法关系》，黄山书社2014年版，第265—273页。

② 李洪峰：《回顾1949—1963年的法国对华政策》，《法国研究》2008年第3期；李洪峰：《穿越风雨的中法关系（1949—1980）》，世界知识出版社2014年版。

③ 黄庆华：《中法建交始末——20世纪40—60年代的中法关系》，黄山书社2014年版，第338—339页；张锡昌等：《峰峦迭起：共和国第三次建交高潮》，世界知识出版社1998年版，第47—48、51—53页；姚百慧：《"速决为宜"：论中法瑞士建交谈判中的中国外交》，载徐蓝主编《近现代国际关系史研究》（第2辑），第290—315页；姚百慧：《〈中法建交公报〉形成考释》，《当代中国史研究》2013年第2期。

④ 翟强：《从隔阂到建交：一九四九到一九六四年的中法关系》，《中共党史研究》2012年第8期。

⑤ 周磊：《中法建交过程中的阿尔及利亚问题及台湾问题（1958—1964）》，硕士学位论文，华东师范大学，2012年。

的态度;介绍了法国民众和政党对中法关系的态度。她认为,在中法两国民众的交往过程中,意识形态曾扮演了非常重要的角色;而在具体的人民外交上,两国政府的参与力度不同;党际关系和国家关系的张力,其原因在于资本主义国家共产党的阶级对抗性、社会主义国家党和国家利益的错位以及冷战国际因素的影响。①

四

讨论美台对中法建交的应对,是中国学者研究的重点之一,对这一问题的讨论存在三种思路。一是从美台关系的角度切入,把美台合并讨论。二是从中美关系或美国外交的角度切入,主要讨论美国的政策及行动。三是从台湾当局战略及其政策入手,讨论台湾与相关各方的互动。

陈志奇最早从美台关系的角度论述了中法建交问题。他认为由于中法建交和中国爆炸原子弹,美国对台政策有了实质性的改变,不再十分情愿地公开承认台湾当局为"中国唯一合法的政府"。②潘敬国、张颖利用档案讨论了中法建交中的美台因素,认为美台的阻挠使得中法建交过程出现了一波三折的局面;得知中法即将建交的消息,美台又设置种种阻碍,竭力阻止中法建交;中法建交给美台关系带来挑战,在中法建交过程中,台湾成为美国外交政策的牺牲品。③翟强分析了蒋介石对中法建交危机的处理,认为这一过程表现了蒋介石事必躬亲、独断专行的行事风格;蒋介石在一个中国问题上的立场是坚定的,对美国表现出既怨恨又离不开的矛盾心理。围绕中法建交而发生的美台互动充分揭示了冷战时期美台同盟的一个特点,

---

① 高嘉懿:《冷战格局中的现实主义外交——中法关系史新探(1949—1969)》,博士学位论文,华东师范大学,2015年;高嘉懿:《直面红色中国——法国国内对中法建交的态度》,载李丹慧主编《冷战国际史研究》(第19辑),世界知识出版社2016年版,第185—202页;高嘉懿:《党际关系与国家关系的张力——冷战时期党际交往在中法关系中的作用》,《外交评论》2017年第1期。
② 陈志奇:《美国对华政策三十年》,中央日报社1981年版,第244—253页。
③ 潘敬国、张颖:《中法建交中的美台因素》,《当代中国史研究》2002年第3期。

即双方的关系是一种施压和抗压、限制和反限制的复杂关系。① 黄庆华讨论了台湾当局在互换"大使"上对法国的争取,以及法国驻台湾"代表"的级别;台湾对中法建交的担心与试探;美国抛出让台湾拖延与法国"断绝关系"的"锦囊妙计"以及相应的台法交涉和台美交涉,到最终的台法"断绝关系"的整个过程。他认为,华盛顿—台北—巴黎—北京之间围绕法国政府与台湾当局"断绝关系"问题展开的一场智斗,而真正的赢家是北京。② 参与类似讨论的还包括陈长伟、朱明权、何妍等人。③

姚百慧主要从美国外交的角度考察美国对中法关系发展的评估,以及美国分三阶段应对中法建交的过程。他认为,虽然美国在第三阶段,也即阻止其他国家步法国后尘这个阶段取得了一定的成功,但其遏制中国的总体决策是失败的。美国既无法阻止中法建交,也无法阻止中国影响的日渐扩大。④

在台湾对外战略评判方面,许文堂讨论了围绕"建交"与"断交"问题法国和中国大陆、台湾的三方交涉过程。他认为,台北坚持"一个中国原则",不惜与法"断绝关系",结果不是彰显"汉贼不两立"的精神,而是逐渐沦为"贼立汉不立"的结果。蒋介石僵硬的原则形成制式的反应,不但无法应对多变的世局,反而被他人轻易推测其可能的行动。⑤ 苏宏达认为台北的对法政策目标为防止巴黎与北京接近,巩固法国在联大对台湾的支持,同时借此影响法语非洲新兴独立国家。戴高乐确

---

① 翟强:《美台对中法建交的反应(1963—1964)》,《史林》2013年第2期。
② 黄庆华:《中法建交始末——20世纪40—60年代的中法关系》,黄山书社2014年版,第127—148、391—417页;黄庆华:《建交前法国对台湾当局的态度——中法建交叙略(二)》,《晋阳学刊》2013年第6期。
③ 陈长伟:《1964年中法建交和美台交涉——约翰逊与蒋介石关系内幕之三》,《百年潮》2006年第12期;陈长伟:《1963—1968年美国约翰逊政府对台政策之研究》,博士学位论文,北京大学,2007年;朱明权主编:《约翰逊时期的美国对华政策(1964—1968)》,上海人民出版社2009年版,第四章"中法建交问题:约翰逊政府制造'两个中国'模糊期的策略",第178—210页;何妍:《矛盾中的选择:林登·约翰逊时代的美国对华政策(1963—1968)》,博士学位论文,北京大学,2011年。
④ 姚百慧:《论美国与中法建交的关系》,《世界历史》2010年第3期。
⑤ 许文堂:《建交与断交——1964年台北、巴黎、北京的角力》,载黄翔瑜主编《战后档案与历史研究》,台北"国史馆"2008年版,第159—200页。

有推动"一个中国原则,两岸'国际'共存"的意图,但该模式最终未能成功的关键是法国政府决策层和执行层的不协调;法国的态度由于中共的压力有了加倍的效果,彻底压缩了台北可回旋的空间;但如果台湾能提出一项符合"一个中国原则,两岸国际共存"的弥补计划,20世纪60年代的台北对法"政策"或许不至于以全输收场。[1]

姚百慧以台湾对法"政策"为主线,考察台湾应对中法建交的决策及行动。他认为台湾对法交涉的理论基点是20世纪60年代初台湾对法国政策及台法关系的评估,即认为法国对台湾政策具有非同寻常的意义,以及台法关系的友好。台湾对法交涉失败的因素之一,是其对台法关系走向的误判,但根本原因在于台法在对方政策中的权重完全不同。此外,台湾对法交涉的一个特点是坚持"台湾独立",同时尽可能地保持灵活立场;另一个特点是重视个人在推动台法关系中的作用,尤其是重视蒋介石和戴高乐的私人情谊。[2]

从美台关系的角度,姚百慧并不认同台湾"全输"的观点。他认为围绕中法建交台湾对美交涉目标有三:一是尽力联合美国向法国施压,要求法国不承认或拖延承认北京;二是让美国协助台北进一步拓展"外交"舞台,阻挠其他国家跟随法国;三是坚决同美国的"两个中国"设想做斗争。为了达成这些目标,台湾在对美交涉时采取了灵活的斗争手段。台湾虽未能阻止中法建交,但它一定程度上实现了其第二、三重目标。[3]

五

对于中法建交的影响,在有官方背景的外交史中,较多的论述认为,其意义和影响远远超出双边关系的范围,是影响国际关系和世界格局的重

---

[1] 苏宏达:《"一个中国原则"与"两岸国际共存"并行的可能性评估》,《美欧季刊》(台湾)2000年春,第83—111页。
[2] 姚百慧:《中法建交与台法交涉》,《中共党史研究》2016年第1期。
[3] 姚百慧:《并非完败:中法建交与台美交涉》,《历史教学问题》2015年第6期。

大事件。中法建交是中法两国各自从独立自主的立场出发、反对两个超级大国图谋主宰世界和垄断国际事务的情况下实现的，它本身就是战后国际政治力量发生分化、美苏对各自阵营的控制能力下降的一个标志，是对战后国际关系和两极格局的巨大冲击，亦是推动世界向多极化趋势发展的一个重要因素。它对缓和国际紧张局势和维护世界和平产生了积极影响。中法建交对双方来讲都是一个战略步骤，它改善了两国的国际处境，符合两国人民的根本利益。对于法国而言，中法建交使法国成为能同中、美、苏直接对话的唯一西方大国，提高了法国的战略地位，拓宽了法国在国际舞台上的活动余地，亦为戴高乐有声有色的抗美独立斗争添加了光辉的一页。对于中国而言，中法建交突破了美国设置的反华阵线，宣告了美国孤立和反对中国政策的破产，也打击了当时苏联想通过美苏合作主宰世界的图谋，扩大了中国在西欧和非洲的影响，表明中国开始成为独立于美苏之外的一支重要力量。中法建交首开中国与西方主要国家建立正式外交关系的先河，不仅推动了中国与西欧及其他西方国家的发展，也对日后美国改变对华政策产生了一定的影响，开创了20世纪70年代第三次建交高潮之先声。[①]

部分专题文章，讨论了法国承认中国对美国对华政策的影响。唐小松认为，从约翰逊政府围绕法国承认中国事件所开展的讨论到1966年以后提出的"遏制但不孤立"政策可以发现，法国承认中国事件是导致美国改变对华观念的重要原因之一。[②] 陈从阳提出，中法建交冲击了美国对华遏制和孤立政策，促使美国政府重新审视对华政策；在戴高乐的影响下，尼克松打开了对华外交大门；中法处理台湾问题也为中美在台湾问题上达成协议提供了借鉴。[③]

高嘉懿认为，从短期来看，中法建交的意义是有限的，并非像传统

[①] 王泰平主编：《中华人民共和国外交史（1957—1969）》（第2卷），世界知识出版社1998年版，第371—372页；王泰平主编：《新中国外交50年》（中），北京出版社1999年版，第1029页；张锡昌等：《峰峦迭起：共和国第三次建交高潮》，世界知识出版社1998年版，第92—93页。

[②] 唐小松：《"法国承认中国"对美国对华政策的影响（1964—1966）》，《国际论坛》2003年第1期。

[③] 陈从阳：《跨越大西洋的震撼——1964年中法建交对中美关系的积极影响》，《长江论坛》2008年第5期。

观点认为的那样冲击了两极格局,因为中国并未立即打破孤立状态,中法两国的政治合作仍然有限,特别是在印度支那问题上没有达成共识,一度发展的经贸文化往来也因"文化大革命"而中断。她认为应该从长期来看中法建交的影响,戴高乐的现实主义外交对后来的尼克松产生过影响,加拿大、意大利等也在20世纪70年代承认了中国。①

王文隆考察了中法建交对台湾当局对非洲农业技术援助策略的影响。由于法国是联合国安理会常任理事国,又是许多非洲新独立国家的殖民母国,中法建交冲击了台湾在世界上的地位,尤其是在联合国席位冲击甚大。为了因应这一局势,台湾当局以农技为工具,承诺扩大援助规模,意图稳固同非洲的关系。②

六

综上所述,中国学术界对中法建交史的研究取得了丰硕的成果。这些成果揭示了丰富的历史图景:中法建交前中法双方的战略变动与政策变化,尤其是中国的"第二中间地带"战略产生了怎样的积极影响;周恩来—富尔的商谈及其达成的三项默契,如何解决了中法建交的原则性问题;中国在瑞士谈判中实施的"速决为宜"战略,如何促成了《中法建交公报》的发表和中法的迅速建交;围绕中法建交问题,台湾当局和美国政府的应对,以及相应的中国大陆、中国台湾地区及美国、法国等多边的互动;中法建交对促进双边关系良性互动、影响各自战略地位以及对两极格局的重大影响,等等。可以说,这些成果基本还原了中法建交中的一些重大史实,各种研究主题内容,以及对中国档案的深入挖掘、

---

① 高嘉懿:《冷战格局中的现实主义外交——中法关系史新探(1949—1969)》,博士学位论文,华东师范大学,2015年。

② 王文隆:《中法断交与"我国"对非洲农技援助策略的改变》,《近代中国》(台湾)2004年第157期;王文隆:《"外交"下乡,农业出洋:"中华民国"农技援助非洲的实施和影响(1960—1974)》,政治大学历史系,2004年,第二章第二节:"中非断交与对非援助的影响",第87—112页。

多边资料互证方法的运用,无论是对中国外交史还是对冷战国际史的研究,都有着积极的推动作用。

但从整体来看,既有的研究还存在一些缺憾,这些缺憾包括:

其一,多国档案的利用还不够深入。虽然中法建交史研究是国内较早开展多国档案利用的领域,① 但这种传统并未一直持续。中国学者的成果对中国档案(包括大陆和台湾)的挖掘比较深入;部分成果利用了法国的档案;少量研究美国的成果使用了美方档案。考虑中法建交所具有的全球冲击力,在世界上多个国家均有档案记录。如果能利用更多方档案,比如苏联、英国、日本、加拿大、韩国等,相信还可以开拓更多新课题。

其二,学者之间的对话不够。在前人成果基础上开展批判性研究,是历史学基本要求之一。非如此,就容易造成低水平的重复工作。但是,中国学术界往往强调"独立创新",而非"积累创新"。它表现在,很多学者不看或不了解其他学者的东西,由此造成对前人论述比较成熟的话题,也要依赖原始资料重复论证。②

其三,还有若干问题未能解答。既有成果是重过程而轻影响、重中国而轻法国、重美台而轻其他国家和地区。它们在阐述中法建交的过程方面,是尽可能详尽,但对中法建交的影响方面,则一般都大而化之。很多成果是作为结语之一部分,未展开最基本的论证,但非如此就不能回答被称为"外交核爆炸"的中法建交,究竟对双边关系、地区政治、国际热点问题、国际格局起到何种作用?它们在解释背景、决策及过程时,中国方面着墨多,法国方面着墨少。所以我们看到,对法国的讨论,尚不能形成比较连贯的战略—政策—行动链条。在讨论中法建交这场"大剧"的其他"演员"时,既有的成果只讨论了美国和台湾当局,而没有考虑这场"外交核爆炸"其他"观众"的体验与行动,比如,苏联、

---

① 如2010年的一篇文章,就用了美国、中国、法国、澳大利亚、德国等五国档案。见姚百慧《论美国与中法建交的关系》,《世界历史》2010年第3期。

② 以国内研究中法建交最全面的黄庆华为例,他2014年出版的50万字专著《中法建交始末》参考文献部分,中文论文类所引相关专题成果只有2篇,外文相关论文、著作只有法文的2种。

英国、日本、加拿大等其他国家对中法建交是如何认识的。

Exploring the Secrets of "Diplomatic Nuclear Explosion"
——Researches in China on the Establishment of China-France Diplomatic Relations

Yao Baihui

Abstract: Chinese scholars have made many achievements on the establishment of China-France diplomatic relations. Those achievements shows affluent historical scenarios such as which good changes of strategies and policies of both China and France had made, how the principle of the establishment of China-France diplomatic relations was settled by the negotiation between Zhou En-lai and Faure, how the communique on the establishment of China-France diplomatic relations was issued quickly due to "Immediate Establishment Is Advisable" strategy of China, how U.S. and Taiwan responded to, and what important influence the establishment of China-France diplomatic relations had made on bilateral relation, strategic position of China and France, and international pattern. Those achievements have produced positive effects on the history of China diplomacy and Cold War international history, but they have some shortcomings such as the use of multinational archies, dialogue with scholars of other countries or regions, more emphasis on process, China, U.S. than effects, and other countries.

Key Words: the Establishment of China-France Diplomatic Relations; China Diplomacy; France Diplomacy; Academic History

中国搪瓷与尼日利亚家用容器的历史变迁[*]

刘少楠[**]

【内容摘要】从英国殖民统治后期到20世纪90年代，中国工厂所生产的搪瓷制品在尼日利亚北方民众的日常生活中扮演着十分重要的角色，占据了北尼日利亚人的厨房、客厅和卧室，而且还融入了当地豪萨人的传统习俗与意义网络。基于从尼日利亚国家档案馆收集的一手史料和在当地进行的口述历史采访，本文追溯了北尼日利亚家用容器在20世纪的历史演化，同时重点探究中国工厂生产的搪瓷制品在当地的社会经济意义。尽管搪瓷在殖民统治后期进入尼日利亚之时被普遍认为是现代性的代表，但作者认为，搪瓷从入尼伊始就几乎完全继承了传统尼日利亚容器所承载的意义网络，并且深深融入了当地豪萨人的婚姻习俗之中。对于当地豪萨女性而言，搪瓷制品就是她们财富与地位的象征。虽然搪瓷制品从中国工厂的流水线中走出，但是真正塑造搪瓷外形设计和内在意义的决定因素却是尼日利亚女性消费者的需求、尼日利亚传统容器的造型以及尼日利亚当地的社会习俗。因此，搪瓷在北尼日利亚逐步建立统治地位的历史，不仅仅是搪瓷自身所代表的现代性的引进来，更是尼日利亚自身传统社会习俗的走出去，或者说是现代性与

---

[*] 本文的英文版发表于 *African Studies Review*（《非洲研究评论》）2020年第63卷第2期，作者根据英文版翻译后做了一定程度的调整，已获得版权许可。Shaonan Liu, "Symbol of Wealth and Prestige—A Social History of Chinese-Made Enamelware in Northern Nigeria", *African Studies Review*, Vol. 63, No. 2, 2020, pp. 212 – 37.

[**] 刘少楠，美国密歇根州立大学非洲史博士，现为北京师范大学历史学院讲师。

传统的交融。

【关键词】 搪瓷；尼日利亚；非洲本土容器；性别；现代性

从21世纪初开始，来自中国的进口商品逐渐统治了尼日利亚当地市场，并在尼日利亚人的日常生活中占据了重要地位。然而，鲜为人知的是，中国工厂所生产的产品并非最近二十年才进入尼日利亚的，而是早在尼日利亚仍处于殖民统治后期时就早已在当地立足。在20世纪五六十年代，伴随着尼日利亚政府所推行的进口替代导向的工业化政策，此前以尼日利亚为主要出口市场的中国香港搪瓷工厂不得不改变策略，逐渐把工厂迁往尼日利亚。随着中国搪瓷制造业者在尼日利亚当地投资设厂，这些中国工厂所生产的搪瓷产品——水杯、托盘、水桶、碗和其他家用容器等——也慢慢成为当地尼日利亚人日常生活中不可或缺的组成部分，并扮演着日益重要的角色。

由于其独特性，搪瓷是在尼中国工厂所生产的各类工业品的最佳代表。在尼的中国搪瓷厂几乎垄断了当地的搪瓷生产，占据了尼日利亚全国搪瓷产量的接近百分之百。① 因此，无论是在所有权、管理、设计、生产还是技术层面，尼日利亚的搪瓷都具有最为鲜明的中国特色，或者说有着最为显著的中国元素。由于其耐用、卫生和美观等特性，从20世纪60年代到90年代，在尼中国工厂所生产的搪瓷不仅一举取代了尼日利亚传统的葫芦、黄铜、芦苇、土陶和木制家用容器，同时还牢牢占据着尼日利亚北部普通百姓的厨房、客厅和卧室。②

---

① Interview with Shu Men Ho, Lagos, 27 April 2016; Group interview with M. L. Lee and S. F. Lee, Kano, 21 July 2014; Group interview with Francis Huang and Joseph Huang, Hong Kong, 28 November 2016; Interview with Lawrence Tung, Lagos, 9 November 2016; "United Nigerian Textiles Limited Advertisement", *New Nigerian*, 20 September 1974. 从20世纪60年代一直到今天，尼日利亚所有的搪瓷厂都是华人所有；目前仅存的四家搪瓷厂也都是由华人掌控。

② John B. King, "A Commentary on Contemporary Nigerian Pottery", *Nigeria Magazine*, 1962; Gloria Chuku, "Women in the Economy of Igboland, 1900 to 1970: A Survey", *African Economic History*, No. 23, 1995, pp. 37 – 50; Editha Platte, "Towards an African Modernity: Plastic Pots and Enamel Ware in Kanuri-Women's Rooms (Northern Nigeria)", *Paideuma: Mitteilungen Zur Kulturkunde*, No. 50, 2004, pp. 173 – 192.

中国搪瓷与尼日利亚家用容器的历史变迁 ◇◆◇

基于对尼日利亚报纸和有关档案的解读,以及对中国搪瓷工业家、尼日利亚搪瓷商人和尼日利亚消费者的口述历史采访,本文主要探究中国工厂所出产的搪瓷在 20 世纪 60 到 90 年代在尼日利亚北部所具有的社会和经济意义。首先,作者将追溯北尼日利亚本土传统家用容器在前殖民时期尤其是 19 世纪后期的发展变化,指出这些传统容器在当地豪萨人婚姻习俗中所扮演的重要角色。其次,作者将探究殖民统治时期英国贸易公司把搪瓷引入尼日利亚的过程,以及搪瓷的引入在这一时期对尼日利亚传统家用容器市场和手工制造业者的影响。再次,作者将探寻搪瓷为何能够在殖民统治后期和尼日利亚独立初期逐渐取代本土传统容器。作者认为,尼日利亚政府在扶植家用容器手工制造业和搪瓷工业之间推行着看似均衡却实则矛盾的政策,而这一政策倾斜则是导致搪瓷逐渐取代传统容器的原因之一。最后,作者还将阐述搪瓷作为高度性别化的产品在当地的社会习俗尤其是婚姻习俗中所具有的重要意义。作者认为,在过去几十年中,在尼中国工厂所生产的搪瓷制品是北尼日利亚女性社会地位和经济财富的核心象征。同时,作者还提出,搪瓷在尼日利亚的重要性更多的是源自其对当地性别化的社会意义网络的深度融入,而不仅仅是其作为现代性的代表。

作者选择尼日利亚北部城市卡诺(Kano)作为主要的田野调查目的地,而本文的口述史料也主要来自卡诺及其周边的中国工业家、尼日利亚商人和尼日利亚消费者。首先,卡诺在搪瓷的贸易、制造和消费方面都占据着重要地位。作为尼日利亚北部乃至整个西非最重要的商贸中心,卡诺拥有西部非洲最大的搪瓷制品交易市场,吸引着来自多个西非邻国的商人。[①] 以卡诺为中心,搪瓷往西北方向经索科托出口到贝宁、多哥、布基纳法索和马里等国,往北出口到邻国尼日尔,往东北方向经迈杜古

---

① Interview with Tijjani Yusuf, Kano, 30 May 2016; Interview with Alhaji Nasidi, Kano, 7 June 2016; Interview with Yahaya, Kano, 2 September 2016; Interview with Yusha'u, Kano, 3 June 2016; Interview with Shu Men Ho; Group interview with M. L. Lee and S. F. Lee; Junrong Lee, Interview by author, Kano, 30 May 2016.

里出口到乍得、苏丹、中非共和国和喀麦隆等国。① 因此，大量经验丰富的搪瓷商人及其父辈都驻扎在卡诺，对于搪瓷的历史有着十分深刻的了解。② 其次，除了作为西非搪瓷贸易的最大集散地，卡诺还是尼日利亚北部最大的搪瓷制造中心，拥有两家华人控股的搪瓷厂（Northern Enamelware Ltd & Grand Industry Ltd）。即便是那些设立在拉各斯（Lagos）或者哈科特港（Port Harcourt）的搪瓷厂也要时常派代表到卡诺来进行市场调研，咨询当地商人的意见，因为只有在卡诺才能够最清楚、直接和快速地了解到当地的搪瓷市场行情。③ 最后，搪瓷时至今日仍然在卡诺及其周边地区有着众多的消费群体，也仍然在当地人的社会文化生活中扮演着重要角色；而搪瓷在拉各斯等南部大城市则已经逐渐销声匿迹。因此，卡诺的搪瓷消费者能够对搪瓷在当下和历史上的文化含义做出更好的阐释。

前殖民时代末期北尼日利亚的家用容器

尼日利亚人自古以来就有着制造、交易和使用各种由本地原材料所制成的家用容器的历史。在这些传统家用容器中，以黏土为主要原料制成的土陶容器在考古记录中有着详细的记载：尼日利亚北部的诺克文化（Nok Culture）所生产的土陶雕塑和容器可以追溯到2500年前。④ 在诺克文化之外，考古证据还显示，尼日利亚全境都广泛存在土陶制品的生产和使用记录，比如伊洛林（Ilorin）、贝宁（Benin）、伊博-乌库（Igbo-

---

① Interview with Shu Men Ho; Interview with Junrong Lee.
② Interview with Tijjani Yusuf; Interview with Alhaji Nasidi; Interview with Yahaya; Interview with Yusha'u.
③ Interview with Shu Men Ho; Group interview with Francis Huang and Joseph Huang; Interview with Tijjani Yusuf; Interview with Alhaji Nasidi; Interview with Yahaya.
④ Angela Fagg, "A Preliminary Report on an Occupation Site in the Nok Valley, Nigeria: Samun Dukiya, AF/70/1", *West African Journal of Archaeology*, No. 2, 1972, pp. 75 – 79; S. J. Hogben and A. H. M. Kirk-Greene, *The Emirates of Northern Nigeria: A Preliminary Survey of Their Historical Traditions*, London: Oxford University Press, 1966, p. 38.

Ukwu)、乔斯（Jos）、纳拉古塔（Naraguta）和博尔诺（Borno）等地。①

土陶容器长期以来一直在尼日利亚北部豪萨人（Hausa）的日常生活中扮演着重要的角色。在19世纪后半期，豪萨女性常常使用大型土陶锅（豪萨语 Tukunya Kasa）来为家人煮汤或者烹饪固体食物。② 豪萨人用土陶制的大缸（豪萨语 Randa）储水，同时这种缸的设计还能够在一定程度上起到类似冰箱制冷的效果；同时，他们还会使用较小的土陶缸或者盆（豪萨语 Tulu）来取水。③ 除了日常使用之外，刚刚提到的土陶缸和盆还会在豪萨人的葬礼中使用，用来覆盖死者的身体；而这一功能直到尼日利亚独立后仍然继续存在。此外，土陶容器还被用作存钱罐、茶杯、水壶和家居装饰品。④

葫芦、芦苇、黄铜和木制容器也在前殖民时代的尼日利亚北部得到广泛使用。其中，由葫芦制成的碗（豪萨语 Kwarya）可以分成两类：第一类是未经装饰的葫芦碗，常常用于盛放食物和汤；第二类则是作为装饰品的葫芦碗，由手工艺人精心刻绘了各种图案。葫芦在尼日利亚北部广泛存在，人们可以方便地在自家土地上种植，并且根据葫芦成长的尺寸随时割下使用。⑤ 一般来说，把整个葫芦从藤上取下后，人们会把葫芦

---

① C. K. Meek, *The Northern Tribes of Nigeria. An Ethnographical Account of the Northern Provinces of Nigeria*, Together with a Report on the 1921 Decennial Census, London: Oxford University Press, 1925, p. 54; Bernard Fagg, "A Preliminary Note on a New Series of Pottery Figures from Northern Nigeria", *Africa: Journal of the International African Institute*, Vol. 15, No. 1, 1945, pp. 21 – 22; Thurstan Shaw, "The Mystery of the Buried Bronzes: Discoveries at Igbo-Ukwu, Eastern Nigeria", *Nigeria Magazine*, 1967; D. D. Hartle, "Archaeology in Eastern Nigeria", *Nigeria Magazine*, 1967; Graham Connah and S. G. H. Daniels, "Mining the Archives: A Pottery Sequence for Borno, Nigeria", *Journal of African Archaeology*, Vol. 1, No. 1, 2003, pp. 39 – 76; Emeka E. Okonkwo and A. M. Ibeanu, "Nigeria's Archaeological Heritage: Resource Exploitation and Technology", *SAGE Open*, Vol. 6, No. 2, 2016, doi: 2158244016651111.

② Interview with Zakaryawu, Kano, 18 September 2016; Group interview with Ado and Shuwawale, Kano, 1 October 2016; Interview with pottery traders, Kano, 24 September 2016.

③ Interview with Zakaryawu; Group interview with Ado and Shuwawale. Pottery containers also played an important role in both functional uses and rituals in the Nsukka Division of eastern Nigeria. See Nwando Achebe, "Farmers, Traders, Warriors and Kings: Female Power and Authority in Northern Igboland, 1900 – 1960", PhD Dissertation, University of California, Los Angeles, 2000, pp. 223 – 225.

④ Interview with Yacuba, Kano, 26 September 2016; Interview with Zakaryawu; Group interview with Ado and Shuwawale.

⑤ Interview with Alhamed Muhammed, Kano, 13 June 2016; Interview with Alhaji Abdullah Usmar, Kano, 18 June 2016; Interview with Maryam, Kano, 30 September 2016; Interview with Hussaina, Kano, 24 June 2016; Interview with Danlami Tukur, Kano, 13 June 2016.

切成两半，把内部掏空后清洗晒干，以作为食物容器使用。① 这就意味着，在前殖民时代，由于制作未经过装饰的葫芦容器相对容易且成本低廉，几乎每一个北尼日利亚人都可以成为葫芦容器的制造者，而这也就确保了葫芦容器作为主要食物器皿在该地区的广泛使用。②

作为装饰品的葫芦容器则需要专门的手工艺者进行加工处理。手工艺人们需要选取那些形状更加规则、尺寸更加合宜的葫芦作为原材料，接着在经过清洗、晒干和打磨等程序后用火钳把各种图案直接刻在葫芦碗的表面。③（见图1）常常用作装饰的图案有鱼、蜥蜴、乌龟、兔子、蝎子、骆驼、蛇、鸟、花和棕榈树等，而图案的选取则主要是根据地域的差别和制作者个人的喜好。④ 这些动植物的图案大多来自卡诺和更广阔的北尼日利亚地区，而图案选取的差别也代表着该种动物或植物在北部不同地区的密度。（见图2）由于普通人也可以在自家土地上种植葫芦并制作葫芦碗，所以图案的设计质量就成了作为装饰品的葫芦碗能否得到消费者认可的关键。⑤

以棕榈树为原材料的木制碗（豪萨语 Akushi）是前殖民时期北尼日利亚的另一种主要食物容器。（见图3）与几乎人人可以制作的未经装饰的葫芦碗不同，木制碗需要由专门的工匠进行加工。⑥ 相比于葫芦碗，木制碗的重量更大也更加坚固，同时也更为昂贵；而这也意味着在前殖民时代往往只有富人才能够大量使用木制碗。⑦ 同时，木制碗通常只允许男

---

① Interview with Alhamed Muhammed, Kano, 13 June 2016; Interview with Alhaji Abdullah Usmar, Kano, 18 June 2016; Interview with Maryam, Kano, 30 September 2016; Interview with Hussaina, Kano, 24 June 2016; Interview with Danlami Tukur, Kano, 13 June 2016.

② Mildred A. Konan, "Calabashes in Northern Nigeria", *Expedition*, Fall 1974; Carolyn F. Sargent and David A. Friedel, "From Clay to Metal: Culture Change and Container Usage among the Bariba of Northern Bénin, West Africa", *The African Archaeological Review*, No. 4, 1986, pp. 177–95.

③ Interview with Musa Zabo, Kano, 18 September 2016.

④ Interview with Musa Zabo, Kano, 18 September 2016.

⑤ Interview with Maryam.

⑥ Interview with Alhamed Muhammed; Interview with Alhaji Nasidi; Interview with Danlami Tukur; Interview with Alhaji Abdullah Usmar.

⑦ Interview with Danlami Tukur.

图1 一位名叫 Musa Zabo 的葫芦手工艺人正在把动物图案烧刻到葫芦碗的表面

(作者 2016 年 9 月 23 日拍摄于尼日利亚卡诺州 Kode 村)

性使用,而葫芦碗则是男女皆可。①

尼日利亚前殖民时代的传统家用容器还有由芦苇制成的编织篮(豪萨语 Adudu)和盖子(豪萨语 Faifai)。芦苇编织篮主要用于储存衣物和首饰,或者用于长距离运送农产品。② 编织篮上的小孔可以发挥透气功能,从而保持衣物的干燥。③ 芦苇盖子主要和葫芦碗与木制碗匹配,或者作为托盘

---

① Interview with Saidu Abdu, Kano, 10 June 2016.
② Interview with Abdullahi Garba (Yakasai), Kano, 17 September 2016.
③ Interview with Yusuf Usman Yakudima, Kano, 6 September 2016; Interview with Abdullahi Garba (Yakasai).

图 2　葫芦碗上的精美动物雕刻

（作者 2016 年 9 月 23 日拍摄于尼日利亚卡诺州 Kode 村）

用来晒干食物。① 某些经过加工的芦苇盖子还可以用于家居装饰。

黄铜为原料的家用容器在尼日利亚前殖民时代主要用于家居装饰，主要是黄铜圆碗/托盘（豪萨语 Tasa 或 Kumbo）。之前提到的葫芦、木制和芦苇容器等的制作广泛分布在尼日利亚北部各个城镇与村庄，而黄铜容器的制作则集中在少数几个地方，其中尤以位于今天尼日尔州（Niger State）的比达（Bida）最为著名。② 比达作为金属冶炼中心兴起于 19 世纪早期。当时，尼日利亚北部由于奴隶贸易和奴隶制的存在而战争不断，而处于战争中的各个酋长国都十分需要剑和矛等金属武器以及精美的金属材质的碗、壶、托盘和戒指等奢侈品。③ 这些产品的需求大大刺激了当

---

① E. F. Martin, "87. Notes on Some Native Objects from Northern Nigeria", *Man*, No. 3, 1903, pp. 150 – 51; S. Gimba Ahmed, "Grass Weaving", *Nigeria Magazine*, September 1962; Abdullahi Garba, Interview by author.

② Eugenia Herbert, *Red Gold of Africa: Copper in Precolonial History and Culture*, Madison: University of Wisconsin Press, 1984, p. 77.

③ "Ancienty Industry: A Craft That Cannot Be Practiced Elsewhere", *Nigerian Citizen*, June 11, 1958; Hugh Vernon-Jackson, "Craft Work in Bida", *Journal of the International African Institute*, Vol. 30, No. 1, 1960, pp. 51 – 61.

图 3　棕榈木碗

（作者 2016 年 9 月 6 日拍摄于尼日利亚卡诺）

地的金属制品生产，也使得许多技术精湛的黄铜匠人和铁匠前往比达寻找机会，为当地的努比（Nupe）酋长国服务。① 由于其精良美观的设计，包括黄铜圆碗/托盘在内的比达黄铜制品深受尼日利亚北部商人和消费者的喜爱。②

上面提到的各种本土传统家用容器不仅仅在日常生活中不可或缺，它们还深深融入了前殖民时代北尼日利亚的婚姻习俗之中。无论是在豪萨人的订婚仪式、婚礼、聘礼（豪萨语 lefe）、还是嫁妆（豪萨语为 Kayan daki，指新娘家人为新娘嫁入新家所准备的各种物品）中，这些本土

---

① "Ancienty Industry: A Craft That Cannot Be Practiced Elsewhere"; Vernon-Jackson, "Craft Work in Bida."

② "Ancienty Industry: A Craft That Cannot Be Practiced Elsewhere"; Interview with brassware dealer, Kano, 6 September 2016; Interview with Alhaji Abdullah Usmar.

家用容器都有着极其重要的象征意义。①

在卡诺，当一对青年男女各自的父母都同意双方子女的婚事后，新郎家需要向新娘家下聘礼。一份符合新娘家期待的聘礼（豪萨语 Lefe 或 Kayan Lefe）是婚礼日期能否谈妥的重要前提。聘礼通常由衣物、鞋子、包、首饰、化妆品和香水等组成，而此前提到的芦苇编织篮则是盛放这些聘礼物品的唯一合宜的容器。② 另一方面，新娘的父母则需要为女儿准备嫁妆（豪萨语 Kayan daki），而嫁妆中的核心物品就是上面提到的黄铜圆碗/托盘、木制碗、葫芦碗和芦苇盖子等。③ 在豪萨语中，Kayan 泛指所有新娘带到丈夫家中的物品；而 daki 则是指这些物品将要放置的房间。在新娘新家的房间中，娘家带来的各式各样的传统容器会被一排排地从房顶到地板摆好或粘好，或者会被放在木制柜子上，而这种成排的放置方法在豪萨语中被称为 Jere，意为"有顺序的拜访"。在婚礼当天和婚礼后，双方的亲戚、朋友和其他客人会来到新娘的家中参观，通过观察其房间内日用品和装饰品的摆放来检视新娘是否已经为新的生活做好了充分准备，而传统容器的陈列、装饰和摆放则是其中的核心要素。

前殖民时代新婚夫妇在婚礼中所展示的家用容器的类型、数量和质量往往象征着自身的社会和经济地位。一方面，新郎家用来盛放聘礼的芦苇编织篮的尺寸大小和数量多少，直接代表着新郎家的财富地位。通常来说，盛放聘礼物品的芦苇编织篮必须完全放满；如果未完全放满或者物品只占据编织篮的一半空间，则会被认为是不礼貌和不可接受的，聘礼也会被新娘家退回。因此，新郎家必须根据其家庭的财力来选择盛

---

① Enid Schildkrout, "Dependence and Autonomy: The Economic Activities of Secluded Hausa Women in Kano, Nigeria", in *Women and Work in Africa*, Boulder: Westview Press, 1982, pp. 55 – 81; Barbara Callaway, *Muslim Hausa Women in Nigeria: Tradition and Change*, Syracuse: Syracuse University Press, 1987, pp. 69 – 70; Barbara Cooper, *Marriage in Maradi: Gender and Culture in a Hausa Society in Niger*, 1900 – 1989, Portsmouth: Heinemann, 1997, pp. 90 – 109.

② Interview with Yusuf Usman Yakudima; Interview with Abdullahi Garba (Yakasai).

③ Interview with brassware dealer; Group interview with Bilkisu and Fatuwa, Kano, 26 June 2016; Interview with Alhaji Nasidi; Group interview with Ladidi and Balaraba, Kano, 4 September 2016; Interview with Hussaina.

放聘礼物品的芦苇编织篮的尺寸。这一习俗也使得其他人可以很容易地根据芦苇编织篮的尺寸来判定新郎家的经济实力。一般来说,富裕家庭通常会准备三个芦苇编织篮用于盛放聘礼物品:最大的用来放衣物,中等尺寸的放鞋和包,而最小的放首饰、化妆品和香水;而穷人家通常只能准备一两个更小的芦苇编织篮。①

另一方面,新娘嫁妆中的家用容器也象征着新娘家的社会和经济资本。正如芭芭拉·库珀(Babara Cooper)在其关于前殖民时代尼日尔的马拉迪地区(Maradi)豪萨族婚姻的研究所显示的,新娘嫁妆中葫芦制品的数量直接显示了其家庭的社会资本,让他人可以看出"新娘及其母亲在困难时期有多少朋友和亲属可供求助"。② 库珀准确指出了葫芦制品作为新娘社会地位的代表在家居装饰中的重要地位,但是在本文的案例中(卡诺及北尼日利亚),判定新娘社会地位和经济地位的家用容器并非仅仅是葫芦制品,而是各种传统容器的组合——黄铜、葫芦、木制和土陶容器等。比如,在十九世纪后半叶的卡诺,富裕人家常常会使用大量高价值的大尺寸黄铜圆碗/托盘和同样数量的葫芦碗用来装饰,让这些容器覆盖包括卧室和客厅在内的多个房间;中等家庭则会使用少量的小尺寸黄铜圆碗/托盘并配以大量的葫芦碗来装饰,同时尽量覆盖满新娘卧室所在的三面墙;贫穷人家则无法负担黄铜制品,而且只能用较少数量的葫芦碗来覆盖新娘卧室的一面或者最多两面墙。③ 那些有着一定数量黄铜制品和大量葫芦制品作为嫁妆的豪萨新娘,常常被人称为"富家女"(豪萨语 Yar gata),而这一称号也是几乎所有豪萨年轻女性都十分向往的。④ 因此,婚礼前后亲友宾客对新娘房间的参观事实上是对新娘娘家社会地位和经济实力的一种检视,而家用容器的种类、数量和质量也就成了衡量

---

① Interview with Yusuf Usman Yakudima; Interview with Abdullahi Garba (Yakasai).

② Barbara Cooper, "Women's Worth and Wedding Gift Exchange in Maradi, Niger, 1907 – 89", *Journal of African History*, Vol. 36, No. 1, 1995, p. 127.

③ Group interview with Bilkisu and Fatuwa; Interview with Hussaina; Group interview with Ladidi and Balaraba.

④ Group interview with Bilkisu and Fatuwa; Interview with Hussaina; Group interview with Ladidi and Balaraba.

社会经济地位的重要标准之一。

简言之,在前殖民时代的卡诺和北尼日利亚,本土传统家用容器无论是在日常生活还是在婚姻习俗中都得到了广泛的使用。一方面,葫芦、土陶、黄铜、芦苇和木制容器是人们生活中不可或缺的日用品,尤其是对于负责烹饪等家务的豪萨女性来说。另一方面,一些传统家用容器也成为了人们社会资本和经济地位的象征。

殖民主义时代搪瓷的引进

在前殖民时代后期,非洲和欧洲的交往仍然局限于沿海地带,而北尼日利亚本土传统容器在日常生活和文化习俗中的统治地位没有遇到任何挑战。但是,随着英国逐步在整个尼日利亚建立起殖民统治,传统容器开始遭遇到来自欧洲的现代容器的挑战。作者在本部分会探究欧洲贸易公司在殖民时代早期把搪瓷制品引进尼日利亚北部的过程,以及欧洲的进口家用容器对于传统家用容器所产生的影响。

进入19世纪后半叶,在吞并了西南部的拉各斯以及在东南部建立起油河保护国(Oil Rivers Protectorate)后,英国在尼日利亚南部的势力迅速扩张。通过皇家尼日尔公司(Royal Niger Company)、联合非洲公司(United African Company)、伦敦和卡诺商贸公司(London and Kano Trading Company)和其他贸易公司的商贸活动,英国逐渐把自身势力渗透到尼日利亚北部,向北部居民供应进口商品的同时也收购当地的农产品。[1] 1903年,英国军队占领卡诺,并在1911年修通了连接卡诺和南部港口城市拉各斯的殖民地铁路,而这条铁路也使得尼日利亚北部农产品的出口量和欧洲商

---

[1] Gina Porter, "Competing Interests: Company Rivalry and Indigenous Markets in Nigeria in the Early Colonial Period", *Journal of Macromarketing*, Vol. 16, No. 1, 1996, pp. 91 – 102; Frederick Pedler, *The Lion and The Unicorn in Africa: A History of the Origins of the United Africa Company 1787 – 1931*, London: Heinemann, 1974; Toyin Falola and Matthew M. Heaton, *A History of Nigeria*, Cambridge University Press, 2008, pp. 120 – 121.

品的进口量大为增加。① 欧洲贸易公司在当地建立起了一整套完善的贸易批发零售体系，其附属的贸易站、批发仓库、本土中间商、次级批发商和零售商覆盖了从卡诺城到毗邻乡村的庞大地域。有记录显示，最早在1910年代，搪瓷就开始被欧洲贸易公司进口到了尼日利亚北部地区。②

尽管搪瓷从殖民统治后期的20世纪50年代一直到独立后的90年代在北尼日利亚当地牢牢统治了家用容器市场接近半个世纪，但是搪瓷的统治地位并非在一夜之间建立的。在殖民时代初期，欧洲贸易公司开始谨慎地把搪瓷引入卡诺当地的库鲁密市场（Kurmi Market）。库鲁密市场初建于15世纪，是尼日利亚北部最古老和规模最大的市场，从前殖民时期一直到殖民时代都是北尼日利亚和周边邻国的贸易集散中心，商品种类众多。③ 一开始，欧洲贸易公司只携带了少量的搪瓷样品提供给特定的商人和消费者，以测试尼日利亚消费者的喜好，同时还免费分发搪瓷盘子、碗和桶来进行推广。④ 在经过了较长一段时间的市场调研并且摸清了消费者的喜好后，欧洲贸易公司才开始增加进口搪瓷的数量和种类。正如一位出生于20世纪20年代的商人Alhaji Abdullah Usmar所言如下。

> 最初，我们（豪萨人）并不喜欢搪瓷，因为我们有自己的葫芦碗和木制容器。他们（欧洲人）开始把搪瓷带过来，一开始只是一些免费的样品，并且以很低的价格卖给我们。他们说："请把搪瓷拿走试一试吧！"在殖民时代，随着时间推移，我们开始用搪瓷了，但是用的人很少，大部分人还是用我们自己的传统容器。⑤

---

① Porter, "Competing Interests: Company Rivalry and Indigenous Markets in Nigeria in the Early Colonial Period"; Pedler, *The Lion and The Unicorn in Africa: A History of the Origins of the United Africa Company* 1787 – 1931; Falola and Heaton, *A History of Nigeria*, pp. 120 – 121; Arther Norton Cook, *British Enterprise in Nigeria*, Philadelphia: University of Pennsylvania Press, 1943, pp. 212 – 241.

② Porter, "Competing Interests: Company Rivalry and Indigenous Markets in Nigeria in the Early Colonial Period", p. 96.

③ "Kano, City of a Thousand Markets", *Daily Trust*, 10 November 2003; Ismail Adebayo, "Kurmi-Kano's 600-Year-Old Slave Market Now Sanctuary for Artifacts", *Daily Trust*, 19 October 2015; Interview with Alhaji Nasidi.

④ Interview with Alhaji Abdullah Usmar; Interview with Alhaji Nasidi.

⑤ Interview with Alhaji Abdullah Usmar.

为了推广搪瓷制品，一些欧洲贸易公司还在库鲁密市场建立起了展厅。① 联合非洲公司、法国西非公司（Compagnie Française de l'Afrique Occidentale）和约翰·霍尔特公司（John Holt）都在卡诺建立了搪瓷展示厅，同时邀请本土商人前来参观和品鉴搪瓷，希望对方可以指出他们最喜爱的设计和款式；这些贸易公司还希望借此来宣传搪瓷制品在日常生活中的优点。② 为了进一步吸引当地商人并促进销售，欧洲贸易公司还以较低价格和赊账模式把搪瓷卖给中小商人，而此举也成功地把搪瓷的销售网络扩展到了卡诺城之外，甚至深入到了尼日利亚北部的乡村腹地。③

殖民时代搪瓷的引进对于西非家用容器的市场地位产生了影响，但是从各方面的研究来看，这种影响非常有限。安东尼·霍普金斯（Anthony Hopkins）提出，西非包括土陶容器工匠在内的传统手工业者在殖民时代不仅没有受到进口产品的威胁，自身还得以发展；这主要是因为手工制造业者，尤其是家用容器制造者，更加靠近当地的主要市场，其个人品牌也更受到当地消费者的青睐。④ 在殖民时代的尼日利亚东南部，面对欧洲进口搪瓷的竞争，土陶容器通过自身低廉的价格、良好的冷藏效果和更好的保温性能成功捍卫了自己在市场上的统治地位。⑤ 相比于搪瓷，本土传统家用容器在尼日利亚北部也具有类似的优势。⑥ 实际上，根据作者所采访的卡诺商人和消费者的口述，当地大多数人只是到了殖民统治后期的50年代或者独立后的60年代才开始接触并使用搪瓷的，而此前能够使用搪瓷的只是很小一部分极其富裕的城市商人。⑦ 简言之，欧洲贸易

---

① Interview with Abdullah Usmar, Kano, 21 June 2016.
② Interview with Abdullah Usmar, Kano, 21 June 2016.
③ Interview with Alhaji Nasidi; Group interview with Bilkisu and Fatuwa.
④ Anthony Hopkins, *An Economic History of West Africa*, London: Longman, 1973, p. 250.
⑤ Chuku, "Women in the Economy of Igboland, 1900 to 1970: A Survey", *African Economic History*, No. 23, 1995, p. 42; Simon E. Majuk, Patience O. Erim, and Rev. Joseph O. Ajor, "Bakor Women in Pottery Production in Colonial Southeastern Nigeria", *The Journal of International Social Research*, Vol. 3, No. 11, 2010, pp. 416 – 420.
⑥ "Pottery Manufacture in Northern Nigeria", *Journal of the Royal Society of Arts*, Vol. 61, No. 3152, 1913, pp. 571 – 572.
⑦ Interview with Alhaji Nasidi; Interview with Abdullah Usmar; Group interview with Bilkisu and Fatuwa; Interview with Abdullahi Garba (Yakasai); Group interview with Ladidi and Balaraba.

公司在殖民时代引进并推广搪瓷的努力收效甚微，仅仅占领了很小一部分家用容器市场，而本土传统容器的市场统治地位在50年代之前丝毫没有动摇。

尼日利亚独立后搪瓷的统治地位

从20世纪50年代开始，搪瓷容器在北尼日利亚逐渐取代了传统家用容器的地位，并且一直保持统治地位到九十年代。在本部分，作者将首先从消费者的角度来讨论搪瓷的崛起和传统容器的衰落。然后，作者将从政府的作用入手来分析这一转变，亦即当时的北尼日利亚政府和此后的北部各州政府自相矛盾的努力与尝试：在复兴传统手工业的同时却大力促进搪瓷制造业的发展。

许多学者关于尼日利亚的研究都显示，在20世纪五六十年代，由于来自搪瓷工业的激烈竞争，包括土陶容器制造在内的尼日利亚传统家用容器手工制造业在全国范围内经历了严重的衰落。[1] 在20世纪七八十年代，相似的趋势也出现在尼日利亚的邻国喀麦隆和贝宁。[2] 卡诺的家用容器商人和在尼的中国搪瓷工业家与尼日尔、苏丹、乍得、马里和布基纳法索都有着广泛的生意往来；根据他们的回忆，由在尼华人搪瓷厂所生产的搪瓷产品在20世纪80到80年代经历了对西非邻国出口的飞速增长，而搪瓷也成为这些国家最流行的家用容器。[3] 殖民时代后期旅居尼日利亚

---

[1] Chuku, "Women in the Economy of Igboland, 1900 to 1970: A Survey"; Vincent Egwu Ali, "An Investigation into the Influence of Modernity on the Traditional Pottery Industry of the Igbo of Southeastern Nigeria during the Colonial and Post-Colonial Eras", *Institute of African Studies Research Review*, Vol. 26, No. 2, 2010, pp. 75 – 89; King, "A Commentary on Contemporary Nigerian Pottery", p. 42.

[2] Nicholas David and Hilke Hennig, *Ethnography of Pottery: A Fulani Case Seen in Archeological Perspective*, Addison-Wesley Modular Publications: A McCaleb Module in Anthropology 21, Reading: Addison-Wesley Publishing Company, 1972; Carolyn F. Sargent and David A. Friedel, "From Clay to Metal: Culture Change and Container Usage among the Bariba of Northern Bénin, West Africa", *The African Archaeological Review*, No. 4, 1986, pp. 177 – 95.

[3] Interview with Alhaji Nasidi; Interview with Alhaji Abdullah Usmar; Interview with Alhaji Alhamad Abudullah, Kano, 23 June 2016; Interview with Junrong Lee; Interview with Shu Men Ho.

的英国人约翰·金（John King）也通过自己对尼日利亚家用容器市场的观察得出了类似的结论：

>　　在1955年，伊巴丹（Ibadan）的一个市场上总共有48个售卖土陶容器的摊位。到了1957年，卖土陶容器的摊位就只有15个了，而到了1959年就只有4个了。这只是我的个人观察，可能缺少科学统计的准确性。但是这一事实却足以说明，尼日利亚的传统日用土陶容器正在被那些面目可憎又设计肤浅的搪瓷产品所取代。而且这一趋势不会被逆转，因为那些以金属为材料的脸盆毫无疑问要比那些被取代的本土容器更加坚固和耐用。①

正如约翰·金所言，以金属为原材料的搪瓷要远比土陶和葫芦容器更加坚固。如果人们不小心把搪瓷容器掉落，它只会磕掉一些外在的装饰性釉质，但自身功能却完好无损；相比之下，土陶碗或者葫芦碗一旦不小心掉到地上就会完全破碎，根本无法再使用。② 因此，尽管搪瓷的价格仍然比传统容器昂贵，但是其坚固耐用的特性使其逐渐受到消费者的欢迎。再者，部分高价值搪瓷有着丰富多样的精美设计和色彩，因此其作为家居装饰品在审美和社会习俗上都对尼日利亚消费者尤其是女性消费者有着深深的吸引力（尽管约翰·金对搪瓷的美并不欣赏）。③ 除了更加坚固耐用和精美之外，人们还认为搪瓷容器比葫芦、土陶和木制容器更加卫生。许多受访的豪萨女性都表示，即使没有洗涤剂，她们也可以相对容易地把搪瓷材质的碗、盘子、杯子和桶清洗干净；相比之下，清洗本土传统容器则是一件更加艰难和耗时的工作，尤其是上面的油脂难以清理干净。④

---

① King, "A Commentary on Contemporary Nigerian Pottery", p. 15.
② Interview with Alhamed Muhammed.
③ Interview with Abdullah Usmar; Group interview with Bilkisu and Fatuwa; Interview with Alhaji Alhamad Abudullah; Interview with Hussaina.
④ Interview with Danlami Tukur; Interview with Salamatu; Group interview with Bilkisu and Fatuwa; Group interview with Ladidi and Balaraba.

除了烹饪之外，不同种类的搪瓷容器还参与到了北尼日利亚几乎所有和食物相关的日常活动中，而它们在生活中的重要性也让它们在殖民时代后期和独立后拥有了自己的豪萨语名字。尼日利亚北部豪萨人在就餐时通常会准备一整套四件装的搪瓷容器来盛放食物：用于盛放汤或者液态食物的搪瓷碗在豪萨语中被称为 Langa Miya，用于盛放固态食物的碗被称为 Langa Tuwo，搪瓷水杯被称为 Kwanon Sha，而用来摆放前三类容器的搪瓷圆盘被称为 Faranti（见图4）。如图5所示，一位尼日利亚穆斯林在1966年前往麦加朝圣的途中依然携带着他的四件装搪瓷容器套装。①在有大量宾客参与的婚礼、命名仪式和其他大型活动中，活动的主人通常会用被称为 Fanteka 的大搪瓷盆或者被称为 Langa 的搪瓷碗来作为盛放食物的容器。如图6所示，1974年，在时任卡诺埃米尔（Emir of Kano）与时任索科托苏丹（Sultan of Sokoto）女儿的婚礼上，时任警察总监 Audu Bako 正在从一个大搪瓷盆中取食物放入自己的盘子里。

图4　一套典型的四件套尼日利亚搪瓷餐具

（作者于2016年6月3日拍摄于尼日利亚卡诺华昌搪瓷厂）

---

① "Faith and Hope on Pilgrims Progress", *New Nigerian*, 18 March 1966.

图 5　一位前往麦加朝圣的尼日利亚穆斯林正在机场候机

资料来源:"Faith and Hope on Pilgrims Progress", *New Nigerian*, 18 March 1966。

图 6　卡诺埃米尔 1974 年的婚宴现场

资料来源: *New Nigerian*, 2 May 1974。

中国搪瓷与尼日利亚家用容器的历史变迁 ◇◆◇

当然，搪瓷的日常功用并不仅仅限于食物。比如，被称为 Kwalla 的搪瓷桶被用来储存水或者衣服（见图 7），而被称为 Daro 的搪瓷盆则用来洗衣服（见图 8）。

图 7　搪瓷直筒（Kwalla）主要用于储存水或者衣物

（作者 2016 年 6 月 7 日拍摄于尼日利亚卡诺库鲁密市场）

图 8　搪瓷盆（Daro）主要用于洗衣服

（作者 2016 年 9 月 4 日拍摄于尼日利亚卡诺）

除了消费者的喜爱之外，搪瓷的崛起很大程度上还受益于尼日利亚北方政府自相矛盾的政策。一方面，尼日利亚北方政府鼓励乡村传统手工制造业的发展，希望藉此来促进就业、提振经济和保存传统。① 比如，1964年，北尼日利亚政府在贸易与工业部之下专门设立了小型产业司（Small Industries Division），力图改善索科托和卡诺的手工织布中心和阿布贾土陶训练中心的生产状况，同时为其他本土小型手工业制造者提供帮助。② 此外，各级政府还共同组织艺术节、农业展览和传统工艺展览等活动。③ 在这些活动中，来自北尼日利亚各地的手工艺者各显其能，可以在包括土陶容器制作、木制容器制作、葫芦容器制作和其他多项比赛中赢得荣誉和奖金。④ 不过，根据许多本土家用容器制造者的回忆，尽管当时政府扶植手工制造的活动很多，但是手工艺者却很少得到政府实质性的帮助，即便向媒体和政府反映手工业的严重衰落也得不到任何回应。许多老手工艺人甚至怀疑，一些腐败的政府官员把许多手工业竞赛的奖金放到了自己的腰包里。⑤

尽管北尼日利亚政府把传统手工业描绘成"工业化的自给自足的北尼日利亚的先驱"，但是它却为来自中国香港的华人工业家提供了更为实在的激励措施来建设搪瓷工厂。⑥ 比如，尼日利亚联邦政府和北尼日利亚

---

① Usman Adebayo Durosinlorun, "Small Scale Industries Develop in Northern Nigeria", *Nigerian Citizen*, 7 January 1965.

② "New Move to Encourage Handicraft in North", *New Nigerian*, 13 December 1966; Durosinlorun, "Small Scale Industries Develop in Northern Nigeria."

③ Mustafa Danbatta, "Kano Festival-Something Never Attempted before in Nigeria", *Nigerian Citizen*, 7 January 1959; S. Gimba Ahmed, "Northern Nigeria Festival of Arts", *Nigerian Citizen*, 21 March 1962; Seoud Mohamed, "Northern Nigeria Festival of Arts", *Nigerian Citizen*, 7 April 1962; "North Festival of Arts Opened", *Nigerian Citizen*, 7 April 1962; "Northern Nigeria Festival of Arts Opens in Kaduna Today", *New Nigerian*, 11 March 1967; Interview with Musa Zabo; Interview with Zakaryawu; Group interview with Ado and Shuwawale.

④ "Arts Festival Prize Winners", *Nigerian Citizen*, 14 April 1962; Interview with Musa Zabo; Interview with Zakaryawu; Group interview with Ado and Shuwawale.

⑤ Interview with Musa Zabo; Interview with Zakaryawu; Group interview with Ado and Shuwawale.

⑥ Citizen Staff Reporters, "The Nation Progresses 'In Work and Worship'", *Nigerian Citizen*, 17 June 1964.

政府都授予搪瓷工业以"先驱"行业的特权,为从事搪瓷工业的投资者提供所得税减免、保护性关税和政府资金等政策支持。① 在各级政府的支持下,来尼的中国搪瓷厂得以迅速站稳脚跟,扩大生产规模,并彻底改变了当地家用容器市场的态势。这些新建于卡诺、拉各斯和哈克特港的搪瓷厂迅速消除了此前需要从海外进口的距离劣势,使得其搪瓷产品与终端消费者的距离大幅拉近。实际上,上面提到的位于卡诺城的两家中国搪瓷厂距离库鲁密市场的距离甚至要比那些附近村庄的传统容器手工业者距离市场的距离还要近。总之,由于消费者喜好的变化、尼日利亚政府对搪瓷工业的优惠政策以及其对传统容器手工制造者的口惠而实不至,搪瓷容器在殖民时代后期和独立后初期迅速取代了本土传统容器在市场和日常生活中的地位。

搪瓷在独立后北尼日利亚的性别化意义

如上所述,搪瓷逐渐在人们的日常生活中取代了本土传统容器的地位。与此同时,在殖民时代后期和独立后,搪瓷也开始取代本土传统容器成为北尼日利亚女性财富和地位的重要象征,正如多位学者在北尼日利亚、贝宁、马里和尼日尔等国家和地区观察到的一样。② 在这一部分,作者将探究搪瓷在尼日利亚婚姻习俗和女性生活中所具有的高度性别化的社会经济意义。作者认为,这些由尼日利亚中国工厂所生产的搪瓷容

---

① Federation of Nigeria, "The Role of the Federal Government in Promoting Industrial Development in Nigeria" (Federal Government Printer, 1958), National Archives of Nigeria (Kaduna); "Industrial Development (Income Tax Relief) Declared Pioneer Industries", 1959, MIN – TRA JF 25 Vol. II, National Archives of Nigeria (Kaduna).

② Abner Cohen, *Custom and Politics in Urban Africa: A Study of Hausa Migrants in Yoruba Towns*, London: Routledge & Kegan Paul, 1969, pp. 66 – 68; Sargent and Friedel, "From Clay to Metal: Culture Change and Container Usage among the Bariba of Northern Bénin, West Africa"; Cooper, "Women's Worth and Wedding Gift Exchange in Maradi, Niger, 1907 – 89"; Platte, "Towards an African Modernity: Plastic Pots and Enamel Ware in Kanuri-Women's Rooms (Northern Nigeria)"; Jerimy J. Cunningham, "Pots and Political Economy: Enamel-Wealth, Gender, and Patriarchy in Mali", *Journal of the Royal Anthropological Institute*, Vol. 15, No. 2, 2009, pp. 276 – 294.

器在20世纪50到90年代已经成为衡量北尼日利亚女性社会经济地位的重要核心指标之一。

和它所取代的本土容器一样，搪瓷——尽管是现代工业的产物——深深地融入了后独立时期北尼日利亚已有的社会文化习俗中。但是，此前的研究几乎全部集中于搪瓷对新娘家的重要意义，却忽略了搪瓷对新郎方面的重要性。① 比如，搪瓷盆（Fanteka）和搪瓷直筒（Kwalla）取代了之前的芦苇编织篮，成为新郎送聘礼的最合宜的容器。② 在20世纪五六十年代，当搪瓷尚未完全统治尼日利亚家用容器市场之时，人们会同时使用芦苇编织篮和搪瓷盆/直筒来送聘礼，但是那些使用搪瓷容器的新郎往往被视为富裕人家。③ 如果新娘家较为富裕，或者新娘家对于新郎家的物质条件有所期待，那么一旦新郎仅仅使用芦苇编织篮送聘礼，这些聘礼会被新娘家退回并且要求新郎重新使用搪瓷容器来运送聘礼。到了20世纪七八十年代，随着搪瓷的完全普及，一个中等人家的新郎需要准备三件套装的搪瓷盆/直筒来送聘礼：大的用来放衣服，中等的用来放鞋和包，小的用来放化妆品、香水和首饰；而且所有搪瓷容器都必须放满。富人家的新郎常常会放满五个搪瓷容器来运送聘礼，而穷人家可能只能用两个甚至一个搪瓷容器来送。④ 旁人也可以很轻易地从运送聘礼的搪瓷盆/容器的数量、尺寸、设计和质量来判断新郎家的经济实力。而在七八十年代，芦苇编织篮作为聘礼的容器早已被视为过时。⑤

虽然搪瓷容器作为聘礼的运载工具对于新郎十分重要，但是整体而

---

① Sargent and Friedel, "From Clay to Metal: Culture Change and Container Usage among the Bariba of Northern Bénin, West Africa"; Cooper, "Women's Worth and Wedding Gift Exchange in Maradi, Niger, 1907–89"; Platte, "Towards an African Modernity: Plastic Pots and Enamel Ware in Kanuri-Women's Rooms (Northern Nigeria)"; Cunningham, "Pots and Political Economy: Enamel-Wealth, Gender, and Patriarchy in Mali."

② Interview with Tijjani Yusuf; Interview with Abdullah Umar, Kano, 10 June 2016.

③ Interview with Musa Ali, Kano, 14 September 2016; Interview with Tijjani Yusuf; Interview with Hussaina.

④ Interview with Alhamed Muhammed; Interview with Yahaya Hamza, Kano, 15 June 2016.

⑤ Interview with Salamatu.

言，无论是在搪瓷的购买、使用、维护、展示和售卖等各个方面，搪瓷都几乎都专属于北尼日利亚女性。换句话说，搪瓷是女性的"特有商品"。① 库珀（Cooper）和杰里米·坎宁安（Jerimy Cunningham）的研究都显示，搪瓷继承了葫芦制品作为社会资本的功能，同时还进一步发展成为女性经济资本的标志，使得女性可以利用搪瓷来挑战父权制的控制。② 但是，她们的研究都倾向于把搪瓷的象征意义局限在婚礼和婚礼后的三五年里。而作者则提出，在后独立时代的北尼日利亚，搪瓷的收集、使用和买卖是豪萨女性一生的追求，也终其一生都对女性构成了持续的社会和经济压力。

以婚姻为起点，搪瓷制品作为豪萨新娘嫁妆的重要组成部分，是新娘财富与社会地位的象征。新娘从娘家的亲朋好友那里得到的搪瓷数量越多，那么她在新社区的社会经济地位也就越高。③ 富人家的女儿出嫁时可以把搪瓷摆满两个甚至三个房间的所有面墙；中等人家的新娘则尽量把一个房间的三面墙都布满搪瓷容器；而穷人家的新娘可能只能装饰一面墙，甚至还需要用此前的葫芦碗来补充。④ 在婚礼前后，男女双方的亲朋好友都会来参观新娘的房间，从而完成对新娘娘家社会经济实力的检视。富人家出身的新娘自然会因为展示大量的搪瓷制品而得到宾客的赞美，从而宣示自身在社区中的社会经济地位；而穷人家的新娘有时则会因为家中数量稀少的搪瓷装饰品而被人轻视甚至嘲笑。因此，新娘的房间成了社会压力的来源，汇聚了来自公众的挑剔目光。

搪瓷制品所带来的社会压力也驱使新娘不断去追求"富家女"（豪

---

① Arjun Appadurai, "Introduction: Commodities and the Politics of Value", in *The Social Life of Things: Commodities in Cultural Perspective*, Cambridge: Cambridge University Press, 1986, p. 25.

② Cooper, "Women's Worth and Wedding Gift Exchange in Maradi, Niger, 1907 – 89"; Cunningham, "Pots and Political Economy: Enamel-Wealth, Gender, and Patriarchy in Mali."

③ Interview with Tijjani Yusuf.

④ Interview with Abdullah Umar; Interview with Alhamed Muhammed; Interview with Maryam; Interview with Hussaina; Interview with Safiya, Kano, 29 September 2016; Interview with Asama'u Ali, Kano, 30 September 2016.

萨语 Yar gata）的头衔。在前面我们提到，"富家女"这一头衔在前殖民时代主要是与新娘所获得的本土传统容器的类型、数量和质量来决定的。但是，到了20世纪五六十年代，搪瓷开始独占鳌头：搪瓷数量的多少成为判定新娘是否可以被称为富家女的几乎唯一标准。① 有趣的是，在20世纪五六十年代距离卡诺城相对遥远的乡村地区，由于搪瓷制品还没有彻底普及，因此只要乡村中的父母可以为女儿的嫁妆中添加两件搪瓷制品，那么他们的女儿就可以在村子里面获得"富家女"的称号。正如Bilkisu所回忆的：

（那时候20世纪50年代搪瓷）它是个新东西。如果谁能够购买搪瓷给他们的女儿作为嫁妆，那么他们家的女儿就是"富家女"。他们会把搪瓷粘到墙上用于装饰，然后整个村子的人都会跑来看（搪瓷）。如果一个女人在别人家里看到了搪瓷，那么她会挨家挨户的去告诉大家这个消息，她会大声喊道："那家人有钱呢，你们快去看，你们快去看，他家里有搪瓷。"②

到了20世纪七八十年代，随着搪瓷在尼日利亚北部城乡的逐渐普及，成为"富家女"的标准也水涨船高。通常来说，根据时间和地域的差别，"富家女"需要至少把自己卧室的三面墙都堆满搪瓷，而每一面墙都要一行一行从天花板一直到地面放满。③

总之，豪萨新娘所拥有的搪瓷的数量直接代表着她的社会经济地位，而豪萨女性也在这种社会检视的压力下通过拥有尽量多的搪瓷制品来追求"富家女"的称号。而且，这种社会压力并不会随着婚礼的结束而消失。相反，豪萨女性在购买、保养和更新其搪瓷制品方面的焦虑与压力

---

① Interview with Tijjani Yusuf; Interview with Hussaina; Group interview with Bilkisu and Fatuwa; Group interview with Ladidi and Balaraba; Interview with Talatuwa, Kano, 15 September 2016; Interview with Safiya.
② Group interview with Bilkisu and Fatuwa.
③ Interview with Safiya; Group interview with Bilkisu and Fatuwa.

会伴其一生。无论作为一位新娘、一个年轻的母亲亦或作为母亲嫁出自己的女儿，她都不得不一次次不断地更新自己的搪瓷制品。① 比如，一位怀孕而即将为人母的豪萨女性就需要更新自己的搪瓷制品来迎接亲朋好友的到访，因为亲友们在看望新生命的同时也会顺道检视家中的搪瓷制品。正如 Fautwa 所言：

> 每次我怀孕的时候，我就开始想着怎么样重新装饰我墙上的搪瓷容器。因为我知道，人们会在孩子出生后来看望我和孩子。所以，我会拿下一些旧的搪瓷去卖掉，再添些钱买点新的，让搪瓷装饰显得与之前不同。②

对于富人和中等家庭而言，她们可以轻易地取下旧搪瓷并买来新的换上；可对于穷人来说，她们只能把旧搪瓷取下后清洗，然后再换一种方式摆放，让自己的搪瓷制品看起来跟以前不一样。③

而且，搪瓷对于豪萨女性的重要性不仅局限于其所代表的象征意义，更在于其作为女性所特有的财产所具有的现实的、性别化的经济意义。在 20 世纪 50 年代到 90 年代的北尼日利亚，当地女性会通过包括手工制品、小生意、工厂工作和政府服务等多个方法获取收入，而购买搪瓷制品则是女性最佳的投资渠道之一，也是最为普遍的资产保值方法。由于搪瓷所具有的较高且稳定的价值，它不仅可以作为女性抵御生活风险和经济困难（如通货膨胀）的屏障，同时还是有利可图的投资。④ 每当在尼日利亚的中国工厂推出了新款式的搪瓷产品，许多当地女性都会尽量买回家收藏并更新自己的搪瓷装饰；如果新款搪瓷异常受欢迎却产量较小，那么其市场售价就会一路攀升，使得那些及时购买的

---

① Interview with Salamatu; Group interview with Bilkisu and Fatuwa; Group interview with Ladidi and Balaraba.
② Group interview with Bilkisu and Fatuwa.
③ Bilkisu and Fatuwa; Group interview with Ladidi and Balaraba; Interview with Maryam.
④ Group interview with Ladidi and Balaraba; Interview with Talatuwa; Group interview with Bilkisu and Fatuwa.

人可以通过再次出售获取利润。同时，搪瓷产品还是在婚礼或新生儿命名仪式上馈赠亲友的上佳礼品。有些时候，如果豪萨女性积攒了足够多的高质量搪瓷制品，那么她们甚至可以通过出售这些搪瓷来购买或建造自己的房屋。① 我们可以看出，女性嫁妆中的搪瓷制品几乎就是她们"作为新婚妻子的经济起点"，也被视为妻子独立于其丈夫而专属于自身的财产，是女性经济独立的代表。② 例如，如果妻子想购买某种商品却缺少资金，那么她完全可以卖掉自己的一些搪瓷制品来凑齐所需的钱；她可以把卖搪瓷的决定告知丈夫，但不需要征得丈夫的同意。③ 艾哈迈德·穆哈默德（Alhamed Muhammed）在口述中提到了他对于自己妻子以前卖搪瓷的事情时说道："那是她从她的父母那儿得到的财产。如果她想买任何东西而需要卖掉搪瓷，她不需要告诉我。那是她自己的财产。"④

总之，尽管起源于现代工业生产，但是搪瓷却深深地融入了后独立时期北尼日利亚的社会文化习俗中。具体来说，搪瓷容器继承了葫芦制品作为社会资本的象征意义和黄铜制品作为财富的象征意义，并且成功地把二者的功能聚合到自己身上。作为独立后北尼日利亚几乎唯一重要的家用容器，搪瓷的重要性在豪萨新娘的婚礼中自然不言而喻，而且其重要意义更是延及豪萨女性一生。收集、保养、出售和赠送搪瓷成为那个时代每一个豪萨女性终其一生的习惯。

现代性走进来还是"传统"走出去？

与其他最早由欧洲殖民者引入的商品一样，搪瓷常常被学者和部分

---

① Group interview with Ladidi and Balaraba.
② Platte, "Towards an African Modernity: Plastic Pots and Enamel Ware in Kanuri-Women's Rooms (Northern Nigeria)", p. 185.
③ Interview with Abdullah Umar.
④ Interview with Alhamed Muhammed.

当地非洲消费者视为现代性的标志,也被视为本土传统容器的对立面。①基于其对独立后喀麦隆的研究,迈克尔·罗兰兹(Michael Rowlands)认为,物质消费是非洲人具化个人成功的一种策略,而消费进口的西方产品则更能够象征个人的成就。② 在这些进口的西方商品中,那些工业化生产的消费品往往被视为现代性的载具;因此许多非洲消费者希望通过购买这些工业产品来标榜个人的成就。③

不可否认,无论是进口的还是由当地中国工厂所生产的搪瓷制品都代表了北尼日利亚在20世纪50到80年代对于现代性的一定程度的追求。伊迪萨·普拉特(Editha Platte)就认为,搪瓷和其他现代容器在北尼日利亚被视为"外来的欧洲世界"的象征,他们作为名牌商品被当地人所消费、仪式化和理想化。④ 在20世纪五六十年代这个北尼日利亚人从使用本土传统容器向使用搪瓷容器过渡的时代,通常只有搪瓷盆/直筒被视为合时宜的聘礼载具,也只有搪瓷容器被视为在婚礼、命名仪式和其他重大场合上最适当的礼品,而这些都或多或少和搪瓷所代表的现代性有关。⑤

然而,搪瓷制品虽然具有令人羡慕的崭新的现代属性,但是它却难以避免地继承了许多前殖民时代家用容器的古老的"传统"特质。换句

---

① Peter Geschiere, *The Modernity of Witchcraft*: *Politics and the Occult in Postcolonial Africa*, trans. Peter Geschiere and Janet Roitma, Charlottesville: University Press of Virginia, 1997, pp. 137 – 138; James Ferguson, *Expectations of Modernity*: *Myths and Meanings of Urban Life on the Zambian Copperbelt*, Berkeley & Los Angeles & London: University of California Press, 1999, pp. 83 – 86; Editha Platte, "Towards an African Modernity: Plastic Pots and Enamel Ware in Kanuri-Women's Rooms (Northern Nigeria)", *Paideuma*: *Mitteilungen Zur Kulturkunde*, No. 50, 2004, pp. 173 – 92; Vincent Egwu Ali, "An Investigation into the Influence of Modernity on the Traditional Pottery Industry of the Igbo of Southeastern Nigeria during the Colonial and Post-Colonial Eras", *Institute of African Studies Research Review*, Vol. 26, No. 2, 2010, pp. 75 – 89.

② Michael Rowlands, "The Consumption of an African Modernity", in *African Material Culture*, Bloomington: Indiana University Press, 1996, p. 190.

③ Rowlands, "The Consumption of an African Modernity", p. 190.

④ Platte, "Towards an African Modernity: Plastic Pots and Enamel Ware in Kanuri-Women's Rooms (Northern Nigeria)", p. 174.

⑤ Interview with Alhaji Nasidi; Interview with Abdullah Umar; Group interview with Bilkisu and Fatuwa.

话说，如果我们要深究搪瓷在北尼日利亚得以成功的原因，那么，搪瓷制品对于当地社会文化习俗的深刻融入可能要比其单单作为现代性的代表要更具决定性和更加重要。的确，搪瓷制品在尼日利亚独立前后横扫当地家用容器市场，击败了包括土陶、葫芦、黄铜和木制品在内的所有本土家用容器，但是搪瓷在夺取市场并走入千家万户的过程中也让自己走进了当地的意义网络；也就是说，搪瓷在社会文化层面变成了它所取代的本土传统容器。在尼的中国搪瓷工业家在20世纪三四十年代曾经在上海和香港制造搪瓷，但是他们当时面向的是中国大陆和东南亚市场，所生产的产品类型和其所具有的社会意义也与在尼日利亚生产的搪瓷截然不同。① 到20世纪五六十年代，当这些搪瓷工业家为尼日利亚市场生产搪瓷之时，他们已经从不同渠道打听到搪瓷在尼日利亚当地所具有的社会经济意义，所以这些中国工厂并不是简单地把之前出口到亚洲地区的搪瓷款式运到尼日利亚，而是为了适应尼日利亚人的意义网络而改造了自身的搪瓷设计来提升销量。② 从某种意义上说，那些在中国工厂中生产的搪瓷甚至在没有离开生产流水线之前就被彻底本土化了：其设计、尺寸和花型都是为了适应尼日利亚消费者的需求。因此，所谓的"现代的"搪瓷在进入北尼日利亚当地的意义网络并成为当地财富地位的象征后，就被彻底本土化而融入了当地的传统之中。总之，搪瓷显而易见的"现代"特征（价格、坚固和卫生等）并非其统治北尼日利亚市场近半个世纪的最重要因素；相反，搪瓷对当地社会文化习俗和意义网络的深刻融入才是其被当地人广泛接纳的最关键原因。

从北尼日利亚搪瓷商人和消费者的角度来看，搪瓷容器与本土传统容器之间更多的是继承与发展的关系，而非对立和取代的关系。对于搪瓷在尼日利亚的起源，人们一般倾向于认为搪瓷来自欧洲贸易公司的进口活动。但是，尼日利亚商人和消费者却告诉了我们一个截然

---

① Interview with Shu Men Ho; Interview with Junrong Lee; Group interview with M. L. Lee and S. F. Lee; Group interview with Francis Huang and Joseph Huang.

② Interview with Shu Men Ho; Interview with Junrong Lee; Group interview with M. L. Lee and S. F. Lee; Group interview with Francis Huang and Joseph Huang.

不同的故事。他们认为，尼日利亚人在欧洲人到来之前就有着包括土陶、葫芦、芦苇、黄铜和木制容器在内的各种各样的家用容器；欧洲人来了之后就把尼日利亚的这些传统容器买回去进行研究和模仿，根据这些传统容器的尺寸、设计和样式来制造搪瓷容器。① 正如 Alhaji Nasidi 所说：

> 一开始欧洲人来买我们的木制碗然后拿回去研究，接着他们根据我们木制碗制造了几乎完全一样的搪瓷碗。接着他们买了葫芦碗回去也模仿制造出了搪瓷碗……他们还把芦苇盖子买回去，然后制造了搪瓷盖子来取代。这就是他们如何（通过模仿我们的传统容器）开始制造搪瓷的。②

换句话说，北尼日利亚的搪瓷已经不再是进口的欧洲搪瓷，也不再是在尼中国工厂出产的中国搪瓷，更不仅是纯粹的现代性的代表。从当地人的角度，搪瓷仅仅是使用了金属材料制成的葫芦、土陶和木制传统容器而已。搪瓷的制造过程可能是大工业和现代的，但是搪瓷的原创性来源尼日利亚本土。简言之，搪瓷在尼日利亚的故事，不仅仅是现代容器走进来，更是传统容器走出去。

结　论

在前殖民时代的北尼日利亚，以土陶、葫芦、芦苇、黄铜和棕榈木为原料的本土传统家用容器在当地人的日常生活中十分重要，同时还是当地社会文化习俗尤其是婚姻习俗中财富与社会地位的象征。本土容器的类型、数量和质量成为判断新婚夫妇双方家庭社会经济实力的重要指

---

① Interview with Alhaji Nasidi; Interview with Alhaji Abdullah Usmar; Group interview with Bilkisu and Fatuwa.

② Interview with Alhaji Nasidi.

标。在殖民时代，欧洲贸易公司逐渐把搪瓷引入尼日利亚，但是搪瓷在殖民时代的早期和中期并未得到普及，只是到了殖民后期的20世纪五十年代才开始占据市场。在50年代，搪瓷本身的方便、坚固、美观和卫生等特点使得它逐渐被尼日利亚的普通消费者所接受。与此同时，来自中国香港的华人搪瓷工业家在尼日利亚联邦政府和北尼日利亚政府招商引资的政策激励下在当地投资设厂，降低了尼日利亚搪瓷产品的价格，也促进了搪瓷的销售。尽管尼日利亚各级政府也高调宣传要保护本土传统家用容器制造业，但是这种政策支持远远不足以让后者在面对搪瓷的竞争下维持自身的市场份额，而搪瓷业开始逐渐统治了北尼日利亚人的客厅、卧室和厨房。

从独立后到20世纪七八十年代，搪瓷容器作为北尼日利亚女性社会经济地位的象征，几乎完全继承了本土容器在前殖民时代和殖民时代所承载的社会功能。作为新娘嫁妆的重要组成部分，搪瓷容器的种类、数量和质量成为判断新娘家社会经济地位的核心指标。新婚夫妇的亲朋好友在婚礼上对新娘房间的造访，实际上就是对新娘作为新家女主人所具有的初始财富的检视。这种与搪瓷相伴而生的社会压力并没有随着婚礼的结束而远离新娘；相反，这种不断保养和更新搪瓷装饰的压力追随豪萨女性一生。简言之，尽管搪瓷最早是由欧洲人引入尼日利亚，但是搪瓷在各方面的本土化以及其对当地社会习俗的深度融入是搪瓷可以在北尼日利亚持续统治几十年的最重要原因。

从20世纪90年代末期开始，搪瓷制品开始在北尼日利亚经历严重的衰落，市场份额逐渐萎缩，而这主要是受到来自中国大陆的更为廉价的塑料和不锈钢产品的影响。搪瓷本身也逐渐从现代走入传统：在卡诺历史博物馆一间专门展示豪萨传统婚姻习俗的展厅里，搪瓷托盘与其所取代的土陶、葫芦、黄铜和木制容器被摆放在了一起。因此，搪瓷在21世纪也被岁月定格成为北尼日利亚传统文化的一部分，而其曾经的现代性则被逐渐淡忘。

Chinese Enamelware and the Historical Development of Nigerian Household Containers

Liu Shaonan

Abstract: From the late British colonial period to the 1990s, enamelware produced by Chinese factories played a significant role in the daily lives of northern Nigerians, occupying the kitchens, living rooms, and bedrooms of northern Nigerians and incorporating itself into the traditional customs and networks of meaning of the local Hausa people. Based on primary sources collected from the National Archives of Nigeria and oral history interviews, this paper traces the historical evolution of household containers in Northern Nigeria in the twentieth century, while focusing on the local socio-economic significance of enameled products manufactured by Chinese factories. Although enamelware was generally considered a symbol of modernity when it entered Nigeria in the late colonial period, the author argues that it inherited almost exclusively the network of meanings carried by traditional Nigerian containers from the time it entered the country and was deeply integrated into the marriage practices of the local Hausa people. For the local Hausa women, enamelware was a symbol of their wealth and prestige. The enameled products came off the assembly lines of Chinese factories, yet it was the needs of Nigerian female consumers, the shape of traditional Nigerian containers, and local Nigerian social customs that really shaped the design and inner meaning of enamelware. Thus, the history of the gradual establishment of the dominance of enamelware in Northern Nigeria is not only the introduction of the modernity represented by enamelware itself, but also the going out of Nigeria's own traditional social customs, or the intermingling of modernity and tradition.

Key Words: enamelware; Nigeria; African indigenous containers; gender; modernity

区域国别(史)

中国参与中东热点问题的大国协调历程

汪 波 穆春唤[*]

【内容摘要】 中国自20世纪70年代末宣布改革开放后,外交上逐渐进入了比较务实的阶段。作为安理会常任理事国,中国从斡旋巴勒斯坦问题和展开穿梭外交处理海湾危机开始,全面开启了对中东热点问题的大国协调历程。尽管在最初阶段囿于自身实力,中国还无法对中东事务产生实质性影响,但这种参与却为政治和谈营造了良好的氛围。进入21世纪后,中东成为中国周边战略的重要组成部分以及主要的能源来源地,中国对中东热点问题的协调能力也不断提升。中国不仅继续对巴勒斯坦问题展开协调,并且还成为伊核问题政治和谈中的重要一方。党的十八大以后,中国不断开创中国特色大国外交的新局面,在协调中东热点问题上坚持"对话而不对抗、结伴而不结盟"的国际关系新原则,更为广泛地参与到巴以问题、伊核问题、叙利亚问题、利比亚问题、也门问题等热点问题的全面协调中,发挥了不可或缺的重要积极作用。

【关键词】 中国外交;外交协调;中东;热点问题

中国与中东地区关系源远流长,双方之间有着悠久的文明交往史。新中国成立之初,出于对中东人民所遭受的殖民主义压迫的感同身受,

---

[*] 汪波,上海外国语大学中东研究所教授;穆春唤,上海市现代管理研究中心公共管理研究所助理研究员。

中国对中东地区的反美、反英斗争进行了声援。从1971年中国恢复联合国常任理事国席位，到1979年中国宣布改革开放，中国逐步登上了国际舞台。随着对内改革和对外开放的不断深化，中国经济快速发展，国际地位得到了极大的提高，中国参与国际事务的深度和广度也持续拓展。在此过程中，作为安理会常任理事国，中国在参与解决地区冲突问题方面日益扮演积极角色，在地区冲突各方之间以及在斡旋者之间的协调扮演了重要的桥梁和纽带的作用。[1]

作为坚持走和平与发展道路的大国，中国虽然不是中东地区纷争与矛盾问题的当事方，但协调中东地区热点冲突问题的解决对于中国来说也有着重要意义。首先，中国作为联合国安理会常任理事国，参与中东地区热点问题的协调，既体现了中国是国际社会中的负责任大国，也能够提升中国的大国地位。其次，中东地区是中国化石能源的主要来源地，维护中东地区的和平与稳定有利于保障中国的能源安全。最后，在中国的"一带一路"倡议规划中，中东地区的和平与安全也是保障"一带一路"畅通的关键。

一　中国参与中东问题大国协调的初期阶段（20世纪70年代末至2002年）

从20世纪70年代到21世纪初，中国在这一时期由于自身实力的限制，加之中东地区对中国国家利益的影响也比较有限，因而在协调中东热点问题时总体比较超脱。本着谨慎参与、量力而行的原则，中国这一时期主要是建设性地参与了巴勒斯坦问题和海湾危机的外交协调。

（一）初步协调巴勒斯坦问题

巴勒斯坦问题是中东地区持续了一个多世纪的历史遗留问题，一直

---

[1] 孙德刚：《中国参与中东地区冲突治理的理论与实践》，《西亚非洲》2015年第4期。

被认为是中东问题的核心和根源。自1948年5月以色列宣布建国后,迄今阿以双方共爆发了五次战争冲突。由于巴勒斯坦问题中的一系列核心矛盾长期悬而未决,造成了中东地区的持续动荡,因此,可以说巴勒斯坦问题左右着中东的现实与未来。

1979年后,中国领导人对世界形势的变化做出了准确的判断,认为世界主题已经从"战争与革命"转为"和平与发展"。由于摒弃了意识形态和制度差异所造成的障碍,中国调整了在巴以问题上完全对巴勒斯坦一边倒的政策取向,开始强调承认包括以色列在内的中东各国都应该"普遍享有独立和生存的权利",劝说巴以双方进行和平谈判。1984年,中国政府首次支持通过包括中国在内的安理会所有五个常任理事国参加的国际会议来解决中东问题。① 1988年9月,中国外长钱其琛提出了中国关于解决中东问题的五点建设性主张:中东问题应通过政治途径解决;阿拉伯被占领土应予以归还;巴勒斯坦人民的合法权利应予以恢复,以色列的安全也应得到保证;支持召开有安理会五个常任理事国参加的中东国际和平会议;支持中东各方进行各种形式的对话,巴勒斯坦和以色列双方相互承认。②

冷战结束后,中国更加明显地希望在中东和平进程中发挥作用,强调巴勒斯坦问题各方通过对话和谈判寻求争端解决,通过公平和公正的方式来实现和平与稳定。海湾战争结束后,李鹏总理在向全国人民代表大会所做的年度报告中指出,中东问题"我们将一如既往地支持巴勒斯坦和阿拉伯人民的正义事业。阿拉伯被占领土应予归还,巴勒斯坦人民的合法民族权利应予恢复,包括以色列在内的中东各国的主权和安全都应得到尊重和保障。我国已经同以色列建交,并参加了中东和谈会议,愿为推动中东和平进程作出贡献。",③ 全国人大常委会委员长乔石访问叙利亚时重申中国支持召开由联合国主持的、安理会五个常任理事国和所有有关方面参加的中

---

① Du Xianju, China and Israel: Five Decades of Relations, Ph. D. dissertation, Brandeis University, 1998, pp. 164 – 165.

② UN General Assembly, *45th Session*, *Provisional Verbatim Record fo The 12th Meeting*, UN General Assembly Document A/45/PV. 12, October 5, 1990.

③ 《1992年政府工作报告——1992年3月20日在第七届全国人民代表大会第五次会议上》,载《政府工作报告汇编(1954—2017)》(下),中国言实出版社2017年版,第870页。

东问题国际会议。① 1991年中国外长钱其琛在联合国大会讲话中表示，中国"支持中东有关各方进行他们认为合适的有利于推动中东和平进程的各种形式的努力"②。

1991年10月，阿以恢复和谈进程。中国虽未直接参与马德里和会第一、二阶段的会议，但中国政府表达了对马德里中东和会召开的支持。1992年中以正式建交后，中国开始正式参与到马德里中东和会中，并主持召开了中东多边谈判第三阶段水资源专题会议。1993年9月13日，以色列与巴勒斯坦解放组织在白宫签署了《奥斯陆协议》。这一历史性协定为巴勒斯坦人民在加沙地带和西岸实现自治开辟了道路。它标志着一个谈判解决永久地位问题的进程的开始。1995年9月28日，巴以双方又签署了《奥斯陆第二号协议》，将《奥斯陆协议》的执行向前推进了一大步。

虽然《奥斯陆第二号协议》的签署是巴以和平进程的巨大突破，然而此后巴以双方在核心问题上已再难达成妥协，和谈开始止步不前。1995年11月4日，积极推动巴以和谈的以色列总理伊扎克·拉宾被一名犹太极端分子刺杀，这一事件对和平进程造成了极大打击。1996年内塔尼亚胡在以色列大选中胜出后上台，其在定居点和领土问题上都坚持强硬立场。中东和平进程停滞不前。

在巴勒斯坦局势不断恶化之际，2000年4月12日至18日，中国国家主席江泽民分别访问以色列和巴勒斯坦，这是中国国家元首历史上首次出访巴以两国，也是在中东和平进程陷于停滞时的一次重要访问，表明了中国希望推动巴以和谈的立场。2000年巴勒斯坦爆发第二次"因提法达"运动，巴以双方都承受了空前的死伤。江泽民分别向巴以双方领导人致口信，表示对巴以冲突的关切。江泽民指出，巴以和谈正处于关键阶段，中国呼吁有关各方立即采取措施，避免局势进一步恶化，并停止一切不利于和谈的言行。③ 11月，在与来访的巴勒斯坦领导人阿拉法特

---

① 吴文斌、吕志星：《叙利亚总统会见中国代表团》，《人民日报》1991年5月31日，第6版。
② UN General Assembly, *46th Session*, *Provisional Verbatim Record of The 8th Meeting*, UN General Assembly Document A/46/PV. 8, October 2, 1991.
③ 《江泽民就巴以冲突向巴以领导人致口信》，《人民日报》2000年10月13日，第4版。

(Arafat)的会晤中江泽民再次敦促巴以双方在"土地换和平"原则的基础上,以灵活务实的态度恢复和谈。2002年6月,外交部副部长杨文昌分别出访巴以两国,杨文昌对两国领导人表示,中东的历史已经表明,武力不能解决问题,只有通过政治谈判,才能实现阿以关系正常化。中方一直在通过各种途径做劝和工作,希望双方能予积极配合,为停火创造条件。①

由于在巴勒斯坦问题上坚持正义的立场,中国得到了巴人民的信任,2002年9月,在巴勒斯坦和其他阿拉伯国家的提议下,中国设立了中国政府中东问题特使。这是中国首个就周边以外地区的重大热点问题设立的特使工作机制,为中国更好地参与中东和平进程提供了制度保障。首任中东问题特使王世杰大使上任后旋即前往中东,访问了埃及、黎巴嫩、叙利亚、约旦、以色列、巴勒斯坦等中东六国,并会见了美国、俄罗斯、欧盟及联合国中东问题特使。在会晤中,王世杰阐述了中国在中东问题上支持联合国有关决议和"土地换和平"原则,以及致力于推动中东和平事业的立场。②

(二)海湾危机中的穿梭外交

1990年8月2日,伊拉克军队入侵科威特,推翻科威特政府,宣布科威特成为伊拉克第19个行省,海湾危机由此产生。伊拉克与科威特的矛盾根源由来已久,1921年伊拉克独立时,科威特曾是伊拉克的一个省,1961年才获得独立。但伊拉克却坚持科威特是自己领土的一部分。伊拉克还不满于科威特在两伊战争中力挺伊朗。两伊战争结束后,伊拉克经济深陷困境,伊科双方围绕着石油、欠债等问题龃龉不断。最终,伊拉克选择武力吞并科威特,企图一劳永逸地解决所有问题。

中国与伊拉克和科威特两国都有着良好的关系,和平解决危机既符合中国一贯的外交原则,也符合中国的国家利益。因此,中国根据海湾

---

① 《阿拉法特会见外交部副部长杨文昌》,2002年6月21日,https://www.mfa.gov.cn/chn/pds/wjb/zzjg/xws/xgxw/t6255.htm,2022年5月6日。
② 余国庆:《大国中东战略的比较研究》,中国社会科学出版社2013年版,第212页。

地区形势的发展和变化，提出了一系列公正、合理解决海湾危机的建议。① 危机发生当天，联合国安理会应科威特要求紧急召开会议，中国驻联合国大使李道豫在会上表示，伊拉克和科威特两国都是中国的友好国家，希望两国能和平相处，并通过和平谈判解决两国之间的分歧。在这次会议上，安理会通过了第 660 号决议，谴责伊拉克入侵科威特，并要求伊拉克立即无条件撤出科威特。

为切实做好危机的化解工作，中国采取了积极的外交行动。8 月 4 日，杨福昌副外长分别会见了伊、科两国驻华使节，呼吁伊拉克尽快撤军，并提出越早越好，希望两个阿拉伯兄弟国家通过谈判解决彼此分歧。② 11 月，中国外交部长钱其琛专门展开了不带解决方案、不当调解人、意在广泛听取各方意见、为期七天的中东穿梭外交。③ 钱其琛先后访问了埃及、沙特和约旦等地区国家，以及当事国科威特和伊拉克，成为海湾危机期间唯一到达巴格达的安理会常任理事国外长。钱其琛外长就和平解决海湾问题与各国进行了探讨，希望各地区国家能够利用自己在中东地区的影响，为和平解决危机做出努力。在与伊拉克总统萨达姆的会晤中，钱其琛表明了中国政府对海湾地区紧张局势的关切，以及希望危机最终得到和平解决。④ 在与伊拉克副总理兼外长阿齐兹的会谈中，钱其琛明确表示伊拉克占领科威特是不可接受的，伊拉克正面临着生死存亡的选择，国际社会希望和平解决海湾危机，为此，伊拉克应在撤军问题上表现出灵活态度。⑤

在钱其琛外长出访埃及期间，美国国务卿贝克（Baker）以"加强安理会五个常任理事国关于伊拉克必须从科威特撤军并恢复科威特主权的一致立场，以便有可能和平解决海湾危机"为由，提出与其亲自会面。会谈中，钱其琛指出："只要和平的希望还存在，哪怕只有一线希望，国

---

① 军事科学院军事历史研究部：《海湾战争全史》，解放军出版社 2000 年版，第 97 页。
② 钱其琛：《外交十记》，世界知识出版社 2003 年版，第 73 页。
③ 刘中民、范鹏：《中国对伊拉克问题的外交政策》，《中东问题研究》2015 年第 1 期。
④ 钱其琛：《外交十记》，世界知识出版社 2003 年版，第 91 页。
⑤ 钱其琛：《外交十记》，世界知识出版社 2003 年版，第 90 页。

际社会就应力争用和平方式解决问题","和平解决所需要的时间,也许要长一些,但后遗症会少一些"。①

1990年11月29日美国推动联合国安理会通过了第678号决议,其中设定伊拉克撤出科威特的最后期限为1991年1月15日,并授权"以一切必要手段执行第660号决议"。第678号决议事实上为美国为首的联军武力解决海湾危机提供了合法性。中国由于不赞成武力干涉,因而选择了弃权票。在国际社会的所有外交努力都未能实现伊拉克从科威特撤军的情况下,1月17日,在第678号决议的最后通牒过期后,联军对伊拉克展开了代号"沙漠风暴行动"的强烈空袭行动,海湾战争打响。

尽管海湾危机过程中,中国的外交协调努力最终未能促成危机的和平解决,但它仍然是这一时期中国协调外交的典型案例,体现了中国作为负责任的国际社会一员的担当。

20世纪70年代末至21世纪初,中国对内改革,对外开放促进了经济社会的巨大进步,基于对世界的主题是"和平与发展"这一认知,从协调巴勒斯坦问题和海湾危机入手,作为安理会常任理事国的中国在中东地区扮演着化解危机和促进地区和平的积极角色。但需指出的是,这一阶段中东的热点问题总体与中国国际利益没有直接联系,中国的参与协调外交的介入程度十分有限。②

二 中国参与中东问题大国协调的拓展阶段(2003年至2012年)

进入21世纪后,随着全球化的深入发展和国际体系加速转型,中国也加快了融入国际体系的进程。在新的国际环境中,中国越来越认识到,协调国际热点问题的解决既是中国作为国际社会负责任大国

---

① 钱其琛:《外交十记》,世界知识出版社2003年版,第79、83页。
② 刘中民:《中国的中东热点外交:历史、理念、经验与影响》,《阿拉伯世界研究》2011年第1期。

应承担的责任,也是促进中国与地区国家双边关系可持续发展的重要途径。在此期间,党的十七大报告也明确提出,中国应致力于和平解决国际争端和热点问题。与此同时,21世纪伊始,中国经济加速起飞,能源需求增长强劲,中东也成为中国最重要的石油来源地。鉴于该地区对保障我国能源安全的重要意义,中国也加大了对中东的关注力度。在这种新的背景下,中国开始转变过去有限度介入中东事务的做法,开始在协调巴勒斯坦问题和伊核问题的政治解决方面更多地"有所作为"。①

(一) 持续协调巴勒斯坦问题

进入21世纪后,中国与中东关系不断深化,中国将巴勒斯坦问题作为加深与中东国家关系,以及提高国际影响力的重要抓手。为此,中国继续支持中东和平进程,提出更多具有建设性的主张,并致力于在巴以问题各方之间做好劝和促谈的协调工作。

在第二次"因提法达"爆发、中东暴力升级后,美国联合俄罗斯、欧盟和联合国组成了中东问题"四方",多次召开会议讨论巴勒斯坦问题。虽然中国被排除在会谈之外,但中国方面表示了对四方会谈达成的中东和平"路线图"计划的支持。2004年12月,国务委员唐家璇在访问巴以时,提出了解决中东问题四点主张,其中包括支持重启"路线图"计划,呼吁国际社会加大促和力度,并明确表示中国支持联合国尤其是安理会发挥更大作用。② 对于以色列与加沙的"脱离接触计划",中国外交部表示称赞,并希望巴以以此为契机,尽早恢复和谈。

在巴以谈判中断多年后,2007年11月,美国协调召开了安纳波利斯和平会议,巴以双方宣布重启和谈。中国外长杨洁篪出席会议,并就

---

① 李伟建:《从总体超脱到积极有为:改革开放以来的中国中东外交》,《阿拉伯世界研究》2018年第5期。
② 中华人民共和国常驻联合国代表团:《中国为推进中东和平进程和促进建立中东无核武器区所采取的步骤的国家报告》,2005年5月2日至5月27日, http://www.china-un.org/chn/zgylhg/cjyjk/npt/t196286.htm, 2022年6月6日。

推动和平进程走出僵局提出五点主张：第一，尊重历史，彼此兼顾，把握和谈方向，在中东和平"路线图"计划和"阿拉伯和平倡议"的基础上，启动最终地位问题谈判，推动解决边界、难民、水资源等问题，建立独立的巴勒斯坦国；第二，摒弃暴力，排除干扰，坚定和谈信念；第三，全面推进，平衡发展，营造和谈氛围；第四，重视发展，加强合作，夯实和谈基础，呼吁国际社会加大对巴人道援助和发展援助，赞赏有关方面提出的区域经济合作计划；第五，凝聚共识，加大投入，加强和谈保障。① 在内外因素的共同推动下，巴以领导人在此次会议上建立共识，并达成和平协定。但由于双方在一些关键问题上分歧严重，和谈未能取得实质性进展。

2009 年巴勒斯坦形势正在经历新的考验和变化，加沙冲突造成重大伤亡，以色列成立了新政府，巴勒斯坦两大派组织也正在为实现和解进行谈判。4 月，杨洁篪外长出访埃及、巴勒斯坦、以色列和叙利亚等中东四国，他就新形势提出了促进中东和平进程的五点建议：第一，有关各方应坚持和谈的大方向，以联合国有关决议、"土地换和平"原则、"路线图"计划、"阿拉伯和平倡议"为基础，坚定推进和谈进程。第二，各方应采取积极措施，尽快恢复局势稳定，不断积累互信，为和平进程向前发展创造条件。第三，要坚持"两国方案"，早日建立独立的巴勒斯坦国，实现巴以"两个国家"和睦相处。这是巴勒斯坦问题的最终出路，也是中东和平与安全的根本保障。第四，国际社会应持续关注中东问题，为各线和谈以及巴内部团结和经济发展提供有力支持。第五，巴以、叙以、黎以等各线谈判应协调推进，以实现中东地区的全面和平。作为联合国安理会常任理事国，中方将继续同有关各方保持密切沟通、协调，为推动中东问题的全面、公正、持久解决发挥建设性作用。② 2010 年 10 月，

---

① 《杨洁篪在中东和会上阐述中方在中东问题上的立场》，2007 年 11 月 27 日，https://www.fmprc.gov.cn/web/gjhdq_676201/gj_676203/yz_676205/1206_676332/xgxw_676338/200711/t20071128_9289321.shtml，2022 年 6 月 6 日。
② 《杨洁篪接受专访就推动中东和平进程提出五点主张》，2009 年 4 月 26 日，http://www.gov.cn/jrzg/2009-04/26/content_1296719.htm，2022 年 6 月 6 日。

中国中东特使吴思科大使表示，中国寻求"各方在各种问题上表现出灵活性和妥协的努力"，促使以色列和巴勒斯坦双方共同承担责任、改变现状。①

（二）加强伊核问题的协调努力

2002年8月，伊朗流亡组织"伊朗全国抵抗委员会"披露伊朗正在进行秘密的核项目，包括位于纳坦兹的核设施和阿拉克的重水厂，引发国际社会恐慌伊朗可能正在研发核武器。在伊核问题上，中国的基本立场和原则是"支持伊朗继续与（国际原子能）机构全面合作，希望有关各方继续保持对话和协商，通过建设性合作，使有关问题在机构框架内尽快妥善解决。"② 尽管中国对联合国安理会有关对伊朗实施制裁的若干决议均投了赞成票，但中国仍然坚持制裁和施压不可能从根本上解决伊核问题，安理会应创造性地寻求重启谈判的办法。2006年4月，伊朗提炼出低浓缩铀，伊核危机形势急转直下。在此关键时刻，中国紧急派出外交部部长助理崔天凯，于14日到18日先后奔赴伊朗和俄罗斯，谋求和平解决伊朗核问题。2006年6月，中国、俄罗斯和美国加入了自2003年以来就一直与伊朗进行谈判的法国、英国和德国等欧洲三国，共同组成伊核问题六国（P5+1）与伊朗进行全面会谈。

由于伊核问题在很大程度上是美国与伊朗两个大国间的历史与现实矛盾的产物，中国领导人分别对两方展开了劝谈促和工作。2006年6月1日，国家主席胡锦涛在与美国总统布什通电话中表示，中国主张维护国际核不扩散体系，主张通过外交途径和谈判方式和平解决伊朗核问题。我们欢迎美方通过外交途径解决伊朗核问题的立场，也欢迎美方表示愿意加入伊朗核问题的有关谈判。中方愿同美方保持沟通和协调，为尽早恢复伊朗核问题谈判发挥建设性作用。③ 在与伊朗总统艾哈迈迪内贾德会晤中胡锦涛提出希望伊朗通过对话和谈判寻求伊朗核问题全面妥善解决，希望伊朗把握一

---

① Xinhua News, Chinese Envoy Urges Israel-Palestinian Talks Back on Track, March 25, 2011, http://www.china.org.cn/world/2011-03/25/content_22223097.htm, 2022年6月6日。
② 《李肇星外长与伊朗外长哈拉齐举行会谈》，2003年11月13日，https://www.fmprc.gov.cn/web/gjhdq_676201/gj_676203/yz_676205/1206_677172/xgxw_677178/200311/t20031113_8006616.shtml，2022年6月6日。
③ 《胡锦涛主席与布什总统通电话》，《人民日报》2006年6月2日，第1版。

切有利于推动对话进程的积极因素,尽早同伊核问题六方开展对话,并在建立信任措施方面采取具体步骤,促进对话进程。① 2009 年 10 月 1 日,伊核问题六国首次与伊朗进行了会谈,杨洁篪外长公开呼吁各谈判方致力于增强各方的政治互信,相向而行,从而为谈判营造良好的氛围。

自党的十六大起,中国融入国际体系的程度不断加深,中国外交统筹国际和国内两个大局的战略重要性日益凸显,国际社会对中国国际责任的期望也在升高,因此,中国对国际热点问题的参与程度在明显加深。② 除了在促进巴勒斯坦问题政治解决方面更加积极有所作为外,中国作为安理会常任理事国和发展中国家中的大国,成为了协调伊核问题过程中不可或缺的一方。

三 中国参与中东问题大国协调的深化阶段（2013 年至今）

党的十八大以来,新一届领导集体展现了中国外交的新气象。中国进一步明确了有中国特色的大国外交战略定位,更多地承担起对外主持公道、伸张正义的大国责任,积极为国际社会提供公共产品。③ 在中东地区,中国开始更加积极而广泛地参与到包括巴以问题、伊核问题、叙利亚问题、利比亚问题和也门问题等在内的中东热点问题的外交协调中,并在部分热点问题上形成了更加具体而深入的影响。

新时期中国对中东热点问题的大国协调主要是基于以下几种背景:第一,2011 年中东剧变后,中东地区新老问题叠加,传统与非传统安全问题层出不穷,并产生了强烈的外溢效应,威胁世界的和平与稳定。第

---

① 吴绮敏、陈志新、饶爱民:《胡锦涛会见伊朗总统》,《人民日报》2011 年 6 月 15 日,第 1 版。
② 刘中民:《中国的中东热点外交:历史、理念、经验与影响》,《阿拉伯世界研究》2011 年第 1 期。
③ 陈东晓:《理解新一届中国政府外交的四个关键词》,《世界知识》2014 年第 1 期。

二，美国在中东的霸权意图及控制能力开始减弱，已不再能够为其中东盟友提供可靠的安全保障。第三，越来越多的中东国家选择将更多的外交政策精力投入到与中国和俄罗斯等大国的关系中，并希望中国能在中东发挥更大的作用。第四，中东在中国发展战略中的重要性继续上升，不断加快的工业化进程让中国对中东地区的能源依赖进一步深化。第五，2013年提出"一带一路"倡议，已成为中国对外发展的重要规划，中东在地理位置上恰好处于一带一路的中间地带。①

（一）持续参与巴勒斯坦问题协调外交

自中东剧变后，国际社会普遍将关注点转移到了发生动荡和内战的阿拉伯国家以及中东恐怖主义问题。2013年7月，美国国务卿克里（Kerry）尝试重启巴以和谈进程，和谈持续数月后无果而终。巴勒斯坦问题陷入连续数年没有任何进展以及在国际政治议程中被严重边缘化的尴尬处境。新时期以来中国对巴勒斯坦问题的政策则更趋于成熟。一方面，中国始终坚持巴勒斯坦问题是中东问题的核心，呼吁国际社会加强对巴勒斯坦问题的关注，贯彻安理会有关巴勒斯坦问题的决议。另一方面，中国坚持主持正义的原则，为巴以和平提供主张和方案，并试图使紧张的巴勒斯坦局势降温。

2014年中国常驻联合国副代表王民大使在第69届联大全会上，向各国代表阐述了习近平主席提出的解决巴勒斯坦问题的四点主张，即坚持巴勒斯坦独立建国、巴以两国和平共处这一正确方向、巴以两国和平共处这一正确方向，应当将谈判作为实现巴以和平的唯一途径，以及坚持"土地换和平"等原则不动摇，国际社会为推进和平进程提供重要保障等。② 2017年7月18日，习近平主席在同巴勒斯坦阿巴斯总统的会谈中再次提出了推动解决巴勒斯坦问题的四点主张：第一，坚定推进以"两国方案"为基础的政治解决；第二，坚持共同、综合、合作、可持续的

---

① 汪波、姚全：《新时期中国中东外交思想构建研究》，《阿拉伯世界研究》2019年第2期。
② 《中方支持阿拉伯国家实现全面持久和平的战略》，2014年11月25日，https://www.chinanews.com.cn/gj/2014/11-25/6812636.shtml，2022年6月9日。

安全观；第三，进一步协调国际社会的努力，壮大促和合力；第四，综合施策，以发展促进和平。① 倡议得到了巴方的积极回应。

美国特朗普政府上台后，贯彻极端亲以反巴的方针，单方面承认耶路撒冷是以色列的首都，并绕过巴勒斯坦问题，通过"亚伯拉罕"协议促成了以色列与阿联酋和巴林等阿拉伯国家的双边关系正常化，巴勒斯坦面临更加严峻的局面，巴人民的不满情绪不断累积。2021 年，东耶路撒冷暴力和紧张事态升级，加沙地带发生激烈冲突，造成大量平民伤亡。中国先后两次参与推动安理会举行紧急磋商，中国常驻联合国代表张军大使在会上呼吁，安理会负有维护国际和平与安全的首要责任，应当发出一致声音，重申对两国方案的承诺，践行维护国际和平的使命。② 5 月 16 日，作为安理会当月轮值主席国的中国，派出国务委员兼外交部长王毅亲自主持会议。王毅表示，国际社会的当务之急是推动停火止暴，同时，推进巴勒斯坦问题持久公正解决也同样重要。安理会对此承担着重要责任，必须行动起来，推动当事方尽快缓解紧张局势。③

2022 年以来，巴以局势面临新一轮紧张和升级。中国等有关国家再度推动安理会进行紧急磋商。4 月 25 日，联合国安理会就巴勒斯坦问题举行公开辩论会。张军大使在会上阐述了中方关于巴勒斯坦问题的立场主张，强调无论国际形势如何演变，巴勒斯坦问题都不能被边缘化，更不能被遗忘。在巴勒斯坦问题上，缺乏的不是宏大公平的方案，而是采取行动的勇气。巴以局势反复升级的根本原因，就是巴勒斯坦人民的合法民族权利始终未能实现，"两国方案"始终未能落到实处。中方敦促以色列遵守安理会第 2234 号决议的规定。④ 张军呼吁，安理会对

---

① 杜一菲、姚大伟：《习近平同巴勒斯坦国总统阿巴斯会谈》，《人民日报》2017 年 7 月 19 日，第 1 版。
② 中华人民共和国常驻联合国代表团：《联合国安理会就巴勒斯坦局势再次举行紧急磋商》，2021 年 5 月 21 日，https：//www.mfa.gov.cn/ce/ceun/chn/hyyfy/t1875322.htm，2022 年 6 月 15 日。
③ 《安理会举行紧急会议 巴以中美英法俄就加沙冲突阐述各自立场》，2021 年 5 月 16 日，https：//news.un.org/zh/story/2021/05/1084172，2022 年 6 月 17 日。
④ 安理会第 2334 号决议指出，以色列在巴被占领土建立定居点的活动是"公然违反"国际法的，并且"没有法律效力"，要求以色列马上停止这种活动并履行日内瓦第四公约中规定的占领国义务。

当前形势应该高度重视,采取紧急行动,对外发出一致声音,发挥应有的作用。①

(二) 协调伊核问题取得积极成果

2013年以来,在伊核危机出现转机的情况下,中国政府通过与国际社会的一道努力,力促伊核协议的达成。对于伊核问题的协调过程,充分体现了新时期中国日益成熟、稳健,在危机的关键时刻和谈判的关键节点上敢于担当的外交风范。

2013年6月,温和派的哈桑·鲁哈尼(Hassan Rouhani)当选伊朗新任总统后,伊朗和美国都释放出愿意谈判的信号,伊核问题出现转机。2013年9月联合国大会期间,伊朗外长扎里夫首次与伊核六国外长就解决伊核问题面对面交换了意见。会上,中方呼吁各国应抓住当前出现的有利机遇,务实推进对话。在伊核问题谈判进程开启后,中国在达成全面协议的关键谈判中,派出了高级别政府官员参与会谈,为不断化解分歧,凝聚共识,促进谈判提出方案和意见。② 2014年2月18日,中国就全面解决伊核问题提出"五点主张":一是坚持走六国与伊对话道路;二是寻求全面、公平、合理的长期解决方案;三是秉持分步对等原则;四是营造有利的对话谈判气氛;五是寻求标本兼治、综合治理。③ 经过各方一致努力,伊核问题阶段性协议于11月24日在日内瓦达成。根据协议,伊朗应在2014年7月20日前暂停部分敏感的核项目,而西方则相应减轻对伊制裁,同时双方寻求通过谈判达成伊核问题全面协议。伊核会谈取得实质性进展。④

---

① 中华人民共和国常驻联合国代表团:《张军大使:巴勒斯坦问题不能被边缘化》,2022年4月25日,http://un.china-mission.gov.cn/chn/hyyfy/202204/t20220426_10673759.htm,2022年6月17日。

② 《伊核谈判中的中国贡献》,2015年7月14日,http://www.xinhuanet.com//world/2015-07/14/c_128019470.htm,2022年6月22日。

③ 《中国就全面解决伊朗核问题提出"五点主张"》,2014年2月19日,https://www.chinanews.com.cn/gn/2014/02-19/5857964.shtml,2022年6月23日。

④ 《伊核谈判中的中国贡献》,2015年7月14日,http://www.xinhuanet.com//world/2015-07/14/c_128019470.htm,2022年6月23日。

2015年伊始，伊核谈判进入艰难的冲刺阶段。王毅外长称之为"跑好伊核问题马拉松最后一公里"。由于乌克兰等问题，俄罗斯与西方难以对话，中国担当了协调各方立场的重要角色。继习近平主席与美国奥巴马总统2月就伊核问题通话后，国务委员杨洁篪又与美国总统国家安全事务助理赖斯就此问题深入交换了看法。王毅外长也与各方进行了密集的多边和双边会谈，并在2月份亲自访问伊朗。通过汇集不同诉求，中方艰难地寻找各方都能够接受的方案。①

2015年3月30日，伊核问题六国与伊朗等国外长齐聚瑞士洛桑，为最终达成框架方案做最后的努力。王毅外长在伊核问题外长会议结束前夕，提出了坚持政治引领，坚持相向而行，坚持分步对等和坚持一揽子解决等四点主张。王毅表示，"一年多来，中国在谈判艰难时刻多次提出建设性方案，通过各种渠道积极斡旋。这次外长会上，我也与各方分享了解决焦点分歧的思路，相信会为全面协议达成发挥积极作用。"② 4月2日，伊核问题六国、欧盟和伊朗在瑞士洛桑发表共同声明，宣布各方已就伊核谈判主要焦点问题达成框架性解决方案，并将立即着手协议文本起草工作。各方高度赞赏中方为推进伊核谈判进程所发挥的重要作用。6月30日伊核问题全面协议最终阶段谈判则是伊核谈判的最后攻坚阶段。由于在核心问题上存在分歧，谈判最后期限被迫多次"加时"。为尽快结束这场艰难的谈判，促成各方达成共识，王毅外长三度奔赴维也纳。③

2015年7月14日，伊核问题六国与伊朗最终在维也纳达成伊朗核问题全面协议，标志着延续了12年的伊朗核问题迎来了"历史性的一天"。协议将确保伊朗核项目用于和平目的，伊朗确认绝不寻求发展或获取任何核武器，同时也取消了联合国安理会、多边及单边各国因伊朗核问题

---

① 《伊核谈判中的中国贡献》，2015年7月14日，http://www.xinhuanet.com//world/2015-07/14/c_128019470.htm，2022年6月23日。
② 《王毅就伊朗核问题谈判提出四点主张》，2015年4月1日，https：//www.fmprc.gov.cn/web/wjbz_673089/xghd_673097/201504/t20150401_7583096.shtml，2022年6月23日。
③ 《伊核谈判中的中国贡献》，2015年7月14日，http：//www.xinhuanet.com//world/2015-07/14/c_128019470.htm，2022年6月22日。

而提出的制裁措施。①

协议达成后，王毅外长发表讲话指出，"中国作为安理会常任理事国，意识到对国际和平与安全承担的责任和义务，始终以建设性姿态参与了伊核谈判全过程。中国并不是矛盾焦点，这可以使中方以更为公正、客观的立场积极开展斡旋。特别是在谈判的一些重要节点，包括谈判遇到困难、陷入僵局时，中方总是从各方共同利益出发，积极寻求解决问题的思路和途径，提出中国的方案。可以说，中国发挥了独特的建设性作用，得到各方高度赞赏和肯定"②。

然而，美国特朗普政府上台后以协议对伊朗核活动的控制太弱，包括对伊朗弹道导弹计划的限制，而且协议的条款没有持续足够长的时间等为由，于2018年5月宣布美国从协议中退出，并恢复了对伊朗的制裁。作为回应，伊朗开始将铀浓缩到协议允许的水平以上，并减少了与国际核查人员的合作。

在伊核危机再度升级后，中国坚持维护伊核协议。中方表示将坚定致力于维护和执行全面协议，愿就此与各方保持沟通协调，为维护多边主义成果而做出努力，并批评美国对伊朗实施极限施压是导致危机的根源，反对美国对伊朗实施单方面制裁，呼吁各方应增强紧迫感，全力推动伊核问题政治外交解决，尤其敦促美国早日无条件重返全面协议并恢复履约。③ 中方从不同层面，与伊朗、美国、俄罗斯、英国、法国、德国、欧盟等有关各方进行了密集沟通协调，目的就是推动谈判尽快重启并取得进展。2021年，习近平主席分别与伊朗、美国元首通话，亲自就伊核问题做工作。国务委员兼外长王毅与各方多次视频会晤和通话，就

---

① 《伊朗核问题达成全面协议　开启与西方关系新篇章》，2015年7月15日，https：//www.chinanews.com.cn/m/gj/2015/07-15/7405313.shtml，2022年6月24日。

② 《王毅：中国为达成伊全面协议发挥了独特的建设性作用》，2015年7月14日，https：//www.fmprc.gov.cn/web/wjbz_673089/xghd_673097/201507/t20150714_7583229.shtml，2022年6月24日。

③ 中华人民共和国常驻联合国代表团：《耿爽：推动伊核问题全面协议尽快重回正轨》，2020年12月22日，https：//www.mfa.gov.cn/ce/ceun/chn/dbtxx/2020070709/2020070711/t1842100.htm，2022年6月27日。

重启谈判进程提出了具体思路和建议。

（三）协调叙利亚问题持续努力

2011年3月15日，叙利亚首都大马士革爆发大规模示威活动，并逐渐演化为巴沙尔政权与反对派武装之间持续的军事对抗。在关于叙利亚总统巴沙尔·阿萨德（Bashar al-Assad）去留的问题上大国之间的立场针锋相对。美国政府公开表态要求其下台，俄罗斯则力挺巴沙尔。中国的立场是坚持政治解决叙利亚问题，不赞成以武力干预或强行推动所谓"政权更迭"，要求尊重叙利亚的独立、主权和领土完整，支持由叙利亚人民自主决定本国的发展道路。① 在坚持上述原则的基础上，中国致力于在政治解决叙利亚问题的过程中发挥建设性作用，具体行动包括，支持联合国发挥斡旋主渠道作用，协调叙利亚问题有关各方的立场，以及提出政治解决叙利亚问题的主张、意见。

2012年6月，联合国叙利亚问题特使科菲·安南（Kofi Atta Annan）发起叙利亚问题日内瓦第一次会议，中国与美国、俄罗斯、英国共同出席。会议发表了旨在支持放弃武力、叙利亚政府与反对派联合组阁的《日内瓦公报》。中国对此表示支持，并将公报作为叙利亚和谈的基础。2012年10月，杨洁篪外长在与联合国—阿盟叙利亚问题联合特别代表普拉希米（Brahimi）的会谈中，提出了中方关于推进叙利亚问题政治解决进程的倡议，呼吁叙利亚各方全力实现停火止暴，尽快协商制定有关政治过渡路线图。②

在2013年3月的叙利亚化武危机中，美国一度威胁对叙利亚动武。最终，俄罗斯提出了"化武换和平"的主张，安理会也通过了有关制定销毁叙利亚化武的2118号决议，危机得以化解。中方认为这一决议将叙

---

① 《外交部长杨洁篪重申坚持政治解决叙利亚问题》，2012年5月10日，https://www.mfa.gov.cn/web/zyxw/201205/t20120510_318735.shtml，2022年6月30日。
② 《外交部发言人洪磊谈中方关于推进叙利亚问题政治解决进程倡议》，2012年10月31日，https://www.fmprc.gov.cn/fyrbt_673021/dhdw_673027/201210/t20121031_5432818.shtml，2022年7月1日。

利亚局势从一触即发的战争边缘拉回到和平轨道,为推动叙利亚问题政治解决提供了新的机遇。为把握这一机遇,中国积极倡议尽快召开日内瓦第二次和谈会议。并且为日内瓦会议能够取得实质性进展,王毅外长在会议前后展开了一系列外交活动。2014年1月20日,王毅就政治解决叙利亚问题提出"五个坚持",即坚持通过政治手段解决叙利亚问题,坚持由叙利亚人民自主决定国家的未来,坚持推进包容性政治过渡进程,坚持在叙利亚实现全国和解和团结以及坚持在叙利亚及周边国家开展人道救援。① 随后,王毅又分别会见了叙利亚副总理兼外长穆阿利姆(Muallem)和叙利亚反对派组织"反对派和革命力量全国联盟"主席杰尔巴(Jarba)。王毅鼓励叙冲突双方应在《日内瓦公报》的基础上展开谈判,找到符合叙国情且能被叙各方接受的解决方案。② 在叙利亚问题第二次日内瓦会议上,王毅外长重申了"五个坚持",并提出日内瓦和谈是一个持续过程,应建立后续机制,让谈判不间断,使谈判能谈出结果。③

然而,叙利亚局势的恶化却呈现愈演愈烈之势。2014年,"伊斯兰国"恐怖组织在叙利亚的威胁加剧。以美国为首的反恐国际联盟开始在叙境内针对"伊斯兰国"以及部分叙政府和亲政府目标展开空袭。同时,为挽救巴沙尔在内战中的不利局面,2015年9月,俄军开始对叙利亚展开直接军事干预。伊朗和土耳其也通过直接以及支持代理人的方式卷入了叙利亚内战。随着叙利亚危机局势的深化,国际社会越来越深刻地意识到政治解决叙问题才是根本之道。

考虑到恐怖主义蔓延的威胁,中国也增加了对叙利亚局势的关注力度,并希望与国际社会形成合力,共同推动叙问题的尽早解决。2015年12月18日,中国支持安理会通过第2254号决议。该决议同意将叙利亚问题置于联合国框架内实现政治解决,提出"争取在6个月内开展可信、包容各方和没有宗派色彩的治理,制定起草新宪法的时间表和程序,在

---

① 《王毅提出政治解决叙利亚问题五点主张》,《世界知识》2014年第3期。
② 《王毅分别会见叙利亚冲突双方谈判代表》,2014年1月23日,https://www.mfa.gov.cn/web/zyxw/201401/t20140123_326340.shtml,2022年7月2日。
③ 《王毅提出政治解决叙利亚问题五点主张》,《世界知识》2014年第3期。

18个月内在联合国监督下根据新宪法进行自由公正的选举"。① 王毅外长在决议通过后的发言中充分肯定了决议的重要意义,称其"为政治解决叙问题注入了新动力"。决议通过后不久,杨洁篪国务委员、王毅外长分别会见了访华的穆阿利姆,中方充分发挥了劝谈促和的积极作用。最终,穆阿利姆在访问期间代表叙政府首次公开表示接受安理会第2254号决议,并首次公开表态愿在联合国的主持下,与反对派举行对话。②

为更好地把握解决叙利亚问题的关键节点,促进安理会2554号决议的落实,2016年3月中国任命外交经验丰富的谢晓岩大使出任叙利亚问题特使。在上任后的一年多时间里,解晓岩大使频繁奔赴中东,出访轨迹遍布叙利亚、俄罗斯、英国、欧盟、土耳其、约旦、卡塔尔、伊拉克等国,并通过参加日内瓦会议以及"支持叙利亚和地区未来"布鲁塞尔会议等机会,与有关各方就推进叙利亚问题政治解决深入交换了意见。解晓岩指出,叙问题政治解决面临难得的机遇。他呼吁有关各方通过包容性的政治对话,找到符合叙实际、兼顾各方关切的解决方案。③然而令人遗憾的是,由于各方分歧巨大,叙利亚政治和解方案并未能得到执行。

2017年叙利亚再度出现化武问题,美国对叙境内空军基地发动了袭击。为防止叙利亚冲突持续升级,中国主动采取协调行动。4月13日,王毅外长在接受媒体采访时也敦促叙利亚问题各方,特别是美俄之间要加强沟通和协商,避免冲突和对抗。④

在俄罗斯和伊朗的支持下,巴沙尔政府逐渐恢复了对叙利亚中部和南部大约三分之二国土的控制。但土耳其及其支持的"叙利亚国民军"

---

① UN Security Council Resolution 2254, December 18, 2015.
② 韩硕:《叙利亚首次公开表示接受安理会第2254号决议》,2015年12月26日,http://world.people.com.cn/n1/2015/1226/c1002-27978686.html,2022年7月4日。
③ 中华人民共和国外交部:《中国代表团发言人陆康new就中美元首会晤谈及叙利亚问题答记者问》,2017年4月8日,https://www.fmprc.gov.cn/fyrbt_673021/dhdw_673027/201704/t20170408_5434503.shtml,2022年7月4日。
④ 吴嘉林、伍岳:《王毅就叙利亚局势阐述中方立场》,2017年4月13日,http://www.xinhuanet.com//world/2017-04/13/c_1120805760.htm,2022年7月4日。

依然占据着叙西北部,库尔德人则控制着叙北部和东北部地区。此外,残余的极端组织势力也还在叙利亚活跃,全面恢复秩序任重而道远。2021年7月17日,国务委员兼外长王毅在大马士革同叙利亚外长米格达德举行会谈。王毅再度强调,全面解决叙利亚问题,关键在于落实联合国安理会确立的"叙人主导、叙人所有"原则,各方形成合力,切实推进叙利亚问题的全面解决。王毅还提出了坚持尊重叙国家主权和领土完整,坚持民生为先和加快重建,坚持有效打击恐怖主义,和坚持包容和解的政治解决方向等四点主张。①

(四) 协调利比亚问题初见成效

2011年利比亚内乱后,北约利用联合国1973号决议,以"保护的责任"为名,通过空袭行动支持利比亚反对派推翻了卡扎菲政权。但此后利比亚并未能通过民主选举实现国家政治重建。自2014年起,利比亚国内不同势力之间为权力展开斗争,逐渐演化出西部"合法"政府与东部"合法"议会之间相互对峙与冲突的局面。区域内外国家也纷纷依据自身利益选择支持利国内不同势力,利比亚蜕化为各国参与竞争的战场。在利比亚问题上,中国坚持国际社会应推动利比亚有关各方积极参与包容性政治对话,通过协商和平解决分歧的立场,支持联合国、地区国家、区域和次区域组织继续在帮助利恢复和平与稳定方面发挥建设性作用。②作为联合国常任理事国,中国积极履行大国职责,在促进利比亚国内停火以及政治选举过程方面扮演积极角色。

为实现利比亚问题的政治解决,中国采取了一系列协调外交行动。2015年9月4日,在会见利比亚外长达依里时,王毅外长阐述了中国政府对解决利比亚问题的三点基本原则:即任何解决利问题的方案都应该

---

① 《王毅阐述中方关于解决叙利亚问题的四点主张》,2021年7月18日,https://www.mfa.gov.cn/web/wjbzhd/202107/t20210718_9137646.shtml,2022年7月7日。
② 《安理会2月轮值主席、中国常驻联合国代表刘结一大使主持安理会审议利比亚局势》,2015年2月18日,https://www.mfa.gov.cn/web/zwbd_673032/wshd_673034/201502/t20150219_5465172.shtml,2022年7月7日。

尊重利人民的意愿和选择，解决利问题根本之道在于政治对话以及解决利问题应标本兼治。① 2018 年上半年，中国驻利比亚使馆临时代办王奇敏又分别两次会见利比亚国家最高委员会领导人和团结政府官员，表示中方支持《利比亚政治协议》② 和联合国利比亚问题特别代表萨拉迈（Salame）提出的关于在联合国领导下恢复利比亚人自主的包容性政治进程的《联合国行动计划》，希望利比亚能顺利举行议会和总统选举，早日实现国家安全与稳定。11 月，马朝旭大使在安理会发言中强调，应加强联合国在利比亚问题上的斡旋作用。他还呼吁利比亚邻国、非盟、阿盟、欧盟等各方加大同联合国的协调与合作，共同帮助落实联合国行动计划。③

由于利比亚冲突趋势有增无减，为停止军事升级、促使利比亚回到内部和解进程的轨道上，2020 年 1 月 19 日，德国主持召开了利比亚问题柏林国际会议。会议决定成立由哈夫塔尔领导的利比亚国民军和萨拉杰领导的民族团结政府各派 5 名代表参加的"5 + 5"模式的联合军事委员会，以便就全面停火进行谈判，并提出了武器禁运、解散民兵组织、外国撤军及重返政治进程等。但由于萨拉杰和哈夫塔尔等关键人物均未能到场，协议基础因而比较薄弱。尽管如此，各方仍认为峰会成果来之不易。中央外事工作委员会办公室主任杨洁篪作为习近平主席的特别代表出席了本次会议，并肯定了峰会取得的成果。④

柏林峰会后，为推动峰会成果得到兑现，中国继续展开外交行动。1 月 30 日，在安理会利比亚问题公开会上，中国呼吁利比亚各方、有关地区国家和国际社会共同努力，将柏林利比亚问题国际会议成果落到实处。

---

① 《王毅阐述中方对解决利比亚问题的三点基本原则》，2015 年 9 月 4 日，https：//www.mfa.gov.cn/web/wjbzhd/201509/t20150904_352463.shtml，2022 年 7 月 7 日。

② 2015 年 12 月，联合国支持利各派在摩洛哥签署了《利比亚政治协议》，设立总理委员会，组建民族团结政府，并举行选举。

③ 中华人民共和国常驻联合国代表团：《马朝旭大使在安理会利比亚问题公开会上的发言》，2018 年 11 月 8 日，https：//www.mfa.gov.cn/ce/ceun/chn/hyyfy/t1611752.htm，2022 年 7 月 8 日。

④ 田园：《利比亚问题柏林峰会：和平还有多远》，《光明日报》2020 年 1 月 22 日，第 11 版。

中国方面还表示，作为安理会常任理事国，中国将继续支持和推动利比亚问题政治解决进程，支持利比亚人民对和平与安宁的追求，为利比亚恢复和平稳定作出积极贡献。① 2月12日，在柏林会议有关利比亚停火协议结论的基础上，安理会通过了旨在遏制利比亚全境暴力升级的2510号决议，要求交战各方承诺"持久停火"。中国赞成这一决议。7月8日，国务委员兼外交部长王毅出席联合国安理会利比亚问题高级别公开视频会议时，提出关于解决利比亚问题的四点意见：第一，推进全面停火止暴；第二，坚持政治解决方向；第三，消除危机外溢影响；第四，恪守联合国宪章宗旨原则。王毅指出，这是安理会有效履行职责的重要前提，也是维护国际和平与安全的有力保障。② 10月，由联合国支持的日内瓦第四轮会谈举行后，利比亚交战双方代表签署协议，同意在该国所有地区永久停火，这标志着利比亚"实现和平与稳定的重要转折点"③。

在达成停火协议后，中国希望再接再厉，与国际社会共同努力促成利比亚国内选举。为评估利比亚国家的政治进展，为利比亚可能在12月份举行的全国大选做准备，以及继续讨论外国军队和雇佣军撤离等重要问题，2021年6月23日，中国与各方共同参与了第二届利比亚问题柏林会议。然而，利比亚国内的条件并不利于举行选举，选民两极分化严重，政治派别之间的斗争根深蒂固。本应负责审查候选人并裁决争议结果的司法机构也缺乏公正性。④ 联合国支持的旨在为利比亚选举铺平道路的会谈未能取得成功。在利比亚政治进程的不确定性继续上升的情况下，2022年5月，中国代表在安理会审议利比亚问题时，再度呼吁坚持政治

---

① 中华人民共和国常驻联合国代表团：《吴海涛大使在安理会利比亚问题公开会上的发言》，2020年1月30日，https://www.fmprc.gov.cn/ce/ceun/chn/hyyfy/t1737708.htm，2022年7月8日。

② 《王毅出席联合国安理会利比亚问题高级别公开视频会议》，2020年7月9日，http://www.gov.cn/guowuyuan/2020-07/09/content_5525202.htm，2022年7月10日。

③ Pip Cook, "Libya's Rival Forces Agree to Ceasefire", October 23, 2020, https://genevasolutions.news/peace-humanitarian/libya-s-rival-forces-agree-to-ceasefire，2022年7月10日。

④ Steering Libya Past Another Perilous Crossroads, March 18, 2022, https://www.crisisgroup.org/middle-east-north-africa/north-africa/libya/b85-steering-libya-past-another-perilous-crossroads，2022年7月10日。

解决利比亚问题的大方向，各方要保持对话势头，尽快就宪法基础、选举时间表等重要问题达成全面共识，为举行选举、实现政治过渡创造必要条件。①

（五）协调也门问题坚持不懈

也门是另一个深度卷入阿拉伯剧变危机的中东国家。2013年也门总统萨利赫（Saleh）在国内抗议声中宣布下台，将权力移交给副总统哈迪（Hadi）。然而遗憾的是，拟议中的也门政治过渡也同样未能实现。2014年9月，长期占据也门北部的胡塞武装（Houthis）攻占了首都萨那，也门局势急转直下。2015年2月15日，安理会一致通过2201号决议，要求也门各方通过协商对话和平解决分歧，推动也门各方实现和解、尽快恢复局势稳定。但胡塞武装拒绝接受决议，并于2015年3月控制了也门的大多数省份，哈迪被迫流亡。考虑到伊朗支持胡塞武装崛起所造成的威胁，为恢复哈迪政府，沙特领导盟军对胡塞武装发起军事行动，也门战争打响。

也门战争爆发后，中国坚持以海合会倡议②和安理会2201号决议作为解决也门问题的依据，积极参与也门和平进程，劝和促谈，努力拉近各方距离、弥合各方分歧。2015年4月17日，习近平主席在应邀同沙特国王萨勒曼（Salman）通电话时，敦促加快也门问题政治解决进程。③2015年9月29日，王毅外长出席联合国总部举行的安理会五常外长与联合国秘书长工作会晤。在讨论也门局势时，王毅表示，也门持续危机及其溢出效应需要五常高度重视。五常应发挥各自作用，推动各方切实落实安理会决议和海合会倡议，通过对话寻求兼顾各方关切的解决方案，

---

① 中华人民共和国常驻联合国代表团：《戴兵大使在安理会审议利比亚问题时的发言》，2022年5月26日，http://un.china-mission.gov.cn/chn/zgylhg/202205/t20220527_10693320.htm，2022年7月10日。

② 2011年也门爆发民众抗议运动后，海合会提出了旨在化解也门危机的《倡议书》，内容包括萨利赫总统将权力和平移交给副总统、于30天内辞职、成立由反对派领导的联合政府并举行总统大选等。

③ 《习近平同沙特阿拉伯国王萨勒曼通电话》，《人民日报》2015年4月18日，第1版。

同时应积极发挥主要地区国家的作用。① 2016年1月，习近平主席访问沙特期间，两国发表了关于建立全面战略伙伴关系的联合声明，其中强调"维护也门统一、独立和主权的坚定立场，希望也门各社会、宗教、政治派别维护自身民族团结，避免采取任何可能造成也门社会分裂和混乱的决定，支持也门合法政权，支持联合国安理会有关决议及海合会关于也门的倡议。"②

2015年至2016年，中国驻也门大使田琦先后数十次与也门总统哈迪、总理本·达格尔、副总统兼总理巴哈赫、也门全国人民大会党总书记祖卡以及胡塞武装领导人萨马德等也门国内各方领导人会面或通电话。田琦大使在与他们的对话中表达了中方对也门问题的关注，以及希望政治解决也门问题的愿望。田琦还多次会见联合国秘书长也门问题特使艾哈迈德（Ahmed），表示中方将继续支持联合国及艾哈迈德特使的斡旋工作，推动也门问题早日回归政治解决的正确轨道。2017年3月2日，在会见海湾合作委员会助理秘书长欧维什格时，田琦大使强调中方高度重视海合会在解决也门问题上发挥的作用，愿与海方共同努力，推动也门问题早日得到政治解决。2018年12月6日，在瑞典也门和谈会议期间，中国新任驻也门大使康勇与也门代表团团长耶曼尼外长及胡塞代表团团长阿布杜·萨拉姆等进行了接触，康勇表示，希望也门和谈双方抓住机遇，积极努力，缩小分歧，为也门人民带去和平。③

南也门分离主义组织南方运动自2017年5月宣布成立南方过渡委员会（STC）后，一直与哈迪政府部队之间进行军事对抗。2019年8月，双方在也门南部的亚丁发生严重冲突，造成数百人死伤，哈迪政府被南方过渡委员会驱逐出了亚丁。8月7日，安理会五个常任理事国的驻也门大使共同就亚丁局势发表联合声明，表达对亚丁暴力活动升级的担忧，

---

① 《王毅：推动对话谈判，政治解决也门问题》，2015年9月30日，https://www.mfa.gov.cn/web/zyxw/201509/t20150930_334809.shtml，2022年7月11日。
② 《中华人民共和国和沙特阿拉伯王国关于建立全面战略伙伴关系的联合声明（全文）》，《人民日报》2016年1月20日，第2版。
③ 《新一轮也门和谈在瑞典举行》，2018年12月7日，https://www.fmprc.gov.cn/ce/ceyem/chn/sgdt/t1619926.htm，2022年7月12日。

呼吁各方通过对话解决分歧。危机升级后，中国在也门政府与南方过渡委员会之间发挥了积极的协调作用。康勇大使先后多次与也门总理、外长、南方运动领导人亚辛以及阿联酋驻也门大使等人士举行会谈。康勇表示，中方关注也门南部局势进展，始终认为武装冲突无益于当前局势，希望也门问题各方通过对话解决分歧。① 康永还强调，中方在也门问题上一直秉持客观公正立场，支持在联合国安理会相关文件、海合会倡议及其执行机制和也门全国对话会成果文件的基础上政治解决也门问题，中方将继续这一客观公正立场，在亚丁问题解决进程中发挥应有的作用。② 2019年，11月5日，在沙特的直接干预下，哈迪政府与南方过渡委员会签署了有关权力分配的《利雅得协议》，中国在协议签署前与各方的接触也在其中发挥了积极作用。协议签署后，康勇大使表示了对协议的欢迎，并呼吁各方履行协议内容，使其"成为也门问题全面政治解决进程的起点"。③ 康大使还利用多种场合敦促双方克服困难，为落实协议而努力。

在哈迪政府与南方过渡委员会最终于2020年12月同意组建联合政府，实现了也门南部大部分地区名义上的统一后，也门政府军与胡塞武装之间的冲突也就成为了也门的最后症结。中国则继续坚持双方通过和谈解决问题。在沙特表达出政治和解的意愿后，中国表示支持沙特和也门政府发出和平解决冲突的积极信号和承诺。2021年4月12日，康勇大使在参加P5+4（联合国安理会五大常任理事国、欧盟、德国、瑞典、科威特）也门问题高官会时，呼吁在也门立即降低冲突、实现停火，并希望包括海湾国家在内的有关各方加强沟通协调，抓住当前的良好契机相向而行，推动也门和平进程不断向前发展，实现新的突破。④ 2022年4

---

① 《康勇大使会见也门副外长哈德拉米》，2019年9月4日，http://ye.china-embassy.gov.cn/sgdt/201909/t20190904_1865007.htm，2022年7月12日。
② 《康勇大使会见也门南方运动领导人亚辛》，2019年8月21日，http://ye.china-embassy.gov.cn/sgdt/201908/t20190821_1864987.htm，2022年7月12日。
③ 《康勇大使会见也门副总理罕白什》，2019年11月14日，http://ye.china-embassy.gov.cn/sgdt/201911/t20191114_1865172.htm，2022年7月12日。
④ 《康勇大使参加P5+4也门问题高官会》，2021年4月13日，https://www.mfa.gov.cn/ce/ceyem//chn/sgdt/t1868593.htm，2022年7月13日。

月，在联合国的斡旋下，自内战爆发七年后，也门交战双方首次同意了暂时休战。然而，也门局势依然非常危险，将停火转变为政治进程的难度非常大。

结　语

　　回顾改革开放以来对中东热点问题的协调历程，中国经历了从最初仅在巴勒斯坦问题等少数中东热点事务中的谨慎参与，到21世纪最初十几年的积极行动有所作为，再到新时期广泛而富有成效的外交协调行动的过程。尽管中国在中东热点问题的治理方面并不处于主导位置，但越来越主动作为，积极开展劝和促谈的外交行动，标志着中国在中东地区的协调外交正加速走向成熟。总体来看，中国对中东热点问题的协调已经形成了以多边主义为原则、特使机制为特色、全方位服务于中国中东战略为目标的协调外交实践。

　　首先，坚持多边主义是中国参与中东问题大国协调的基本原则。冷战后，世界开始朝向多极化方向发展，多边主义成为国际社会充分凝聚共识、照顾彼此关切、平等协商化解危机来维护国际秩序的根本保障。在中东地区事务上，中国始终强调多边主义原则的重要性。为此，中国一贯坚持在联合国特别是安理会的框架下讨论中东安全问题，并通过与阿盟、非盟和海合会等地区组织合作来发挥积极作用。在实践中，联合国安理会以及有关中东热点问题的多边会谈机制，也一直是中国参与中东热点问题协调的主要平台。通过多边主义路径，中国积极配合其他大国以及各种国际和地区性组织促成相关协议的达成，为中东热点问题的政治解决创造条件并营造了良好的谈判氛围。

　　其次，特使机制是中国参与中东问题大国协调的一项重要特色。2002年，在中东和平进程遭遇巨大挫折的背景下，中国开始正式设立中国政府中东问题特使职务，开启了中国协调中东热点问题的机制创设先河，体现了中国外交实践的创新。迄今为止，中国已经设立了五位具有长期中东外交经历的资深外交官担任过这一职务,还在2016年任命了叙利亚问题特使。特使机制在中国参与中东问题协调的进程中具有多个方面的重要作用和意义:一是有助于中国政府集中而有效地在相关焦点问题上发挥劝和促谈作用;二是有助于中国方面与联合国及其他有关国家、国际组织的特使专门机制进行对接,促进相互间的沟通与合作,增强了中国在中东事务上的话语权;三是有利于对外宣传中国的中东政策;四是体现了中国独立自主的和平外交政策。

最后,服务于中国中东战略始终是中国参与中东问题大国协调的主要目标。多年来,中国对中东热点问题的协调外交在政治、经济与安全方面都产生了多重效应。政治方面,中国中东协调外交提升了中国在中东地区的影响力,塑造了中国负责任大国的国际形象,加强了与中东国家的关系,促进了与中东国家的友好交流。经济方面,中国中东协调外交促进了中国与中东国家的经贸关系,有利于中国"一带一路"倡议在中东地区的顺利推进,也为中国在中东地区的能源安全提供更多的保障。安全方面,中东地区的安全与中国西部边疆地区的安全关系紧密,参与中东地区的安全治理也间接增进了中国本土的安全。

The Process of China's Participation in the Major Powers Coordination on Hotspot Issues in the Middle East

Wang Bo and Mu Chunhuan

Abstract: Since China announced its reform and opening in the late 1970s, its diplomacy has gradually transcended ideology. As a permanent member of the UN Security Council, China has begun to participate in coordinating hotspot issues in the Middle East by mediating the Palestinian issue and conducting shuttle diplomacy to deal with the Gulf crisis. Although limited by its strength in the initial stage, China could not have a substantial impact on Middle East affairs, this participation has created a good atmosphere for peace talks. After entering the new century, the Middle East has become an important part of China's peripheral strategy and a major source of energy, as well as China's ability to coordinate the issues in the Middle East. China not only continued to coordinate on the Palestinian issue but also played an important role in the political peace talks on the Iranian nuclear issue. Since the 18 National Congress of CPC, China has continuously opened up new prospects of major country diplomacy with Chinese characteristics, and adhered to the new principle of "dialogue rather than confrontation, partnership instead of alliance" in coordinating the hotspot issues in the Middle East, participated more extensively in the comprehensive coordination of the hotspot issues in the Middle East, and played an indispensable and important positive role.

Key Words: China's diplomacy; Diplomatic coordination; The Middle East; Hotspot Issues

19世纪老乔治·凯南对俄国国家形象的建构研究

戴博元[*]

【内容摘要】 在国际社会中,一国国家形象的好坏会在相当程度上影响该国与其他国家之间的关系。当前美国民众心中的俄国国家形象是在经历长期历史流变后固定下来的,在这一流变过程中,生活在19世纪后期的老乔治·凯南起到了关键作用。他先后四次游历俄国,是当时为数不多的到过俄国的美国人。老凯南不仅在游历中构建了他个人眼中的俄国国家形象,而且在回国后,通过撰写一系列关于俄国的读物以及举办巡回讲演,还极大地影响了当时美国民众的俄国观,使美国民众眼中的俄国国家形象经历了从"新奇友好"向"专制邪恶"的转变。受各种条件影响,老凯南所塑造的俄国国家形象并不都是客观准确的,在一定程度上带有主观与偏见。尽管如此,这些形象还是深入人心,并对之后的美俄关系产生了深远影响。

【关键词】 老乔治·凯南;俄国;国家形象

提起乔治·凯南这个名字,恐怕多数人首先想到的都是"长电报"和"遏制政策"的始作俑者,冷战时期美国著名的苏联问题专家乔治·F. 凯南(George Frost Kennan, 1904—2005,为与本文主要人物作区分,以下称小凯南)。但本文要讨论的则是小凯南的表祖父,与小凯南重名的

---

[*] 戴博元,北京师范大学历史学院博士研究生。主要研究领域为国际关系史,世界近现代史。

乔治·F. 凯南（George Frost Kennan，1845—1924，以下简称老凯南）。老凯南作为19世纪晚期美国著名的记者与旅行家，精通俄语，曾先后四次实地探察俄国。其回国后撰写的关于俄国的著作，以及一系列宣介俄国的社会活动使其成为风靡一时的俄国问题专家，也极大地影响了当时美国人心中的俄国国家形象，美国历史学家弗雷德里克·F. 特拉维斯（Frederick F. Travis）认为乔治·凯南对美俄关系的影响长达半个多世纪，"粗略地算从美国内战结束到俄国内战结束"①。

　　和人们对乔治·凯南这一姓名的联想与反应一样。虽然同样是著名的俄国问题专家，但老凯南在学界受到的关注度与其侄孙相比却相较甚远。② 小凯南及其提出的遏制政策固然对20世纪国际关系产生了深远影响，但老凯南对19世纪末20世纪初美国社会及民众关于俄国国家形象的引导与建构所产生的影响与其目前在学界的关注度是不相符的。此外，国家形象也是近年来学界及政府关注的热点问题，根据国际关系学者约瑟夫·奈（Joseph Nye）提出的"软实力"理论，国家声誉和形象是一国"软实力"的重要组成部分，这一观点已经得到了各国学界与政府的广泛认可。因此，通过回顾分析老凯南在当时的美国社会通过何种路径建构起了俄国的何种国家形象，以及产生了何种影响，是有一定的现实意义的。

---

① Frederick F. Travis, *George Kennan and the American-Russian Relationship, 1865 – 1924*, Athens: Ohio University Press, 1990, p. 377.

② 目前国外学界关于老凯南的研究已有不少成果见著，如Frederick F. Travis, *George Kennan and the American-Russian Relationship*, 1865 – 1924, Athens: Ohio University Press, 1990; David S. Foglesong, *The American Mission and the "Evil Empire": The Crusade for a "Free Russia" since 1881*, Cambridge: Cambridge University Press, 2007; Frith Maier, *Vagabond Life: The Caucasus Journals of George Kennan*, Seattle: Washington University Press, 2003; David Wrobel, "Considering Frontiers and Empires: George Kennan's Siberia and the U. S. West", *Western Historical Quarterly*, Vol. 46, No. 3, Autumn 2015, pp. 285 – 309; Taylor Stults, "George Kennan: Russian Specialist of the 1890s", *The Russian Review*, Vol. 29, No. 3, July 1970, pp. 275 – 285; Frith Maier, "The Forgotten George Kennan: From Cheerleader to Critic of Tsarist Russia", *World Policy Journal*, Vol. 19, No. 4, Winter, 2002/2003, pp. 79 – 84. 与国外相比，国内的相关研究则较为稀疏，主要成果有张建华：《帝国幻象：俄罗斯"国家形象"变迁与他者视野》，社会科学文献出版社2019年版；曾红：《1881—1904年美国对俄象征形象的重建》，硕士学位论文，山东大学，2014年。

一　国家形象相关概念

关于形象（Image）一词，不同历史时间及不同学科领域内，其含义不尽相同。该词最初属于文化学与传播学范畴。根据著名文化学家雷曼·威廉斯（Raymond Williams）的考证，"image"的早期含义是"设想不存在的东西或明显看不见的东西"，16世纪延伸到心智层面，17世纪又指向书写或言语中的"比喻"。在当代的用法里，其意思是"可感知的名声"①，而感知是人们对客观事物的一种主观感受。因此，从这个角度来说，形象是有主观性与客观性的。范红教授认为："形象的客观性是指形象的物质本源性，即任何形象都是以事物本身固有的形态、体貌等为依据形成的，不可凭空捏造。形象的主观性是指形象是人们对事物或人感知的总和，它带有强烈的主观意识，有时甚至还带有偏见。"②

国家形象这一概念古已有之，如中国西汉时期的对外政策之一"敢犯强汉者，虽远必诛"，实际上就是要向四周的少数民族传递一种汉朝实力强大，不容侵犯的强硬形象；又如19世纪的美国，伴随着大陆扩张与西进运动，越来越多的浪漫主义者把美国国家描述为"与其他任何国家都不同……与其他任何国家过去的历史几乎都没有关联……注定是代表未来的伟大国家"③，如此先例不胜枚举。而现代学术意义上的国家形象探讨大致开始于20世纪50年代，政治学家肯尼斯·博尔丁（Kenneth Boulding）是这一概念的理论奠基人。他最早提出了"national image"这一概念，并将其定义为"对行为体——国家（behavioral units-country）的

---

① 参见［英］雷蒙·威廉斯《关键词：文化与社会的词汇》，刘建基译，生活·读书·新知三联书店2005年版，第224—225页。
② 范红：《国家形象的多维塑造与传播策略》，《清华大学学报》（哲学社会科学版）2013年第2期。
③ John L. O'Sullivan, "The Great National of Futurity", *The United States Democratic Review*, Vol. 6, No. 1839, p. 426.

总体认知、情感和评估结构"①。此后，这一概念在政治学、管理学、传播学、心理学、历史学、经济学、文学等领域中被广泛讨论使用。

　　国家形象的概念传入我国后，不少学界前人也对定义解释这一概念做了大量有益尝试。如程曼丽教授认为国家形象"是一种主体意识，是国家或民族精神气质的闪光点……作为民族精神、意志的集中体现"；②刘继南教授认为："国家形象是指一国在其他国家人们心目中的综合评价和印象，主要体现在别国的大众传播媒介上"；③张昆教授认为："'国家形象'一方面可以理解为一个国家留给本国公众的总体印象和评价，另一方面还可理解为其他国家公众对本国总体特征和属性的感知。前者是自我本位的'国家形象'……后者是他者本位的'他我形象'，即他国媒介、民众对特定国家的总体印象"。④张建华教授认为："史学领域的'国家形象'概念仍然是基于认知、情感和行为三要素的心理意识。其关键之处是在历史上长期积累而成并且影响当代的'国家形象'，是在历史研究中所涉及国家（民族）之间的相互差异性认识的个案……他者视野是对国家形象评价和观察的关键渠道"。⑤从各自的专业领域给出关于国家形象概念不同定义的学者还有很多，在此不再一一列举。

　　在前人研究的基础上，笔者试图在此处对本文涉及的"国家形象"概念进行说明：首先，本文所涉及的"俄国国家形象"的感知主体应是老凯南个人及美国公众，即老凯南个人心目中的"俄国国家形象"与受老凯南影响的美国社会公众心目中的"俄国国家形象"，其中前者对后者起引导作用；其次，在本国国民自我认识的国家形象和别国他者视野下的国家形象之间，本文的研究内容应当属于后者；再次，国家形象就其具体内容来说，可以分为关于该国民众或主体民族的形象，以及关于该国政府的形象，政

---

① Kenneth Boulding, "National Images and International Systems", *Journal of Conflict Resolution*, Vol. 3, No. 2, 1959, pp. 120 – 131.
② 程曼丽：《大众传播与国家形象塑造》，《国际新闻界》2007年第3期。
③ 参见刘继南《大众传播与国际关系》，北京广播学院出版社1999年版。
④ 张昆：《当前中国国家形象建构的误区与问题》，《中州学刊》2013年第7期。
⑤ 张建华：《帝国幻象：俄罗斯"国家形象"变迁与他者视野》，社会科学文献出版社2019年版，第21页。

府虽然在很大程度上塑造了一国国家形象,但他者仍有多种非官方的路径认识该国形象,因此,这二者不可同一而论,本文所研究的老凯南建构的俄国国家形象,主要是关于俄国政府的形象,只是这一政府形象对后来美国民众心目中俄国国家形象的塑造又产生了重要影响;最后,在当时的历史条件下,囿于交通与通讯技术,对于隔洋相望的两国来说,关于另一国国家形象的构建路径远不如今天复杂多样,获取的他国信息也相当有限。因此,当时所建构的一国国家形象并不都是客观与准确的。

二 早期美俄关系与美国人眼中的俄国国家形象

俄国与美洲的接触最早可以追溯到17世纪中叶,不少人把1648年俄国探险家杰日涅夫(Семён Иванович Дежнёв)绕过杰日涅夫海角进入太平洋,证明美洲是新大陆作为美俄关系的历史开端。[①] 进入18世纪后,作为当时英国的殖民地,北美地区与俄国之间渐渐有了一些小规模的贸易往来,但由于地理条件的限制,再加上非官方沟通渠道的匮乏,两国民众很难也极少直接接触。因此,在美国独立前,对于北美社会的普通民众来说,俄国仍然是一个比较神秘而陌生的国家,"在美国人看来,俄国既不是'旧世界'欧洲的形象,也不是'新世界'美洲的形象,而完全是一个神秘的世界"[②],这一时期俄国在美国社会的形象可以说是"神秘的陌生人"。

北美独立战争期间,沙皇叶卡捷琳娜二世婉拒了英王乔治三世协助镇压北美起义的请求,俄国在北美独立战争中保持中立并组织了武装中立同盟,这些行为使英国在国际上受到了一定孤立,间接支援了北美独立战争。同时,这也使叶卡捷琳娜在北美人民心目中的形象地位陡增,"叶卡捷琳娜

[①] 鲍尔霍维基诺夫:《俄美关系的开端,1775—1815》,莫斯科,1966年,第269—170页,转引自董小川《美俄关系史研究(1648—1917)》,东北师范大学出版社1999年版,第17页。

[②] E. Anschel, *The American Image of Russia*, 1775 – 1917, New York: Frederick Ungar, 1974, p. 2.

二世……改变了许多美国人的看法,他们教育自己的后代:叶卡捷琳娜二世是我们的'独立之母'"。① 美国独立后,美俄之间的贸易往来日益密切,两国政府也都愈加重视对方。1803 年,两国互派领事。1809 年,美俄两国分别任命约翰·昆西·亚当斯(John Quincy Adams)和安德烈·雅科夫列维奇·达什科夫(Андрей Яковлевич Дашков)为大使,正式建立了外交关系。此时俄国在美国社会的形象已经成为了"遥远的朋友"。

19 世纪初至 19 世纪前中期,美俄两国都在专注于对外扩张,19 世纪前期,两国在北美大陆的西北太平洋海岸曾发生过一些利益冲突。北美大陆西北太平洋海岸地区不仅有利润较高的毛皮贸易,而且也在美国对亚洲贸易的路线上。此外,俄国在这一地区的扩张很有可能影响到美国今后向这一地区的扩张。因此,美国对俄国在北美向南扩张的活动表现出了极大不满。另一方面,俄国也对美国对俄美地区的渗透感到不安。1812 年北美第二次独立战争期间,美国无暇兼顾这一地区,但之后双方对这一地区的关注度都愈加上升,特别是在 1821 年,沙皇亚历山大一世发布敕令规定北纬 51°为俄美殖民地的南部边界后,美国对此反应十分激烈。在美国驻俄大使给俄国外交大臣的信中,他直接指出"美国公众舆论对这个敕令十分不满,美国总统坚信,美国政府绝不会接受那些条款……现在什么都不需要了,要么宣战,要么宣布沙皇敕令那些条文无效"。② 1823 年,美国总统门罗又推出了著名的"门罗主义",表明了美国坚持美洲非殖民化的原则。至此,两国关于这一地区利益的争论达到了高潮。

面对美国政府的强硬态度,沙皇让步了。1823 年,沙皇政府派驻了新的驻美大使图厄利,并表示希望以友好的态度解决太平洋西北海岸的问题,美国国务卿也立即对此做出了回应:"美国期望保持普遍和平,特别是与俄罗斯帝国政府。"③ 由此可见两国政府都不愿为了这一地区的摩

---

① T. A. Bailey, *America Face Russia*, *Russian – American Relations from Early Times to Our Day*, New York: Cornell University Press, 1950, p. 3.
② 《美国国家档案》,《外交关系》第 4 卷, 第 42—45 页, 转引自董小川《美俄关系史研究(1648—1917)》, 东北师范大学出版社 1999 年版, 第 112 页。
③ W. C. Ford, "John Quincy Adams and the Monroe Doctrine", *American Historical Review*, Vol. 7, No. 4, July 1902, pp. 41 – 44.

擦破坏整体良好的双边关系。1824年，双方签订了《美俄关于太平洋和美洲西北海岸的协定》，这一协定暂时解决了双方在这一地区的争端。由于俄国的重心始终在欧洲，因此在几十年后，伴随着将阿拉斯加出售给美国，俄国主动退出了北美地区。

实际上，除了这一地区的利益摩擦外，19世纪前中期美俄关系总体是在不断向前发展的，如两国在1832年签订了《商务与航海条约》，相互给予最惠国待遇。两国政府在国际社会中也曾多次站在与对方一致或有利的立场，如：1812年北美第二次独立战争期间，沙皇曾主动居中调停；克里米亚战争时期，美国也曾试图居中调停。总的来说，在19世纪前中期，美俄双方建立起了较为良好的国家关系。但除了官方之外，由于遥远的距离与少的可怜的民间接触，普通美国民众心目中的俄国国家形象仍然停留在无所依的想象之中，在多数美国人眼里，俄国只是一个"具有异国风情，充满有趣的人的国度"[①]。

三 老凯南对俄国国家形象的建构

老凯南1845年出生在俄亥俄州的一个普通家庭，少年时在夜校学习，没有接受过高等教育。南北战争爆发时，老凯南年仅16岁，他曾主动到北方参军，却因为身材矮小，性格不健康，无法在前线服役，只能在辛辛那提的军用电报局工作。1865年，西方联合电报公司（Western Union Telegraph Company）提出要修建一条穿越阿拉斯加、西伯利亚直达欧洲的电报线，老凯南得知后报名参加了前期的路线勘察工作，由此开启了他的第一次俄国之行。

在出行俄国前，老凯南对俄国的具体印象不得而知，但可以肯定的是，他本人对俄国的了解应该是与普通美国民众并无二致，即印象完全来源于

---

① Helen Hundley, *George Kennan and the Russian Empire：How America's Conscience Became an Enemy of Tsarism*, http：//www.wilsoncenter.org/sites/default/files/ACF2B0.pdf, p.1.

想象，而这一想象中的形象多少有些负面，这一点从凯南1865年第一次踏上俄国领土时的感受中不难看出："堪察加半岛的名字在我们心目中一直是与贫瘠一词相联的，我们从来没有想过有如此一个国家能够拥有这样美丽的景色和茂盛的植被"①。1868年，凯南结束了第一次俄国之行。从凯南回国后发表在《普特纳姆》（Putnam）杂志上的文章和1870年出版的著名《西伯利亚的帐篷生活》（Tent Life in Siberia）的内容中可以看出，老凯南在第一次俄国之行中关注的基本都是俄国当地的风土人情与自然景观。异国淳朴的原始居民与奇异美景使老凯南耳目一新，在其心目中重绘了一个美好的、崭新的俄国形象，"对一个新国家的第一印象是最清晰、最生动，也是最持久的，而对我来说似乎特别幸运的是，当我在未来回顾过去的旅行经历时……我相信，当回忆起第一次看到堪察加山脉以及我的双眼被'明艳天空中的色彩'吸引时，这些都会给我带来最美好的印象"②。

第一次游历归来后，老凯南撰写发表的文章与出版的书籍都大受公众欢迎，这也使他开始筹划第二次俄国之行，"他重返俄国的想法肯定受到了他作为一名公众演说家，以及发表在普特纳姆杂志上的几篇关于西伯利亚的文章受到了公众认可的影响"③。1870年，老凯南独自一人开始了第二次俄国之行。关于这次旅行的经历，除了老凯南偶然间得到了格鲁吉亚王子——乔尔吉·乔尔加兹（Giorgi Jorjadz）的帮助④之外，乏善可陈。其回国后撰写的相关文章，内容仍然是关于当地的商业贸易，风土人情以及自然环境⑤，而老凯南对俄国的印象也并没有发生太大改变，总体仍然是持积极、欣赏的友好态度。其在文章中赞叹圣彼得堡、诺夫哥德罗以及莫斯科等城市的繁华程度，甚至将俄国政府对东北西伯利亚游牧部落的扩张看作是一种进步。

---

① George Kennan, *Tent Life in Siberia*, London: S. Low, Son & Marston, 1877, p. 28.
② George Kennan, *Tent Life in Siberia*, London: S. Low, Son & Marston, 1877, p. 30.
③ Frith Maier, "The Forgotten George Kennan: From Cheerleader to Critic of Tsarist Russia", *World Policy Journal*, Vol. 19, No. 4, Winter 2002/2003, p. 80.
④ 参见 Frith Maier, "The Forgotten George Kennan: From Cheerleader to Critic of Tsarist Russia", *World Policy Journal*, Vol. 19, No. 4, Winter 2002/2003, p. 80.
⑤ 参见 George Kennan, "A Journey through Southeastern Russia", *Journal of the American Geographical Society of New York*, Vol. 15, 1883, pp. 289–318.

1881年，沙皇亚历山大一世在俄国被刺身亡，这在美国引发了关于俄国制度的大讨论。起初，老凯南是沙皇政府与俄国政治制度的坚定维护者。在反对者以西伯利亚流放制度为切入点对沙皇政府发表攻击言论时，老凯南总是对其进行辩护。但当越来越多的亲历者，如西伯利亚地方学者、西伯利亚人亚德林采夫（Nikolai Yadrintsev）、前美国驻俄领事馆成员、在西伯利亚旅行过的年轻人威廉·杰克逊·阿姆斯特朗（William Jackson Armstrong）等猛烈反驳自己的观点时，老凯南认识到有必要对西伯利亚流放制度进行一次亲身实地探访，"我去俄国不是为了观察幸福的家庭，也不是为了欣赏沙皇的美德。我去俄国是为了研究刑罚制度的运作，认识被流放、被驱逐的人和罪犯，并确定政府是如何对待东西伯利亚监狱和矿井里的反对派的"[①]。

由于之前老凯南在美国社会积极营造俄国的正面形象，且产生了广泛影响，这使得他在俄国政府当中有较好的声誉。因此，老凯南的这次俄国之行也得到了俄国政府的支持，"他很容易地获得了给东西伯利亚总督伊格那提耶夫将军和第一助理外交部长的信件，而俄驻美外交大使斯特鲁夫男爵和亚历山大三世本人也对凯南的旅行提供了帮助"[②]。除了官方的支持以外，老凯南在这次出发前还专程找到了亚德林采夫，他认为寻求这位从小在西伯利亚长大，对西伯利亚流放制度有相当了解的西伯利亚专家的建议是非常有必要的，"我特别希望在圣彼得堡会见和咨询的西伯利亚专家中有亚德林采夫先生……如果我能以适当方式认识他，获得他的信任，我不仅可以从反政府人士一方了解流放制度，而且还能获得大量关于西伯利亚有价值的建议和信息"[③]。最终，在老凯南出发

---

① George Kennan, "Mr. Kennan's Reply to Certain Criticisms", *Century Magazine*, Vol. 20, Oct 1891 (B), p. 958.

② Helen Hundley, *George Kennan and the Russian Empire: How America's Conscience Became an Enemy of Tsarism*, http://www.wilsoncenter.org/sites/default/files/ACF2B0.pdf, p. 2.

③ Library of Congress, Manuscript Division, George Kennan Papers 6, Folder 1885, *Letter from GK to Smith*, St. Petersburg, 18/30 May 1885, 4–5, 转引自 Helen Hundley, *George Kennan and the Russian Empire: How America's Conscience Became an Enemy of Tsarism*, http://www.wilsoncenter.org/sites/default/files/ACF2B0.pdf, p. 4.

前,两人在圣彼得堡进行了一次接触交流。这次交流是有价值的,亚德林采夫给老凯南提供了一份长达七页的手写指南以及一封给西伯利亚当地人的介绍信,指南里列出了老凯南需要了解的人或机构的名单、应该到访的城镇以及要注意的事项等。

做好相关准备后,老凯南于1885年5月,在《世纪》杂志(Century Magazine)的资助下出发前往俄国,开始了为期10个月的考察。在这次考察中,他参观了外贝加尔地区臭名昭著的卡拉矿区,依照亚德林采夫提供的清单,走访了大大小小的关押犯人的矿井、监狱,并与包括政府官员、杰出公民、流亡者、流亡者家庭成员在内的各类人士交谈。1886年初,他返回圣彼得堡,但因为资料的敏感性以及身染小疾,他未多停留便去往伦敦。在伦敦,他又与包括克拉夫钦斯基(即民粹派领袖斯捷普尼亚克,S. M. Kravchinsky)、克鲁泡特金(Peter Kropotkin)在内的一些俄国著名的政治流亡者密切交流。1886年4月,老凯南从伦敦返回圣彼得堡后又找到了亚德林采夫,两人就西伯利亚流放制度进行了进一步讨论。1886年5月,老凯南再次出发,前往高加索地区,探访了亚德林采夫提供的名单中的另一批流放人员。随后,老凯南回到了美国。1885—1886年的这段旅行是老凯南最后一次俄国之行,这趟旅行深刻改变了老凯南关于俄国的看法与印象,可以肯定的是,老凯南已经从之前俄国政府的辩护者转而成为坚定的攻讦者,直到去世,其立场未再发生过变化。至此,在四次俄国之行后,老凯南眼中的俄国国家形象完成了从最初新奇、友好的积极形象到专制、邪恶的消极形象的转变。

在当时,老凯南主要是通过主流的传播媒介——如期刊杂志、图书,以及在当时流行的巡回讲演对美国公众眼中俄国国家形象进行引导性建构。每次游历俄国后,老凯南都会在期刊报纸上发表关于其在俄国见闻的文章。实际上这也与他的职业身份有关,彼时凯南的身份是美联社记者。第一次回国后,老凯南便在《普特纳姆》杂志上发表了《西伯利亚露营》、《与游牧的科里亚克人的帐篷生活》、《北极光》、《冬季北极之旅》等一系列文章,① 这些文章发表后产生了广泛影响。因此,在老凯南1885 年俄国之行前,美国 19 世纪晚期最受欢迎的期刊之一《世纪》杂志便与老凯南签订了合约,由世纪公司资助老凯南的俄国之行并提前付给稿费,待老凯南回国后由世纪公司出版发表其文章与著作。从 1887 年到1890 年代中期,"老凯南在当时流行的杂志上发表了几十篇充满激情的文章,对西伯利亚和流放制度进行了大量详细的描述"。② 其中在《世纪》杂志上发表的系列文章取得了巨大的成功,《世纪》杂志对老凯南关于流放制度的系列文章给予了高度评价:"这是《世纪》杂志获得过的最高荣誉和特权"③。这些文章后来被汇编为《西伯利亚与流放制度》(*Siberia and the Exile System*)一书,深刻影响了当时美国民众眼中的俄国形象。在老凯南记者生涯的后期,他的目光逐渐从西伯利亚流放制度转向了当时的一些热点政治事件,如美西战争、日俄战争、第一次世界大战、俄国革命等,但其目光始终未远离俄国,这些文章也多发表在《世纪》、《大西洋月刊》以及《展望》等当时最流行的期刊杂志上。

除文章外,老凯南还创作出版了不少关于俄国的专著。在其诸多著述中,最有名的当属 1870 年出版的《西伯利亚的帐篷生活》以及 1891 年出版的《西伯利亚与流放制度》一书。前者使老凯南作为"俄国专家"声名鹊起,"这本书加印了 14 次,因为老凯南迷人的写作风格与描述能力,以及他所经历的真正的冒险勾起了人们的兴趣,这本书得以与理查德·弗朗西斯·伯顿和伊莎贝拉·伯德④等人的经典作品相提

---

① 具体为: George Kennan, "Camping Out in Siberia", *Putnam's Monthly Magazine*, Vol. 12, Issue. 9, Sep. 1868, pp. 257 – 267; George Kennan, "Tent – Life with the Wandering Koraks", *Putnam's Monthly Magazine*, Vol. 13, Issue. 13, Sep. 1869, pp. 18 – 27; George Kennan, "Tent – Life in Kamchatka" *Putnam's Monthly Magazine*, Vol. 14, Issue. 23, Nov 1869, pp. 574 – 583; George Kennan, "Arctic Aurora", *Putnam's Monthly Magazine*, Vol. 16, Issue. 32, Aug 1870, pp. 197 – 202; George Kennan, "Arctic Travelling in Winter", *Putnam's Monthly Magazine*, Vol. 16, Issue. 33, Sep. 1870, pp. 313 – 318.

② David S. Foglesong, *The American Mission and the "Evil Empire": The Crusade for a "Free Russia" since 1881*, Cambridge: Cambridge University Press, 2007, p. 16.

③ Frederick F. Travis, *George Kennan and the American-Russian Relationship, 1865 – 1924*, Athens: Ohio University Press, 1990, p. 154.

④ 理查德·弗朗西斯·伯顿(Richard Francis Burton), 19 世纪英国著名探险家;伊莎贝拉·伯德(Isabella Bird), 19 世纪英国著名女探险家。

并论"①。这本书在广受欢迎的基础上也给美国民众塑造了关于俄国的初印象，使美国民众心目中的俄国形象不再完全基于想象，而是被奇特优美的山川河流和质朴热情的异国新民填充起来，逐渐具象。该书也同时得到了俄国人的高度认可。1872 年，美国驻圣彼得堡总领事专门写信给老凯南，表扬他的这本书，说在俄国有很多人读过它，而且很喜欢它。② 而 1891 年的《西伯利亚与流放制度》一书，其影响同样远至欧洲。该书甫一出版，便被翻译成了德文，1892 年又被译成荷语，随后，又被日内瓦俄国侨民社区的俄侨翻译为俄文。③ 老凯南在该书中不仅如实地描述了自己在流放系统中看到的景象，而且还充分调动人们的想象力，"鼓励读者把不同季节里的监狱想象成是一个完美地悲惨地狱的景象"④，极尽所能从道德、政治、宗教层面对沙皇政府进行严厉谴责，成功地在美国民众心中塑造出了一个残暴、专制、黑暗、邪恶的沙皇政府，他通过这本书"已经激起了美国人同情和愤慨的热情，让美国人更能感受和理解俄国造反者"⑤。

举办面向公众的演讲活动，是当时美国社会宣传个人观点或思想的一种主流方式。老凯南也同样通过这种方式向美国公众传达自己在俄国游历的所见所闻。1870 年《西伯利亚的帐篷生活》一书出版的同时，老凯南举办了他的第一次公开演讲，但此时的他只是小有名气，因为生活拮据的缘故，他很快就又回到了电报局工作。直到 1882 年，在美国地理协会邀请老凯南做的一场报告中，老凯南大肆为西伯利亚流放制度和俄国政府辩护，从而激起了针对流放制度的大讨论，"凯南的演讲生涯在此时才正式开始"⑥。1889—1898 年，老凯南在美国举行了累计约 800 多场充满激情的

---

① David Wrobel, "Considering Frontiers and Empires: George Kennan's Siberia and the U. S. West", *Western Historical Quarterly*, Vol. 46, No. 3, Autumn 2015, p. 291.

② Frederick F. Travis, *George Kennan and the American-Russian Relationship, 1865 – 1924*, Athens: Ohio University Press, 1990, p. 41.

③ Helen Hundley, *George Kennan and the Russian Empire: How America's Conscience Became an Enemy of Tsarism*, http://www.wilsoncenter.org/sites/default/files/ACF2B0.pdf, p. 12.

④ Davis S. Foglesong, *The American Mission and the "Evil Empire": The Crusade for a "Free Russia" since 1881*, Cambridge: Cambridge University Press, 2007, p. 16.

⑤ George Kennan, *Siberia and the Exile System*, p. 177.

⑥ Frith Maier, "The Forgotten George Kennan: From Cheerleader to Critic of Tsarist Russia", *World Policy Journal*, Vol. 19, No. 4, Winter 2002/2003, p. 83.

演讲。老凯南在演讲中不仅精于迎合听众的心理，而且善于调动听众的情绪。例如老凯南最喜欢在演说中讲的一个戏剧化的小故事是："1876年，当美国人庆祝独立宣言诞生百年的同时，在圣彼得堡的监狱中，三百名政治犯也在秘密缝制一小面美国国旗，并在7月4日勇敢地将旗子悬挂在了牢房的铁栏上，以此表达对自由的追求。"① 毫无疑问，类似的故事一定会引来台下观众热烈的欢呼与共情。又如在进行关于西伯利亚流放制度的演讲时，老凯南总是会在中途换上西伯利亚流放者与罪犯所穿的囚服，带上手铐与脚链，将自己打扮地蓬头垢面，以此生动还原流放者的悲惨处境。通过以上方式，老凯南的巡回演讲活动取得了巨大的成功，"在19世纪末，演讲起到了今天电视的教育作用，而凯南是这个国家最受欢迎的讲师之一，在1890—1891年，他创造了连续出场次数最多的记录——除了周日以外，连续演讲200个晚上。这些讲座每次都能吸引多达2000名听众"。②

通过在杂志上发表文章、出版书籍、进行巡回演讲三种主要路径，老凯南不仅使美国公众增进了对俄国的了解，而且成功引导了美国公众心目中俄国国家形象的建构过程，"在19世纪60年代第一次访问俄罗斯帝国后，他努力创造了一个温和的、友好的俄罗斯形象，考虑到它在欧洲的位置，君主专制政体以及异国的性质，这是一个不小的壮举……在1886年与俄罗斯的反政府份子打交道后，他又试图对美国公众揭露俄国政府的邪恶，他……塑造美国的公众舆论，并在很大程度上取得了成功"③。老凯南使美国公众心目中的俄国国家形象完成了从1870年代的新奇、友好到1890年代的专制、邪恶的转变。

---

① Davis S. Foglesong, *The American Mission and the "Evil Empire": The Crusade for a "Free Russia" since 1881*, Cambridge: Cambridge University Press, 2007, p. 17.
② Frith Maier, "The Forgotten George Kennan: From Cheerleader to Critic of Tsarist Russia", *World Policy Journal*, Vol. 19, No. 4, Winter 2002/2003, p. 83.
③ Helen Hundley, *George Kennan and the Russian Empire: How America's Conscience Became an Enemy of Tsarism*, http://www.wilsoncenter.org/sites/default/files/ACF2B0.pdf, p. 1.

四 老凯南对俄国国家形象建构的影响与评价

首先,老凯南对美国公众心目中俄国国家形象的建构起了主导作用,其影响力是毋庸置疑的。以期刊文章为例,有数据表明,当时的某一期刊在发表老凯南的系列文章后,其订阅量会明显增加。① 在老凯南1886年回国,连续在《世纪》杂志发表关于西伯利亚流放制度的文章后,《世纪》杂志每期发行量都超过了二十万册;② 以出版的书籍为例,其《西伯利亚的帐篷生活》被认为是19世纪最经典的旅行游记之一,而《西伯利亚和流放制度》也对美国的公众舆论产生了深远的影响;以巡回演讲为例,其演讲足迹遍布美国各州,"每场听众一般在1000到2000人之间,累计达到约100万人次"③。总之,"19世纪末,让公众舆论反对俄国沙皇政府的大部分责任都属于他"。④

但是,老凯南在公众舆论领域内的影响力在当时是否延伸到了政治或其他领域呢? 由于史料所限,作者无法确认老凯南是否直接影响了这一时期美俄政府之间关系,但总的来说,这一时期的美俄两国并没有直接的利益冲突,两国关系也没有产生大的波动,而是继续向前发展。1887年,双方签订了《引渡条约》,进一步加强了在司法领域的合作。1891—1893年俄国发生大饥荒时,美国政府与社会积极伸出援手。两国在文化领域的交流也日趋增多,19世纪末期,大量俄国经典文学作品被翻译成英文传入美国,还在美国掀起了一股俄国文学热。由此可见,老

---

① 根据《展望》杂志广告部的统计,在宣布将要刊发凯南关于美西战争的文章后,一周之内增加了3852名新的订阅者。New York Public Library, Rare Book and Manuscript Room, *George Kennan Papers* 1, Folder 1881–1896, Letter 18 May 1898, p. 1. 转引自 Helen Hundley, *George Kennan and the Russian Empire*: *How America's Conscience Became an Enemy of Tsarism*, http://www.wilsoncenter.org/sites/default/files/ACF2B0.pdf, p. 1.

② George Kennan, *Siberia and the Exile System*, p. 172.

③ David Wrobel, "Considering Frontiers and Empires: George Kennan's Siberia and the U.S. West", *Western Historical Quarterly*, Vol. 46, No. 3, Autumn 2015, p. 300.

④ Frith Maier, "The Forgotten George Kennan: From Cheerleader to Critic of Tsarist Russia", *World Policy Journal*, Vol. 19, No. 4, Winter 2002/2003, p. 83.

凯南对俄美关系的影响更多的应该是一种间接的长远影响。

其次，通过老凯南的著述，我们确实可以建立起一个较为具象的俄国形象，但是这种俄国国家形象是否客观，又是否全面呢？如上所述，老凯南眼中的俄国国家形象主要是通过1865—1868年、1870年以及1885—1886年三次俄国之行构建起来的。在俄国之行前，老凯南心中的俄国形象可谓白纸一张，正如作画时的起稿，对一国的第一印象自然也非常重要。第一次游访俄国也是老凯南第一次迈出国门，首次出国的老凯南自然怀着好奇、亢奋的心情。到达俄国后，老凯南惊异于异国别样的自然环境与风土人情，再加上首次俄国之行是带有半官方的考察任务，旅途中也得到了不少官员和当地人的协助，因此，老凯南得以在第一次俄国之行后建立起友善积极的俄国形象。除此之外，老凯南最初只是一名普通的电报工，俄国之行可以说改变了其人生轨迹，使他作为"俄国专家"名声大噪。因此，从个人角度讲，在前两次俄国之行后，老凯南除了建立起了友善积极的俄国形象外，其内心对俄国应当是心怀感激的，这也是1881年关于俄国的辩论开始后，老凯南积极为俄国政府辩护的原因之一。

而老凯南1885—1886年的俄国之行则与前两次完全不同，是带有明确的目的性的，就是为了全面考察西伯利亚的流放制度。在出行前、出行期间与归来后，老凯南都在不断密切接触俄国的反政府主义者、政治流亡者和被流放者，对于此前从未见过监狱悲惨景象和从未接触过这类人的老凯南来说，这些人的生活环境与政治观点必然使凯南深受震撼与影响，"坦率地说，他被遇到的流放者中'高贵的英雄人物'所淹没，在给妻子的一封信中，老凯南承认，每次和他们见面，我都深受鼓舞"[①]。考虑到老凯南是亲身深入流放制度，关于流放制度的真实性应该不会有太大出入。但单纯地只与一类人接触，必然会使老凯南对于整个系统的认识出现偏差，而且老凯南在描述与评价流放制度时有明显的政治立场，再加上老凯南只是从流放制度的角度去评价俄国国家形象，而俄国国家

---

① Helen Hundley, *George Kennan and the Russian Empire：How America's Conscience Became an Enemy of Tsarism*, http：//www.wilsoncenter.org/sites/default/files/ACF2B0.pdf, p.6.

形象远非一个政治方面的流放制度所能概括。因此，老凯南所建构的俄国国家形象显得有些主观化与平面化。尽管如此，在当时两国民众缺乏全面沟通了解渠道的情况下，这并不妨碍美国公众将这一平面形象拉伸为立体形象，从而成为其心目中关于俄国的刻板印象。

总之，在老凯南的塑造下，专制、邪恶的俄国政府形象逐渐被固定下来，并在相当一部分人和国家眼中延伸为了一种俄国国家形象。在随后美俄出现直接利益冲突时，这一"国家形象"往往成为美国政府用来攻讦俄国，以获取公众舆论支持、使美国站在道德高点的工具。

The Construction of the Russian National Image by George Kennan Sr. in the 19th Century

Dai Boyuan

Abstract: In the international community, the image of a country will affect its relations with other countries to a considerable extent. The current image of Russian in the minds of the American people was established after a long historical transformation, in which George Kennan Sr., who lived in the late 19th century, played a key role. He traveled to Russia four times and was one of the few Americans to visit Russia at that time. Kennan Sr. not only constructed his personal image of Russian during his travels, but also greatly influenced the American people's view of Russia by writing a series of books about Russia and holding itinerant lectures after returning home. The image of Russia in the minds of the American people has undergone a transformation from "novel and friendly" to "autocratic and evil". Affected by various conditions, the Russian national image portrayed by Kennan was not always objective and accurate, to a certain extent it was also subjective and biased. Despite this, these images are still deeply rooted in the hearts of the people and have a far-reaching impact on the subsequent relations between the United States and Russia.

Key Words: George Kennan; Russian; National Image

翻译与综述

辛亥革命前后工部局万国商团有关海军参与租界防卫计划的相关史料选译
（U1-2-734）

江天岳　贾　浩　郝小雯译*

【译者按】1906—1907年，上海公共租界巡捕房督察长卜禄士（Clarence Dalrymple Bruce，1862—1934）与英国驻华舰队"卡德摩斯"号（H. M. S. Cadmus）护航舰舰长马金迪（Bernard Lewis Majendie，1874—1910）联合制定了《上海公共租界防卫计划》，但从未付诸实施。辛亥革命爆发后，列强惮于革命力量扩散可能导致的局势变化，于1911年11月9日在比利时驻沪总领事馆召开了由驻华领袖领事、各国舰队驻沪司令和上海租界武装力量三方参加的紧急会议，就出现混乱时防卫总指挥权归属、水兵登陆的时机和行动信号等议题展开详细讨论，并基本达成共识。各国在会上确定了可在上海登陆的兵力及装备情况，为我们了解辛亥革命期间列强保存了详实而珍贵的史料信息。

会后，商团根据当时形势对1906—1907年防卫计划提出了修改意见，欲扩大商团在其中发挥的作用，并通过工部局和领事团与海军交涉，但

---

* 译者分别系北京师范大学历史学院副教授、中国国家博物馆副研究员、美国加州大学洛杉矶分校历史系博士候选人。

海军以原有防卫计划足以应对局面为由,驳回了商团的请求。这反映了列强海军在租界防卫中占据的主导地位。

本材料选译自上海档案馆藏《工部局商团有关海军参与租界防卫计划等来往函1912.8—1913.1》,案卷号U1-2-734。其中11月9日紧急会议的会议纪要为法语文本。材料中还附有由时任工部局商团司令的巴恩斯(Arthur Alison Stuart Barnes,1867—1937)制定的《1910年万国商团动员手册》,也一并译出。通过这些档案中所存的会议纪要和相关部门、人员往来信函等史料,还可使我们更好地了解当时列强驻沪海军、各国领事团与上海租界本地武装间的交涉规则和沟通路径,明确万国商团参与租界防卫的一些具体事宜。

一 万国商团司令巴恩斯对租界防卫原则的说明

(0734 0734 1532)

"防卫计划"

在我看来"防卫计划"这个说法会使人望文生义,实际上我们需要的仅仅是一个预备动员计划。这一计划可使水兵一登陆就能够顺利而迅速地部署,或尽可能地防患于未然。

几乎没有海军或陆军的高级军官会完全按照既定的防卫计划行事,但是他们都会赞同将军队合理地分布到所有可能发生危险的地区。

此外,一个事先制定的防卫计划能否应对所有不测事件也很值得怀疑。

由于上海租界的扩张,其防卫已难以单靠自身力量维系,而每个大国又都在港口聚集了前所未有的庞大军队。所以毋庸置疑的是,一旦局势动荡,海军或陆军的高级军官将接替工部局军官行使指挥权。

因此我认为,工部局所能做的,就是采取最简单易行的原则性准备措施，来使事情顺利进展。

巴恩斯（Barnes）

陆军中校

上海万国商团①司令

1912年8月5日

二　领袖领事、驻沪海军和租界武装三方会议的召开

(0734 0734 1536 – 1537)

（一）日本总领事驻沪总领事有吉明致巡捕房督察长卜禄士上校函（1911年10月31日）

上海，1911年10月31日　机密

先生：

去年10月24日，英国海军中将温斯洛（Vice Admiral A. L. Winsloe）②致函东京的日本海军大臣，希望准许在长江的日本海军军官同各口岸的各国领事进行磋商后，与英方共同更新旨在因应暴动或其他变乱的租界防卫计划。海军大臣斋藤大将（Admiral Saito）③随即指示统率日本中国分舰队的川岛司令（Admiral Kawashima）④据此照办。应川岛司令之需，我曾向港内的英国高级海军军官求取上海租界防卫计划的副本——如果存在此类计划。我从尼古拉斯舰长（Captain Nicholas）那里得知，贵处存

---

①　万国商团（Shanghai Volunteer Corps），原名上海义勇队（Shanghai Local Volunteers Corps），是由公共租界工部局组建的一支民兵武装，其成员最初来自公共租界内的各国侨民，至1907年才有华人加入。

②　温斯洛（Alfred Leigh Winsloe, 1852—1931），时任英国"中国舰队"司令。

③　即斋藤实（1858—1936），时任日本海军大臣。

④　即日本海军中将川岛令次郎（1864—1947），时任日本第1外遣舰队司令。

有此类计划的副本并且可以借给我,但是这件事后来就不知所终了。

在目前这种谣言纷飞的情况下,巡捕房已采取了各种防范措施保护租界内外国和本地居民的生命和财产。尽管我丝毫不怀疑您的巡捕和万国商团的能力,但是在紧急情况下,可能还是需要与港内战舰上的水兵协同行动。

有鉴于此,如果您能够给予我一个您手中的计划副本,使川岛司令能够得知防卫计划中与日方相关的信息,以便为保护本国及其他外国居民采取必要措施,我将不胜感谢。

我很荣幸成为阁下您顺从的仆人。

有吉明(Ariyoshi Arila)
日本总领事

致卜禄士(Clarence Dalrymple Bruce)上校,巡捕房督察长①

(0734 0734 1539)

(二)驻沪领袖领事薛福德致上海工部局总董德格雷函(1911年11月6日)

上海领事团(Senior Consulate),1911年11月6日,第757号

(给巡捕房及万国商团的副本:1911年11月7日)

先生:

我谨代表领事团成员向您告知,我已致信高级海军军官,建议召开一次紧急会议,参加者包括各国舰队指挥官、租界巡捕房督察长、万国商团司令官和我本人,讨论出现混乱时采取的因应措施。

我是您顺从的仆人
薛福德(D. Siffert)
领袖领事

致上海工部局总董,德格雷(H. De Gray)先生

---

① 督察长(Captain Superintendent)是当时公共租界工部局巡捕房的行政主管。

(0734 0734 1541 – 1548)

（三）领袖领事、驻沪海军和租界武装三方会议会议报告（1911年11月9日）

1911年11月9日上午10时30分，应上海领事团的要求，会议在比利时驻上海总领事馆召开。出席会议的有：

法国舰队司令德卡斯特里（de Castries）[①]和他的参谋长德斯拉内（de Slane）中校；

美国舰队司令默多克（Murdock）[②]和他的参谋长；

日本舰队将领本山（Moryana）[③]；

奥匈帝国舰队将领奇科利（Cicoli）[④]；

德国舰队将领卡尔·法吉尔特（Carl Fagert）；

荷兰舰队将领武德尔曼（Oudelmans）；

公共租界的卜禄士上校；

公共租界的巴恩斯中校；

美国海军陆战队少校（Major Commandant）；

法租界的马莱（Mallet）上尉；

比利时驻沪总领事、驻沪领袖领事薛福德先生。

会议于当天上午10时30分开始。德卡斯特里司令主持会议，他向所有与会者表示欢迎，感谢他们应邀赴约。

当天的议事日程围绕一个问题展开，即在上海出现乱局时应当采用何种因应之策。会议主持人提请与会者审议的有以下几个问题：

[①] 即法国海军少将德卡斯特里伯爵（De la Croix de Castries），时任法国远东舰队司令。
[②] 即美国海军少将默多克（Joseph Ballard Murdock, 1851—1931），时任美国亚洲舰队司令。
[③] 似为日本海军军官森山庆三郎姓氏（Moriyama）误拼。
[④] 即奥匈帝国海军上校奇科利（Alfred Cicoli, 1866—1935）。

1. 确定指挥登岸行动的军事长官；
2. 这位长官将统领的军队；
3. 驻守上海港和吴淞港的海军士兵最可能需要登岸的时间；
4. 领事团与海军军方的联络；
5. 判定需要登岸时合适的信号。

1. 假定有两种混乱层级需要考虑。第一层级为仅凭租界内的武装力量即可平乱的情形；第二层级为混乱更为严重、唯向海军与陆军求援方可平乱的情形。会议因而决定，在第一层级下，卜禄士上校将行驶军队指挥权，即便有少数海军士兵登岸协助陆军平乱，亦归由卜禄士上校指挥。只有当海军将领中年资最高者评估认为混乱发展到第二层级时，海、陆两军指挥权才会由卜禄士上校转移至这位海军将领手中。

2. 公共租界的警察有1800人，包括欧洲人、锡克人和当地人，另有1000人的万国商团武装。法租界的警察力量包括60名欧洲人、140名越南人和200名当地人，另有150人的商团武装。

上海港内现有军舰可提供以下登陆力量：

法国：125名士兵和4名军官。

美国：300名士兵、20名军官、4挺柯尔特机枪（canon Colt）、2门7厘米口径炮。在必要时还可增加80人。

日本：40名士兵。

奥匈帝国：125名士兵、5名军官、2挺机关枪、2门厘米口径炮。在必要时还可增加80人。

德国：135名士兵、6名军官、2挺机关枪、1门6厘米口径炮。在必要时还可增加30人。

英国：110名士兵和军官，1挺机关枪。

荷兰：100名士兵、5名军官、2门3.7厘米口径速射炮。

总计1045名官兵，在必要时总共可以再增加190人。

吴淞的法国军舰可以卸下 25 名士兵和 4 门野战炮。

日本军舰可以卸下 150 名士兵和 2 挺机关枪。

德国军舰可以卸下 260 名士兵和 2 挺机关枪、1 门 6 厘米口径炮。

在必要时还可增加 100 人。

英国军舰可卸下 250—300 人、2 挺机关枪和 2 门 12 磅炮。

此外，公共租界万国商团还拥有 4 门 15 磅炮、6 挺机关枪和 4 挺诺登菲尔德机关枪（Nordenfeldt）

3. 驻上海港水兵登岸行动可根据约定的信号迅速完成。

住吴淞港水兵登岸行动，白天可在 3—4 小时内完成，夜间可在 6—8 小时完成。必要时，可以向上海当局租用蒸汽船，并派遣至吴淞协助登陆行动，因为自混乱局面下不能依靠铁路。

4. 海军干预需得到租界市政机构的请求，并通过领事团向港口内的高级海军军官求助后方可施行。

5. 这一请求将通过信使传达，高级海军军官将发信号告知其他各国战舰的军官。信号需提前约。至于吴淞港登陆的指令，将由上海港的一艘舰船向吴淞港的一艘舰船通过电报传达。

行动计划—登陆地点—陆军与海军的驻地—黄浦巡捕

会议主持人建议水兵都在本国领事馆内驻扎。

陆军中校巴恩斯向与会者介绍了表示有分区的公共租界地图。

卜禄士上校建议领袖领事向工部局索要防卫计划的信息，以供防卫租界和镇压暴乱之需。待其他领事获知这一计划后，也可以根据需要召开紧急会议加以讨论。

会议还谈到了苏州河北岸的防卫问题，大家认为此处的防卫较难保障，可能尤须借助海军力量实现。苏州河北岸位于公共租界领土外。

会议主持人感谢与会者在研讨以上各种问题所给予的关注。

领袖领事将向每位与会者散发一份本次会议的记录副本，这一会议记录可以在以后召开的会议上加以修改和确认。会议于 11 时 45 分结束。

（会议主持人签名）

（0734 0734 1549）

（四）公共租界巡捕房督察长卜禄士对11月9日会议所做的纪要（1911年11月13日）

致警备委员会（Watch Committee）① 和董事会成员
1911年11月13日

11月9日，各国海军指挥官、公共租界巡捕房督察长、巴恩斯上校、法租界巡捕房督察长及薛福德先生进行了会谈，督察长为该会议做了内容纪要。

以下是会议达成的主要协议：

1. 只要巡捕房和万国商团可以遏制骚乱，最高司令部便由卜禄士上校掌控，否则高级海军军官将接管最高指挥权。
2. 上海当局租赁的船只将在必要时用以从吴淞运送军队。
3. 海军将根据董事会通过领事团发出的请求进行干预。
4. 各国的海军部队负责各自领事馆所在的区域。
5. 领袖领事要求董事会同与会人员就租界防卫计划进行沟通。
6. 黄浦江右岸由海军当局守卫。

三 万国商团与英国海军就租界防卫总指挥权的交涉

（0734 0734 1552）

（五）驻沪领袖领事薛福德致上海工部局总董德格雷函（1911年11月11日）

上海领事团（Senior Consulate），1911年11月11日，第788号

---

① 工部局曾设立多个专门委员会，作为董事局的咨议机构，警备委员会（Watch Committee）即为其中之一，负责租界安全事务。

先生：

依照海军军官和本市部队的司令官们在本月 9 日会上通过的决议，我谨请求您给予我一份贵处租界防卫计划的副本，以便我可以在下次会议中就此与上述军官进行探讨。

我很荣幸成为阁下您顺从的仆人。

薛福德

领袖领事

致上海工部局总董德格雷

(0734 0734 1555)

（六）工部局总办莱韦森就送出防卫计划通报工部局董事会的文件（1911 年 11 月 14 日）

致董事会成员，1911 年 11 月 14 日

经总董批准，现将租界防卫计划文件再次送出。

薛福德先生强烈要求总董提供此文件的副本。在董事会成员批准后，此文件将于今天下午送至薛福德先生处，并附上总董的一封说明信。

我很荣幸成为阁下您顺从的仆人。

莱韦森总办[①]

(0734 0734 1556)

（七）工部局总董德格雷致驻沪领袖领事薛福德的说明信（1911 年 11 月 14 日）

1911 年 11 月 14 日，下午 6：30 发出，11/602 号

---

① 总办（Secretary）是公共租界工部局的行政主管。

先生：

我荣幸地告知您，本人已收到您11月11日关于索取由巡捕房督察长和皇家海军"科默斯"号（H. M. S. Comus）① 马金迪海军中校（Commander Majendie）于1906年制定的租界防卫计划副本的来函。

对此我谨告知您，董事会决定接受这个请求，条件是不对上述公函进行复制。而且获得这一机密情报的高级海军军官，只可将其中的有关部分提供给有直接联系的其他海军军官。

因此，我谨将文件副本随信寄给您。

我很荣幸成为阁下您顺从的仆人。

总董

(0734 0734 1557)

（八）工部局总办莱韦森致总董德格雷函（1911年11月15日）

致总董，1911年11月15日

昨晚，租界防卫计划的副本已随您的说明信一道送至薛福德先生处。

稍加浏览就会发现，此防卫计划已难以适用于当前形势。有鉴于此，防卫计划中与万国商团相关的部分已在1910年的动员计划中予以更新。（副本已附上）。

当前局势下，尚无必要在上海登陆水兵或调动防卫部队。但海军与陆军应做好协同行动的准备，以应对任何可能发生的情形。如此，巡捕房督察长、万国商团总司令、驻上海和吴淞的军舰舰长应专门起草一个新计划，并完全领会其意。

我很荣幸成为阁下您顺从的仆人。

莱韦森总办

---

① 应为"卡德摩斯"号。"卡德摩斯"号（H. M. S. Cadmus）是1000吨级的护航舰（Sloop），当时正在服役；"科摩斯"号（H. M. S. Comus）是2000吨级的小型巡洋舰（Covette，或称大型护航舰），当时已经退役。

(0734 0734 1559)

(九）工部局总董德格雷致驻沪领袖领事薛福德函（1911年11月16日）

工部局董事会办公室，上海，1911年11月16日，第11/604号

先生：

续接我11月14日附有租界防卫计划副本的去信，我有幸告知阁下，再次浏览这份数年前的文件，工部局董事会认为其在许多方面已不适应当下情形。虽然董事会并不担心租界在近期会发生军事行动，但我和我的同事认为，当租界常备军队不足以承担防卫任务时，各国应做好采取协同行动的准备。为此董事会冒昧建议高级海军军官与巡捕房督察长和万国商团总司令合作，准备一份详尽的备忘录，以稳妥应对我所提及的紧急情况。此备忘录拟成后，应将副本传达给港口内各军舰的指挥官。

我由衷地希望这个建议受到领事团的欢迎，并请您向高级海军军官转达我们的正式请求。

我很荣幸成为阁下您顺从的仆人。

德格雷

总董

(0734 0734 1561)

（十）领袖领事薛福德致工部局总董德格雷函（1911年11月25日）

上海领事团（Senior Consulate），上海，1911年11月25日，第841号（给巡捕房及万国商团的副本：1911年12月5日）

先生：

作为对您本月16日来函的回复，我谨随函附上从港内高级海军军官处所得答复的副本。

我很荣幸成为阁下您顺从的仆人。

薛福德
总领事

致上海工部局总董,德格雷先生
(0734 0734 1564)

(十一)英国舰队司令温斯洛致致驻沪领袖领事薛福德(1911年11月23日)

1911年11月23日

先生:

我荣幸地告知您,11月22日来信业已收到,对此我强烈建议现在不再对租界防卫计划做任何修改,原因如下:

(1)该计划已制定数年,所有相关人员都已明了计划所预见的局面,也清楚地知道届时应该如何行事;本市军队知道在何处集结,妇女们也知道去何处寻求保护。

(2)该计划已经获得每年视察万国商团的各国将官的认可。这些将官都是经验丰富、业务熟练的军人,还与熟谙本地情况的万国商团司令和督察长合作并交换意见。

(3)由于每个集结处都可通过电话与中央巡捕房(Police Head Quarters)联系,故集合后可随时通过电话对军队下达调整部署的指令。

因此我强烈建议此时不应再对该计划做任何形式的修改。

为在混乱发生时协助警察和万国商团恢复秩序,舰上士兵提供帮助是必须的。我已将防卫计划副本送交在港各国舰队的高级军官。

我希望不至从舰上派兵登陆,但最好还是有所准备。

我很荣幸成为阁下您顺从的仆人。

A. L. 温斯洛
海军中将

致 D. 薛福德 先生,比利时总领事及领袖领事,上海

(0734 0734 1565)

（十二）英国舰队司令温斯洛致致驻沪致各国在上海和吴淞的舰队司令和舰长函（1911年11月23日）

驻上海的"敏捷"号（H. M. S. "Alacrity"）①，1911年11月20日

（接前信）

海军中将A. L. 温斯洛先生要求各国舰队司令或高级军官做好部署，以便舰上人员得以在预定信号发出时尽快登陆到如下地点。

法国人、荷兰人：在法租界外滩（French Bund）登陆，集合后等待法租界内高级军官的命令。

英国人、德国人、美国人、奥地利人、日本人：在海关大楼（Custom House）或其与外白渡桥（Garden Bridge）之间的任何码头登陆，集合后等待进一步的指示。

登陆各国应立即派遣一名下士或其他军官及12名士兵守卫本国领事馆。

每名登陆士兵随身携带100发圆柱形弹（Ball Cartridge）。此外，登陆时还需为每人运送300发备用子弹。

位于福州路的中央巡捕房将是下达所有命令的司令部，也是我本人所在地。

士兵要携带毛毯。各国务必安排好后勤部队。

鉴于11月9日会议上所提到的各国军舰中部分已离去，亦有其他军舰新至，我要求在港各国的高级军官提交一份新的清单，上报现在可以从舰上登陆的军官和士兵数量。

清单上务必写明：

（1）可以作为防护部队的登陆士兵数量。

（2）在需要增援的情况下可以额外登陆的士兵数量。

---

① "敏捷"号（H. M. S. "Alacrity"）是英国远东舰队司令官专用通报舰。

此前对在吴淞军舰及昼夜信号所做的安排仍然适用。

（快递） A. L. 温斯洛
海军中将

致在上海和吴淞所有国家的舰队司令和舰长
(0734 0734 1569)

（十三）上海万国商团司令官巴恩斯致工部局总办莱韦森函（1911年12月4日）

上海，1911年12月4日

关于工部局11月16日致领袖领事的 No. 11/602 号信件中提到的租界防卫问题，我谨请求允许我就此向工部局发表意见。

2. 据我目前了解，当租界遇到需要水兵登陆的紧急情况时，港内的高级海军军官们除了都意识到要让部队前往保护各国领事馆外，还没有联合行动的协调方案。我冒昧地认为，如果这就是他们的实际考虑，那么这种做法不仅非常难以执行，而且在理论上也十分欠妥。美国、德国和日本领事馆相互紧邻，将导致大批无事可做的士兵聚集一处，而别的地方可能正急需其中部分人马尽快驰援。此外，一些国家已在港内驻有军舰，另一些国家可能也会有军舰抵达，然而由于它们领事馆地理位置的原因，部队也许根本无法到达那里。

3. 官方的防卫计划，应该成为所有租界防卫计划的基础，上海万国商团动员手册正是依此制定的。同时，我认为一切对本市部队的增援也都应首先与之保持一致，这样才能确保部队快速部署。

4. 我确信，无视或轻视本市防卫计划，或仅凭临时制定的应急计划，都将造成大量生命损失，并可能导致灾难性的混乱。

5. 在我看来，租界防卫的实质精神就是让士兵迅速、顺利地到达租界的各个地点，并防止他们在不必要的地方聚集。为此，我谨建议各国海军根据上海万国商团动员手册规定的位置制定他们各自的防卫计划。

6. 据此，英国水兵应立即赶往工部局大楼①与英国监狱②援助甲队③和乙队④，德国水兵将援助商团司令部的德国队⑤，美国水兵将前往维多利亚救火站⑥，日本水兵则前往日本人俱乐部⑦。在上海万国商团中没有专属部队的国家可能会随时接到请求，以援助海关俱乐部⑧的海关队⑨和葡萄牙俱乐部⑩的葡萄牙队⑪。既然租界拥有上海万国商团这一国际武装负责防卫，那么就应把商团作为组建国际部队的基干力量。如此，增援部队将会几乎自动地及时出现在上述各个地点。

7. 即便并非所有地点都存在实际需要，部队的出现也会产生遏制效果。迅速流畅的部署会有立竿见影的效果，但若无事先安排，则根本不可能做到。

8. 登陆部队是停留在这些地点，还是根据自身计划前往他处开展后续行动，自然应由港内的高级海军军官酌情处理。本计划仅致力于实现可支配兵力快速而有序的初期部署，以避免部队登陆时因没有明确目的地而造成混乱。

9. 我另建议，专门安排特定国家的部队防卫自来水公司⑫位于杨树浦（Yangtszepoo）的水泵站。从"河水经过煮沸后完全可以饮用"的措辞

---

① 工部局大楼（Town Hall）是上海公共租界最高行政机构工部局的办公大楼，位于今汉口路19号。
② 英国监狱（British Gaol）即英国高等法院厦门路监狱，亦称外人监狱、西牢，位于今厦门路180号，现为上海是市城市排水管理处。
③ 甲队（"A" Company）成立于1853年，是万国商团最早的属队。
④ 乙队（"B" Company）成立于1855年。
⑤ 德国队（German Company）成立于1891年6月，该队的装备、武器、弹药都由工部局提供，训练采用德国操典。
⑥ 维多利亚救火站（Victoria Fire Station）是工部局火政处下属的维多利亚救火队的队部，位于乍浦路桥北，创立于1898年。
⑦ 日本人俱乐部（Japanese Club），前身是日桥于1899年建立的运动俱乐部和1903年建立的葵卯会与赤门俱乐部，1904年几个组织合并，取名为日本人俱乐部，位于武昌路三号（今武昌路380号）东本愿寺别院内。1914年俱乐部新建总会楼。设在蓬路（今天潼路）295号上。
⑧ 海关俱乐部（Customs Club），位于今汾阳路。
⑨ 海关队（Customs Company）成立于1900年6月，该队队员全是在江海关工作的职员。
⑩ 葡萄牙俱乐部，英文全名为"Portuguese Club"。
⑪ 葡萄牙队（Portuguese Company）成立于1906年2月，由葡萄牙籍侨民组成。
⑫ 自来水公司（Water Works Coy）即上海自来水公司（Shanghai Water Works Co.）。

看，我感觉官方的租界防卫计划轻估了这一地点的重要性。对此我无法认同，因为火灾是租界危机时很可能出现的巨大危险，而为应对这种情况，持续的供水是至关重要的。

10. 由于可能有人在租界外围地区制造骚乱，以削弱中区防卫兵力，从而对外国银行发动武装袭击，我另建议，应该尽可能为各国银行专门选派本国海军卫队，并为这一安排制定细则，作为永久性规定。

11. 如果这些建议得到工部局的首肯，我将冒昧地进一步建议领事团乃至北京外交使团，希望他们正式批准一个建立在这些原则上的明确计划，并将其传达给所有领事以及港内和远东舰队的高级海军军官们。

12. 我相信，以下两种情况很可能会造成不容低估的风险：一是各国直到紧急情况下才着手制定明确的初步行动方案及采取预备性措施；二是向港内高级海军军官传达命令时出现信息延误，况且由于军舰的不时变动，即使那些与军官们往来密切的人也未必能了解他们的个性。

我有幸成为阁下您顺从的仆人。

亚瑟·埃里森·斯图尔特·巴恩斯
中校
上海万国商团司令

(0734 0734 1571)

（十四）工部局总办莱韦森致工部局董事菲奇（Figge）函（1911年12月8日）

根据您的要求提供报告作为附件，以供您闲暇时细读。以下是其中提到的动员手册。

我很荣幸成为阁下您顺从的仆人。

W. E. 莱韦森
总办

· 292 ·

(0734 0734 1572)

（十五）工部局总办莱韦森致工部局致警备委员会函（1912年7月28日）

遵照委员会最近的意向提交司令官12月4日的报告和之前的文件，以供复议，并附有他提及的动员手册。

我很荣幸成为阁下您顺从的仆人。

W. E. 莱韦森
总办

四　1910年万国商团动员手册

(0734 0734 1573-1580)

本手册由工部局于1910年1月19日批准并授权颁布。

W. E. 莱韦森，
总办

动员

Ⅰ．信号：

商团动员开始的信号是：

a. 持续敲响的火警钟声。

b. 来自英国高级海军军官所乘军舰、海关信号站（Customs' Signal Station）或商团司令部的炮队的4声炮响，如有需要可反复发出。

c. 白天为一面红旗，夜晚为上白下红的两盏灯，悬挂在司令部、中央巡捕房、大英轮船公司高旗杆（P. and O. Flagstaff）[①]、海关信号站、浦东、虹口救火会信号站以及跑马总会（Race Club）。

信号（c）可用于商团自身的动员演习。

---

① 大英轮船公司高旗杆位于外滩，平时用于悬挂火警信号旗。

当危险即将来临时，商团成员不必等到看见或听见所有信号后再出动。事实上，一处地点没有挂旗绝对不能证明其他地方也没有挂旗。同样，即使没有4声炮响，火警钟声也不该被视为无效，反之亦然。现场情况很容易导致部分乃至全部既定的信号无法在需要时发出，因此对于成员个体而言，运用常识加以判断是十分必要的。

参加动员的人必须携带全部武器装备。

居住在上述任何信号站附近的信号员在需要时应协助悬挂必要的旗帜和灯火。

Ⅱ．动员总部：

各部队成员应尽快前往集合的各队总部分别是：

参谋：司令部。*

轻骑队[1]：跑马总会。*

野战炮队[2]：炮棚。*

机关枪队[3]：机关枪棚。*

甲队：工部局大楼。

骑步队[4]：跑马总会。*

乙队：英王在华高等法院监狱，位于厦门路。*

海关队：海关俱乐部。

德国队：司令部。*

美国队[5]：维多利亚救火站。

葡萄牙队：位于靶子路73号的队部，或葡萄牙俱乐部。

中华队[6]：司令部。*

---

[1] 轻骑队（Light Horse）成立于1862年1月，成员大多为跑马总会成员，该队司令部设在跑马总会。

[2] 野战炮队（Artillery）成立于1870年7月，所用火炮由英国政府出借。

[3] 机关枪队（Maxim Company）由野战炮队机枪连独立而来，所用马克沁机关枪由英国政府出借。

[4] 骑步队（Mounted Infantry）是骑马行进但下马作战的步兵部队。

[5] 美国队（American Company）成立于1906年1月，以虹口巡捕房为基地。

[6] 中华队（Chinese Company）成立于1907年3月17日，前身是上海华商体操会。

日本队①：日本人俱乐部，位于武昌路。*

工兵队②：司令部。*

后备队③：司令部。*

德国后备队：司令部。*

骑侦队（Mounted Scouts）：怡和马房（Ewo Stables）。

12号霰弹枪队（万国赛枪会）④：斜桥总会⑤。

各后备队将分别编入他们所属的部队。

当团员无法到达所在部队时，应当加入离自己最近的部队或巡捕房。

Ⅲ．附属集合地点：

除上述各部队总部和巡捕房外，应允许将下列地点作为临时集合点，以便商团成员集中，待达到足够人数，再从那里前往最近的动员总部或途中的另一个临时集合点。移动的整体方向是从租界外围向中心部分集结。

在使用这些临时集合点时，商团成员们必须牢记，他们不是要据守在那些地方，而是应当尽可能推进，以加入他们所在的部队。同时，若临时集合点附近需要采取局部行动，各部队成员必须依照现场高级军官或士官（N.C.O）的命令行事。

中区：

司令部。*

工部局大院。*

英国总领事馆。

本区的巡捕房有：

---

① 日本队（Japanese Company）成立于1900年6月28日，1907年7月重组，正式归万国商团管辖。

② 工兵队（Enginner Company）成立于1909年。

③ 后备队（Reserve Company）成立于1899年。

④ 万国赛枪会（Shanghai Gun Club）是万国商团下带有军事性质的射击俱乐部，成员加入万国商团，平时组织开展各种射击比赛。

⑤ 斜桥总会（Country Club）是上海外侨的乡村俱乐部，位置在静安寺路（今南京西路）、斜桥路（今吴江路）、同孚路（今石门一路）、成都路之间。

中央巡捕房，位于福州路上，在江西路与河南路之间。*

老闸巡捕房，位于南京路与劳合路①的拐角处。*

东区（虹口港以东）：

自来水公司水泵站。

工部局监狱，位于华德路②。

日本邮船株式会社（Nippon Yusen Kaisha）汇山路③码头。*

东区捕房仓库，位于张家口路。

公和祥码头（Shanghai & Hongkew Wharf）办事处。*

位于百老汇路④26号的耶松船厂（Shanghai Dock & Engineering Coy）。*

本区的巡捕房有：

杨树浦巡捕房，位于兰路⑤与杨树浦路的拐角处。

汇山路巡捕房，位于茂海路⑥与华德路的拐角处。

哈尔滨路捕房，位于嘉兴路以北的哈尔滨路。

北区（苏州河以北，虹口港以西）：

电力公司，位于斐伦路⑦与余杭路的拐角处。

斐伦路的隔离医院，位于靶子路⑧与鸭绿路⑨之间。

屈臣氏公司（Messrs A. S. Watson & Co's）矿泉水厂，位于北四川路⑩延伸路段上。

本区的巡捕房有：

虹口巡捕房，位于蓬路与吴淞路的拐角处。

---

① 即今六合路。
② 即今长阳路。
③ 即今霍山路。
④ 即今大名路。
⑤ 即今兰州路。
⑥ 即今海门路。
⑦ 即今九龙路。
⑧ 即今武进路。
⑨ 即今鸭绿江路。
⑩ 即今四川北路。

西虹口巡捕房，位于海宁路，临近北福建路的转弯处。
西区（界河以西，苏州河以南，法租界以北）：

克莱格先生（Mr. H. J. Craig）① 位于静安寺路179号的住所。

记洛兽马医生（Messrs Key lock & Pratt's），戈登路②。

戈登路捕房仓库。

本区的巡捕房有：

新闸巡捕房，位于爱文义路③与梅白克路④的拐弯处。

静安寺巡捕房，位于圣乔治苗圃（St. George's Farm）。

必须谨记，上面提到的临时集结点、动员总部和巡捕房仅仅构成了动员体系的基本轮廓，执行时还需由商团成员个人在集合路线上作出具体安排。例如，住在同一条街上的两名或两名以上团员在去往本区正式集合点前，可先到其中一人家里会齐。通过这样的结合，分散的个体就可以迅速而有效地集合起来，个人行动或孤立行动只会导致灾难。

Ⅳ. 动员时各部队任务的分配：

在发生暴动或民变时，商团各部队动员的任务分配如下：

各部队指挥官都应明确了解，当警报已经发出又未接到其他命令时，他们不必再向司令部请示，而应立即自觉主动地履行如下职责，但当情况有变时则仍需要报告。

各部队在其动员总部集合。

<u>轻骑队和甲队的骑马步兵</u>

派出巡逻兵负责监视：

a. 同孚路至卡德路⑤一线。

b. 大沽路和大西路⑥地区，向西直至卡德路。

---

① 时任工部局董事。
② 即今江宁路。
③ 即今北京西路。
④ 即今新昌路。
⑤ 即今石门二路。
⑥ 即今延安西路、延安中路。

c. 麦根路①桥。

d. 新闸桥。

这些地方不应动用过多兵力，而要把主力集中在跑马总会的队部，以便相机采取果断行动。

炮队和机关枪队

在炮棚和机关枪棚集合。

甲队

派出警卫以保护洋泾浜和界河上的 8 座桥梁，从洋泾浜上的福建路桥至龙飞桥一线（包括此二桥）；要特别注意云南路和龙飞桥的电话线管；所辖防区在福建路以东的桥梁与德国队相交，在南京路北与乙队相交。

本队队部和其余队员留在工部局大楼，等待后备队接替，随后前往云南路 1 号的丝厂。

必要时，这一地段应首先被破坏的桥梁是：

a. 洋泾浜：

　　湖北路桥。

　　广西路桥。

　　洋泾浜西端的人行桥。

b. 界河：

　　连接墓地和北海路的桥梁。

乙队

派出警卫以保护：

a. 界河与苏州河上的 7 座桥梁；从龙飞桥起（但不包括此桥），至苏州河上的福建路桥（包括此桥）一线；要特别注意西藏路桥上的高压煤气管道；所辖防区在龙飞桥与甲队相交，在苏州河上的山西路桥与美国队相交。

b. 煤气公司。②

队部和其余队员留在厦门路的英王在华高等法院监狱。

---

① 即今秣陵路。

② 煤气公司即上海煤气公司（Shanghai Gas Co., Ltd.），原称大英自来火房。

必要时，这一地段应首先被破坏的桥梁是：

a. 界河：

龙飞桥以北 100 码的桥梁。

连接新闸与北京路的桥梁。

b. 苏州河：

福建路桥。

<u>海关队</u>

派出 1 名军官（或士官）与 20 名队员以保护火车站附近的北河南路。

队部和其余队员留在海关俱乐部。

<u>德国队</u>

向下列地点派出警卫：

a. 保护从外滩（包括）至福建路（不包括）一段洋泾浜上最东侧的 7 座桥梁。要特别注意四川路上的电话管线。

b. 派出 1 名士官和 6 名队员到司令部。

c. 派出 1 名士官和 3 名队员到江西路 12 号茂隆洋行仓库。

队部和其余队员留在司令部。

必要时，这一地段应首先被破坏的桥梁是：

山东路桥。

其东侧的小钢桥。

其西侧的小木桥。

<u>美国队</u>

派出警卫以保护苏州河上从山西路至外白渡桥（包括此二桥）的 6 座桥梁；要特别注意河南路桥上的电话管线、江西路桥上西侧的自来水管道和外白渡桥上的煤气管道；所辖防区在福建路与乙队相交。

队部和其余队员留在维多利亚灭火站。

必要时，这一地段应首先被破坏的桥梁是：

山西路桥。

河南路桥。

四川路桥。

圆明园路桥。

葡萄牙队

派出警卫，以保护：

a. 虹口港上从租界北界南至鸭绿路桥（包括此桥）的4座桥梁；所辖防区在余杭路桥与日本队相交。

b. 位于靶子路以北300码的北四川路上的桥梁

本队队部和其余队员留在位于靶子路73号的葡萄牙队队部。

必要时，这一地段应首先被破坏的桥梁是虹口港上的4座桥。

日本队

派出警卫，以保护：

a. 虹口港上从余杭路桥至百老汇路桥（包括此二桥）的4座桥梁；要特别注意西华德路上的高压煤气管道，百老汇路上的自来水管道与电话管线；所辖防区在在鸭绿路桥与葡萄牙队相交。

b. 位于斐伦路和余杭路拐角处的电力公司。

队部和其余队员留在位于武昌路的日本俱乐部。

必要时，这一地段应首先被破坏的桥梁是：

余杭路桥。

汉璧礼路①桥。

中华队

在司令部集合。

V. 商团的军事职责

商团可履行的军事职责可划分为三个不同层级，其条款为：

1. 协助镇压租界暴动，首要任务是保护北区和中区的桥梁。

2. 组成一到多个用以救援或还击的小型机动纵队，在外围地区执行任务，用来对付可能会被巡捕驱赶到那里的暴徒。

3. 当租界被包围时，固守事先布置或略具规模的防线，以抵御外来入侵。

---

① 即今汉阳路。

第一层级下应履行的职责是简明易懂的。商团将协助巡捕保护生命财产安全，打击暴乱和无序状态，扑灭火灾，并驱散人群使其保持流动。需要指出，在履行这一阶段的职责时，商团的首要任务是把守桥梁和其他通往租界的入口，并在必要的时候协助做好街头的日常管理工作。这一层级不仅最有可能出现，而且几乎可以肯定会早于其他阶段发生。但我们可以有把握地认为，后备队在进入第二层级前就会集结，届时港内的军舰也会派水兵登陆。

第二层级下，由于租界过于庞大和散乱，势单力薄的本市若非采取积极的甚至进攻性的手段，将无法行使充分的防卫，也难以成功平息暴动。届时外围地区极有可能落入暴徒之手，在商团机动部队增援之前，仅靠巡捕恐难应付局面。这样一支机动纵队若能迅速到达，势必能够把严重的骚乱有力地扼杀在萌芽状态。当事态初起时，我更赞成工部局采取积极行动，如忽视商团的准备工作，只会坐视事态愈演愈烈。华人欺软怕硬，对祸首给予有力打击，必将使租界当局在面对蓄意滋事者时占据不可估量的道德优势。

当局势紧迫或危急时，实际环境也许会妨碍打击指令的发出，但这并不是商团自身问题造成的。商团的职责在于随时准备接受且能够有力执行命令。

第三层级下，仅需要在租界的心脏地带周边精心规划一条或多条防线。当事态严重到无法采取第二层级的积极措施时，防卫部队将在此固守。所有外侨将被集中安置在这一条或多条防线之后，待援军登陆、当情况允许时，应准备恢复到第二层级、第一层级或正常状态。

Ⅵ. 暴乱或骚动时动员的职责

在动员过程中，尽管无意以任何方式削弱商团中军官或士官的主动性，也无意限制他们的个人责任意识，但首要之处在于，必须发出某些所有人都明了的原则性指令。

在实际情况下，教条地执行命令常常反而显得不明智，甚至根本做不到。此外，由于在这种情况下只能发出原则性指令，要达成目标就必须要依靠下级指挥官的主动性与智慧。

指挥权下放和对下属职责的充分肯定，这是商团绝对必要且至关重要的两点信条。部队指挥官必须使他们的士官惯于执行这些简短的原则性指令，能够在必要时主动做出与命令不同甚至相反的反应，并懂得尽快向下达命令的指挥官汇报情况。

在暴乱或民变时，巡捕将清理主要街道，清理方向在苏州港以南是自东向西，在苏州港以北是自南向北。商团的职责是协助执行这一方案，尤其是致力于将所有暴民驱赶至界河以西，防止他们从西侧越过苏州港和虹口港。

此外，还应坚决执行以下命令：

a. 阻止任何暴乱者进入租界，未经工部局批准，也不得让任何中国军队进入租界。

b. 维持桥梁的正常交通功能，若无正当命令，不得令其堵塞或被改建。

c. 驱散聚集的华人。

d. 在已经划定的防线上广泛地协助巡捕，但不应影响保卫桥梁等重要地点的首要职责。

e. 解除所有华人以及从动作和神态看来可能对社会构成威胁的外国人的武装。《土地章程》（*Land Regulations*）第三十七条就这一点解释得很清楚，但同时也应该注意，在动乱中执行这一法规时，必须保有足够的判断力和回旋余地。

每个分队指挥官都应记清离自己阵地最近的电话的位置和号码，并向其部队指挥官汇报，以便在必要时与部队指挥官或司令部联络。每部电话旁都应配备一名卫兵。

分队指挥官还应在其阵地附近为部队就近安排住处。

一旦后备队被动员起来，就应该尽可能将守卫桥梁等任务移交给他们。生力军从而可以腾出手来组成机动纵队，他们可在部队指挥官指挥下就地展开行动，或在需要时去较远的地方与其他部队联合行动。

部队应始终保持警惕，按照正规行军序列推进。他们不得分开或过于疏散，也不得在不利于自身防卫的环境下停留。

对指挥部队的军官和士官而言，在认为适当时采用军事手段是他们的职责所在。他们对于即将采取的行动、部下使用的武器（包括火器）

以及下达的命令（包括开火的命令）拥有绝对的自主权。

所有给商团团员的命令都应由他们的军官或士官下达。

商团成员不得在没有本分队指挥官命令的情况下开火，除非他被孤立或正在站岗。如果必须开火，军官应基于于人道考量酌情决定射击次数和射击的目标。

指挥部队的军官或士官应尽力给人留下这样的印象：当团员奉命开火时，他们的射击是有力的。

需要开火时，各级官兵都应慎重行事，要表现得冷静而稳健，能够在无需射击时立即停火。

射击必须有力，但应注意不要朝人群之外的人开火。朝人群头上放空枪等于是在纵容那些最大胆而有罪的人，却有可能造成比较胆小的人甚至是无辜者的牺牲。

Ⅶ. 弹药

各部队给养军士（Quartermaster-Sergeants）的首要职责是根据部队指挥官的命令分发弹药，相关指令将随时秘密传达。

Ⅷ. 给养

部队到达指定位置后，各部队的给养军士应尽快与商团司令联系，以便安排给养和团员的饮食。

所有由承包商雇来从事供给的中国人都将得到一个明显的徽章和由商团司令部颁发的通行证。

部队指挥官和给养军士在与这些中国人接触时要注意仔细观察，以便日后辨认，要尽量防止有人冒名顶替。

工部局不会认可任何未经由司令官批准的给养和厨师等账目。因此，部队指挥官们必须意识到，如果他们做了任何未经司令官批准的给养安排，那么他们就是在拿自己冒险。

1909年12月

亚瑟·埃里森·斯图尔特·巴恩斯

中校

上海万国商团司令

Selected Translation of relevant Historical data about Volunteer Corps' Navy of Shanghai Municipal Council participation in *Defense Scheme of the Shanghai International Settlement* before and after the Xinhai Revolution

Jiang Tianyue and Jia Hao and Hao Xiaowen Translated

After the outbreak of the Xinhai Revolution, the foreign powers in Shanghai held an emergency meeting at the Belgian Consulate on November 9, 1911, to discuss defense strategies in case revolution – induced disturbance occurred. Their Senior Consul, naval officers, and commanders of the local armed forces in the concessions determined who the commander – in – chief should be, and settled a plan for the action signal and landing timing of the marine. They also clarified the available landing forces and military equipment. After the meeting, the Shanghai Volunteer Corps proposed to revise the *Defence Scheme of the Shanghai International Settlement* that was designed by the Shanghai Municipal Police and the British Naval in 1906 – 1907, aiming at expanding the role of the Shanghai Volunteer Corps. The British Navy rebuffed such request on the grounds that the original plan was sufficient to deal with the situation. Through these meeting minutes and correspondence between relevant departments and personnel, we can better understand the negotiation rules and communication paths between the navies of the foreign powers stationed in Shanghai, the consular groups of various countries, and the local armed forces in the Shanghai Concession. These documents also reveal the ways in which the Shanghai Volunteer Corps participated in the defense of the Concession. The translated excerpts are selected from the Volunteers Old Cover No. 6 Part II from No. 6/60 to No. 6/100 1912. 8 – 1913. 1 that are kept at the Shanghai Municipal Council

Archives (archive No. U1 – 2 – 734). The minutes of the emergency meeting on November 9 are in French. The 1910 *Shanghai Municipal Council Volunteer Corps Mobilisation Manual*, included in the original archive, is also translated here.

基于知识图谱的国内中外关系史研究计量分析（2012—2021）

林霄楠　肖　明　吴　涵　陈柯文　王紫晨*

【内容摘要】本文以 CNKI 中国期刊全文数据库、维普中文期刊服务平台、万方数据库和中国历史研究院古代史研究所官方网站作为数据来源，收集了 2012—2021 年发表的相关中文研究论文共计 1112 篇，利用 CiteSpace 软件进行可视化分析，通过绘制关键词共现图谱、突变图谱，总结分析了我国中外关系史研究发展的热点和趋势；通过研究作者图谱和机构图谱，判断该领域的核心人研究人物与机构分布及合作关系。最后，基于分析结果，给出了中外关系史研究未来发展中有关学科建设和研究内容等方面的参考建议。

【关键词】中外关系史；CiteSpace；文献计量分析；知识图谱

近年来，随着中国国际地位的不断提升，中国已经日益走向世界舞台的中心。《左传·昭公元年》曾言："国于天地，有与立焉"[①]。一般来说，任何一个民族或国家，与外界的交往是其生存和发展的重要方面，

---

* 林霄楠，硕士研究生，研究方向：智慧政府、信息计量等；肖明，教授，研究方向：语义网、信息计量与评价；吴涵，硕士研究生，研究方向：智慧政府、信息计量等；陈柯文，硕士研究生，研究方向：信息计量；王紫晨，硕士研究生，研究方向：信息计量。

① 郭丹、程小青、李彬源译注：《中华经典名著全本全注全译丛书：左传》下册，中华书局 2012 年版，第 1565 页。

也是其文明成熟的标志之一①。2021年11月8日至11日,中国共产党第十九届中央委员会第六次全体会议审议通过了《中共中央关于党的百年奋斗重大成就和历史经验的决议》,其中梳理了党的十八大以来我国外交工作面临的形势任务与外交工作大局。

中外关系是以中国为单元的社会体系与其外部的社会、文化、文明、国家之间在历史上所发生的互动、交往情况作为对象的研究领域②。以丰富史料为基础,通过对中外关系史的研究,可以以史为鉴,援古证今,为我国外交关系的现状研究与发展探索提供理论支撑。自1981年5月以来,中外关系史学会已经先后召开了50余次中外关系史专题学术研讨会③,取得了辉煌的学术成就。国内学者对相关历史资料的梳理和对相关问题的讨论已有大量论文发表,出版了多部中外关系史译丛和中外关系史研究系列丛书④。

概括起来,国内针对中外关系史的研究可以进一步细分为以下四种类型。

第一类研究是国内学者针对中外关系史与世界史、全球史关系等方面的思考。有人认为,中外关系史是中国历史的一个特殊分支,可以看作是中国史与世界史交结的边缘学科⑤。例如,我国学者李雪涛认为,中外关系史才是真正的世界史⑥。

第二类研究是对已有中外关系史研究整体的归纳论述。比如,靳良永评述了建国以后三十五年的近代中外关系史研究⑦;王建朗和郦永庆总结了新中国成立后50年以来的近代中外关系史研究的发展过程,提供了

---

① 李安山:《史料为重中之重——中外关系史研究的一点体会》,《上海师范大学学报》(哲学社会科学版)2021年第3期。
② 赵轶峰:《中外关系史与全球史》,《丝绸之路》2021年第4期。
③ 陈奉林:《中国中外关系史研究的兴起与学科体系创立》,《世界历史评论》2021年第4期。
④ 包括《中外关系史译丛》、《中外关系史论丛》系列丛书;《多元视野中的中外关系史研究》(延边大学出版社2007年版),《多元宗教文化视野下的中外关系史》(甘肃人民出版社2012年版),《丝绸之路的互动与共生》(中国社会科学出版社2018年版)等。
⑤ 赵轶峰:《中外关系史与全球史》,《丝绸之路》2021年第4期。
⑥ 李雪涛:《中外关系史才是真正的世界史》,《上海师范大学学报》(哲学社会科学版)2021年第3期。
⑦ 靳良永:《建国以来近代中外关系史研究述评》,《近代史研究》1985年第3期。

学科研究概貌①；陈奉林梳理了中国中外关系史近40年的研究历程与成果②。此外，国内还有学者集中在统计分析某年份的研究概况③，或是对相关会议进行总结和述评④。

第三类研究则是就某件史料、某段历史时期⑤、某类主题历史或与某国家外交历史进行的相关研究。⑥ 其中，包含丝绸之路⑦和中美关系等热点话题研究，研究内容涉及革命战争⑧、对外政策⑨、经济贸易⑩、文化传播⑪等多个方面。

第四类研究主要是总结某位中外关系史学领域杰出学者及其贡献的相关研究⑫。此外，基于中国中外关系史学科体系建设的显著成绩，部分学者曾对中外关系史学科发展进行了思考与展望⑬。

略为遗憾的是，目前很少有研究论文从计量分析角度出发针对我国

---

① 王建朗、郦永庆：《50年来的近代中外关系史研究》，《近代史研究》1999年第5期。
② 陈奉林：《中国中外关系史研究的兴起与学科体系创立》，《世界历史评论》2021年第4期。
③ 乌云高娃：《2002年中外关系史研究综述》，《中国史研究动态》2004年第1期；聂静洁：《2014年古代中外关系史研究综述》，《中国史研究动态》2015年第5期。
④ 胡礼忠、汪伟民：《东亚文化圈：传承，裂变与重构——"东亚汉文化圈与中国关系"国际学术会议暨中外关系史学会2004年会述评》，《国际观察》2004年第2期；樊六辉：《中国中外关系史学会第九届会员代表大会暨学术研讨会综述》，《中国史研究动态》2018年第5期。
⑤ 张振鹍：《清末十年间中外关系史的几个问题》，《近代史研究》1982年第2期；葛夫平：《新中国成立以来的鸦片战争史研究》，《史林》2016年第5期。
⑥ 李安山：《中非古代关系史研究四十年》，《社会科学战线》2021年第2期。
⑦ 陈炎：《略论海上"丝绸之路"》，《历史研究》1982年第3期；马丽蓉：《从丝路学视角建构中外关系史学科：基础、路径及意义》，《丝绸之路》2021年第4期。
⑧ 章开沅：《愤悱·讲画·变力——对外反应与中国近代化》，《历史研究》1991年第2期。
⑨ 章百家：《中共对外政策和新中国外交史研究的起步与发展》，《当代中国史研究》2002年第5期。
⑩ 郭蕴深：《中东铁路与中俄经济贸易关系》，《北方文物》1991年第2期。
⑪ 王勇：《遣唐使时代的"书籍之路"》，《甘肃社会科学》2008年第1期。
⑫ 肖朗、施峥：《李约瑟与近代中英文化教育交流》，《浙江大学学报》（人文社会科学版）2003年第1期；郑鹤声：《冯承钧对中国海外交通史、中外关系史研究的贡献》，《海交史研究》1994年第1期。
⑬ 顾銮斋：《补缺、汲取、提升：关于中外关系史学科构建的一些思考》，《上海师范大学学报》（哲学社会科学版）2021年第3期；孙竞昊：《海外学科体系对中国中外关系史学科体系构建的启示》，《丝绸之路》2021年第4期。

学术界关于中外关系史的研究成果进行系统性的总结和归纳。

不过,国内针对中外关系史的研究已经初步建立起自成一体、框架宏大的知识体系,但在综述研究方面还有一定的局限性。一方面是由于主题特殊,数据收集与梳理需要学者拥有较强的历史知识与文化底蕴,以及对整体学科的主观把握能力。另一方面是因为文献个体差异,研究内容涉及政治、经济、文化等多方面,时间跨度从古代至近现代均有涉及,在文献资料的梳理与分析上均存在着较大的难度[①]。相比较而言,CiteSpace 是一款基于数据可视化的文献计量分析工具,利用它可以客观地呈现现有研究成果的概况与演变趋势。本文尝试通过利用 CiteSpace 软件,对我国学术界近十年来关于中外关系史的研究论文进行计量分析,探究已有研究成果的主题、核心作者与核心研究机构,完善该领域在综述方面的定量研究不足,以此来推动国内中外关系史研究向更深层次的发展。

一 研究设计方案

(一) 数据来源

本文的研究对象是国内学术界关于中外关系史研究的期刊论文。为了保证数据的广泛性和准确性,本文选择以 CNKI 中国期刊全文数据库、维普中文期刊服务平台、万方数据库和中国历史研究院古代史研究所官方网站作为主要数据来源。

首先,利用三个文献数据库进行检索。在 CNKI 中国期刊全文数据库中,以"主题"中包含"中*关系"或者"中*关系史"作为检索条件,文献分类设置包含"世界历史"、"中国通史"、"中国民族与地方史志"、"中国古代史"、"中国近现代史";在维普中文期刊服务平台中,

---

① 陈奉林:《中国中外关系史研究的兴起与学科体系创立》,《世界历史评论》2021 年第 4 期。

以题名或关键词"中"与"关系史+关系"作为检索条件,学科限定"地理历史";在万方数据库中,以主题为"中"与"关系史"作为检索条件,学科限定"地理历史"。在以上三个文献数据库,将发文时间范围均限定为2012—2021年,最终检索到的期刊论文数量分别为:553篇、512篇和424篇。

接下来,收集中国历史研究院古代史官方网站中"中外关系史"和"古代中外关系史"栏目下的期刊论文,共计105篇。然后,将四种途径获得文献合并去重,人工筛选与主题不相关的内容。最终得到本文的研究论文数据共计1112篇。最后,将1112篇论文的题要数据转换成CiteSpace软件所能够识别处理的数据格式。

(二)研究工具和研究方法

本文基于知识图谱分析的视角,主要采用共现分析方法,利用CiteSpace软件来对国内有关中外关系史研究论文进行定量分析,主要包括:关键词知识图谱分析、作者知识图谱分析、机构知识图谱分析,从中总结出近十年来国内学术界中外关系史研究的特点和发展趋势。

(三)文献年代分布及变化趋势分析

年度发文数量及变化趋势是本领域重要性、受关注程度等的总体反映。从检索结果来看,2012—2015年发文量较高,近十年发文量小高潮出现在2014年,2012—2015这四年合计发文量为580篇,占十年总发文量的52.15%。2014—2018年发文量呈波动下降趋势,从2014年的最高168篇下降至2018年的最低79篇。2018—2021年有关中外关系史的研究相对较为平稳,年均发文量为80篇详见图1。

从总体来看,近十年中外关系史研究发文量整体呈现下降趋势,近四年则趋于平稳,表明中外关系史学科领域经过了长期探索之后,逐步完善了学科研究体系,已得到较多研究人员的关注,学科发展趋于成熟。

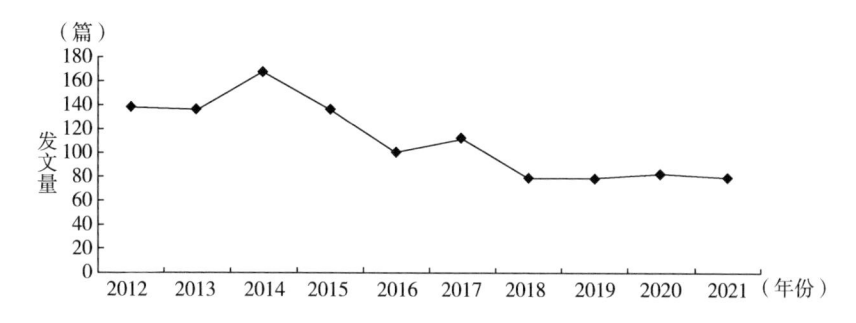

图 1 2012—2021 年我国中外关系史研究领域文献数量变化趋势

二 期刊论文的知识图谱分析

(一) 关键词知识图谱分析

1. 关键词预处理

关键词可在一定程度上反映研究的主题与内容。对关键词数据进行预处理，将与主题无关的那些关键词予以剔除，再将部分关键词进行合并，最终预处理结果如表 1 所示。

表 1　　　　　　　　　　关键词预处理

剔除关键词	合并关键词
af 李雷波、carolina、ti 张寄谦先生著述系年初编 so clio at beidadt articlede 中国近代史、中国、中外关系史、关系、关系史、内容摘要、北京大学、博士生导师、历史研究、周年纪念、国际战略研究所、学术生涯、学术、研讨会、广东省社会科学院、教授、暨南大学、治学严谨、研究成果、研究综述、福建师范大学	中日关系→中日关系史、中美关系→中美关系史、清代→清朝

2. 关键词共现图谱

统计近十年来我国中外史研究文献的关键词频次情况。出现次数在 10 次以上的关键词频次统计结果如表 2 所示。

从表 2 中频次较高的关键词中可以发现本学科的一些重要研究方向，如中日关系史、中朝关系史等，出现时间均较早，说明这些研究方向较早受到研究人员的关注,在近十年的研究中已成为重点研究领域。另一方面,出现频次超过 10 的关键词只有 12 个,这意味着中外关系史学科领域的研究主题较为稳定,十年间所产生的新兴研究热点数量偏少。

表 2 2012—2021 年我国中外关系史研究重要关键词频次统计(频次 > 10)

关键词	出现次数	中心度	首次出现年份
中日关系史	74	35	2012
中美关系史	53	27	2012
中朝关系	42	21	2012
中苏关系	27	16	2012
清朝	27	14	2013
日本	22	16	2012
宗藩关系	21	12	2013
甲午战争	19	6	2013
中琉关系	17	8	2013
抗日战争	17	7	2015
琉球	13	10	2013
中德关系	12	3	2012

接下来,利用 CiteSpace 软件来绘制关键词共现网络,共有 397 条连线。其中,节点表示关键词,节点字体大小与中心度大小呈正相关。每条连线表示关键词共同出现在一篇文章中,连线灰度表示不同年份。节点的不同灰度代表着该关键词所在文献在不同年份发表。节点呈多层圈状,说明在对应年份均有关联该关键词的论文发表。图 2 展示的仅是该关键词共现网络图中的一部分截图。

从图 2 可知,中外关系史研究热点主要聚焦在中国与日本、美国、朝鲜、苏联、德国等国的关系研究,以及中国古代与近代发展中的对外交流研究等方面。其中,在词频超过 1 的 12 个关键词中,与日本相关的有 6 个(占 50%),"中日关系史"在网络中拥有最高中心度,在关键词共现网络中占据中心位置。由此可见,中国与日本关系史的研究是我国中外关系研究的热点与焦点所在。另外,中美关系史、中朝关系史相关的研究论文数量也较多,中心度较高,它们也是中外关系研究的另一重要方向。

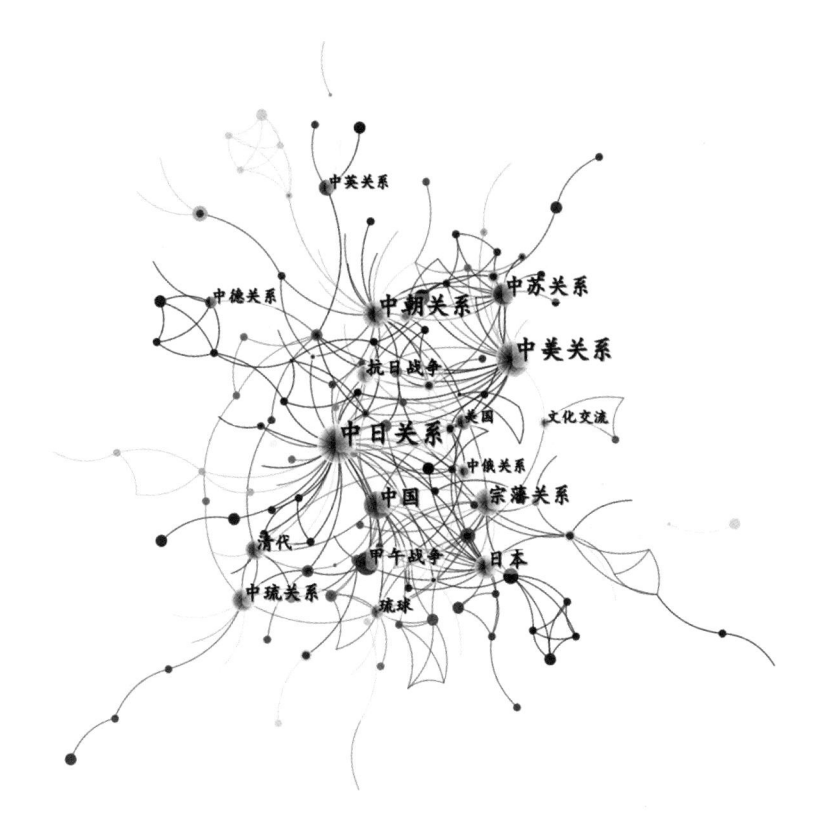

图 2　2012—2021 年我国中外关系史研究关键词共现图谱（部分）

3. 关键词时区图谱

为了进一步探究国内学术界中外关系史相关研究热点的历时演变，笔者利用 CiteSpace 软件绘制了中外史研究最近十年关键词时区图谱（如图 3 所示）。图 3 中关键词所在列的年份为首次出现的年份，节点大小与出现频次成正相关，连线灰度表示关键词首次共同出现的年份。

结合关键词时区图谱，对 2012—2021 年我国学术界中外关系史的研究热点进行如下所示的历时分析：2012—2013 年中外关系史研究以多种中国与大国之间关系史的研究为主，包括中日关系史、中美关系史等，研究热潮持续至今。此外，还有针对中国与英国、德国、俄罗斯、朝鲜、越南等国的关系研究；2013—2014 年对近现代中日关系的研究较多，包括甲午战争与钓鱼岛等研究；2012—2015 年民国时期的相关研究持续增加，包含国

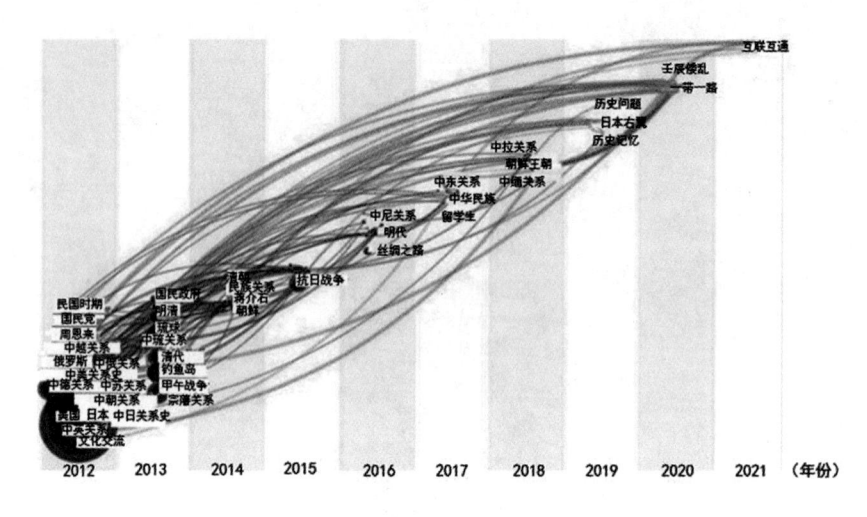

图3 2012—2021年我国中外关系史研究关键词时区图

民党、周恩来、蒋介石等关键词；由于2015年为抗日战争胜利70周年，2015—2016年出现大量关于抗日战争的研究；2016起开始出现丝绸之路的相关研究。究其原因，与2015年国家发展改革委、外交部、商务部联合发布的《推动共建丝绸之路经济带和21世纪海上丝绸之路的愿景与行动》有关，由此掀起丝绸之路研究热潮。2019—2020年出现了"一带一路"研究；近五年来，中外关系史领域新出现的研究热点相对较少，但2017—2018年出现了有关中东、中拉、中缅关系的相关研究。从中可以发现，在中外关系史学科领域，学者们最初的研究重点放在中国与美、俄、日、韩等大国或是与中国交往密切的国家关系等传统研究方向上。随着我国综合实力的不断增强以及人类命运共同体理念的兴起，我国开始不断地加强与中东、拉美、东南亚周边相邻国家的交往与联系。与此相呼应，我国研究人员也开始将研究朝着我国与这些国家之间的关系研究上转移。

4. 关键词突变检测

突变词是指在较短时间内出现较多或是使用频率较高的语词[①]。突现

---

① 王娟、陈世超、王林丽、杨现民：《基于CiteSpace的教育大数据研究热点与趋势分析》，《现代教育技术》2016年第2期。

词的词频变化在一定程度上可以反映研究领域的前沿动态概况。统计突变值在2.7以上的关键词，统计结果如表3所示。

从表3可以看出，近十年我国学术界中外关系史研究中以甲午战争、中朝关系、抗日战争的突变值较高，说明这三个关键词在短时间内呈现研究量激增的情况。

表3　　　　2012—2021年我国中外关系史研究突变关键词表

关键词	突变年份	突变值
甲午战争	2013—2015	5.35
中朝关系	2018—2019	3.11
抗日战争	2015—2019	2.73

绘制"甲午战争"、"中朝关系"与"抗日战争"关键词频次逐年变化图，分别如图4、图5、图6所示。其中，线条加粗的年份表征该关键词出现了突变现象。究其原因，关键词所代表的历史事件在对应的年份具有纪念意义，容易引起学术界的研究兴趣。例如，2014年是甲午战争爆发120周年，2015年为抗日战争胜利70周年，2019年是中朝建交70周年。因此，相关历史节点与关键词的突变年份密切相关。

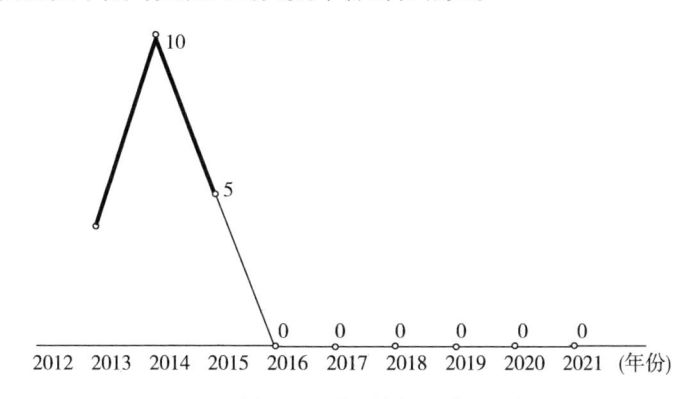

图4　关键词"甲午战争"变化趋势

（二）作者知识图谱分析

对作者发文量及合作情况进行计量分析，有助于探究该领域科研核心群体的现状。利用CiteSpace软件来识别中外关系史研究的作者，共计

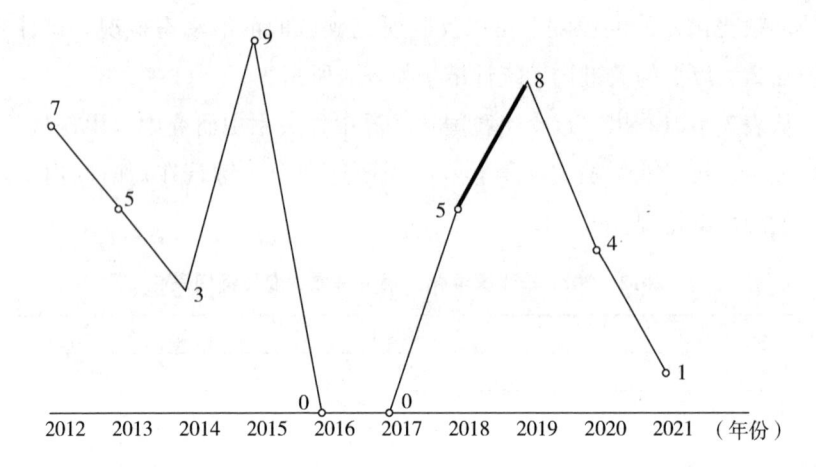

图 5　关键词"中朝关系"变化趋势

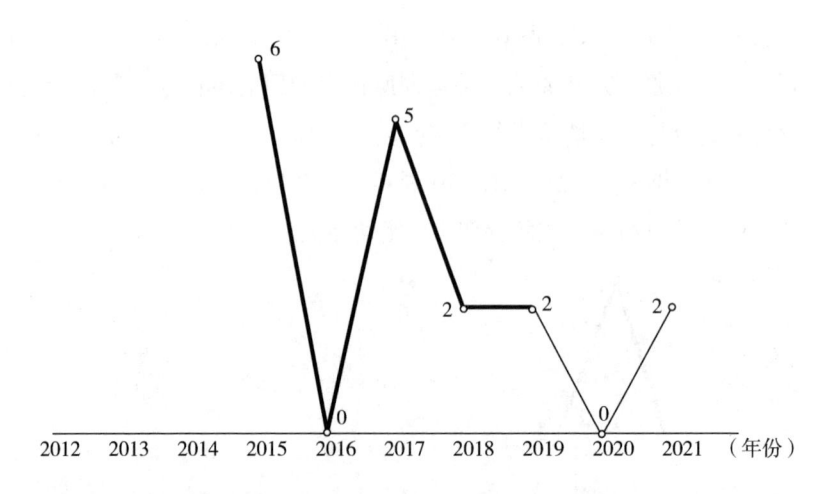

图 6　关键词"抗日战争"变化趋势

得到1081位作者。接下来，统计我国中外关系史研究作者首次发文时间及人数（如图7所示）。表4中展示的则是2012—2021年发表发文数在15篇以上的作者的发文量及首次出现的年份概况。

表4　2012—2021年我国中外关系史研究作者发文量及首次出现年份

姓名	发文量	首次出现时间
李花子	11	2013

续表

姓名	发文量	首次出现时间
万明	8	2015
权赫秀	8	2012
臧运祜	8	2014
沈志华	7	2012
孙卫国	7	2012
张晓刚	6	2014
左双文	6	2013
柳岳武	5	2012
青格力	5	2015
王臻	5	2013

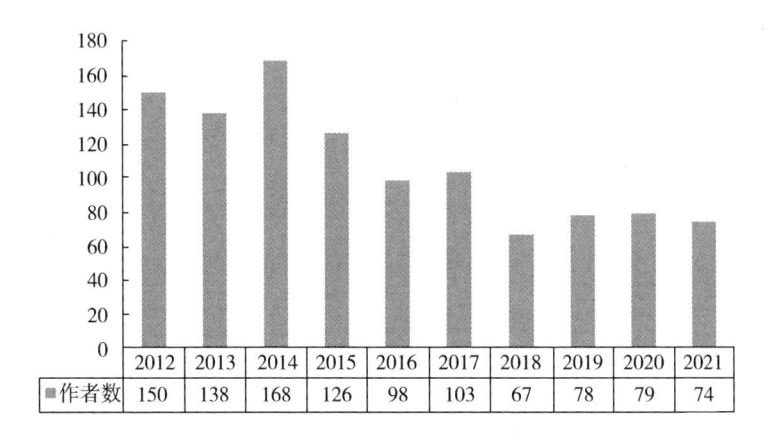

	2012	2013	2014	2015	2016	2017	2018	2019	2020	2021
作者数	150	138	168	126	98	103	67	78	79	74

图7　2012—2021年我国中外关系史研究作者首次发文时间及人数

接下来，利用CiteSpace软件绘制作者共现网络。作者共现网络中显示的是发文数量在四篇及以上的作者。其中，节点表示作者，节点字体大小与对应作者发文量高低呈正相关，不同节点颜色代表该作者在不同年份发表的论文。节点呈多层圈状，说明在对应年份均发表了论文。作者共现网络共有253条连线，每条连线表示作者之间有合作关系。图8展示的仅是该作者共现网络图中的一部分截图。

根据图谱和统计表分析结果，近十年来中外关系史研究在2014年新增的研究人员相对较多一些，为168人。近五年来，平均每年大约新增

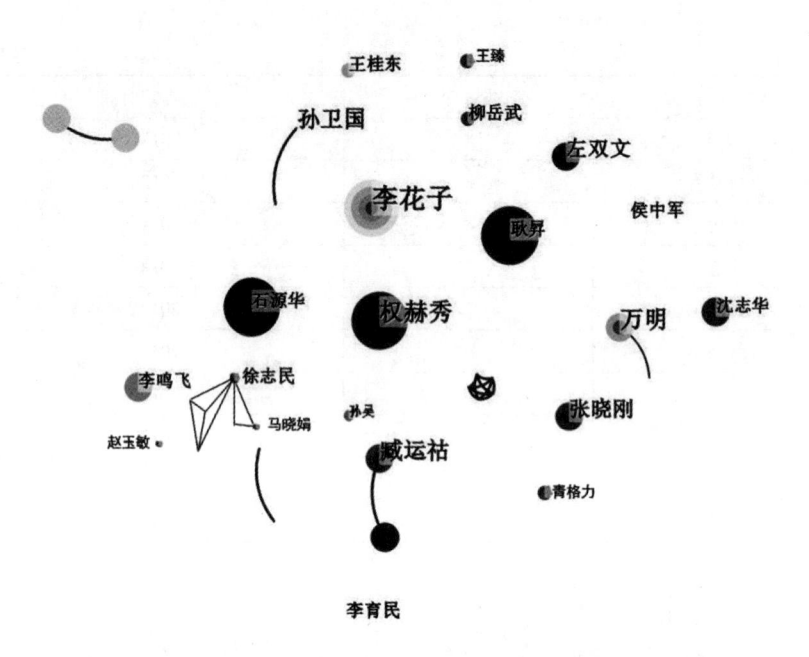

图 8　2012—2021 年我国中外关系史研究作者共现网络（部分）

74 位研究人员；文献发表量在五篇及以上的作者分别是：中国历史研究院古代史研究所的李花子、中国历史研究院古代史研究所的万明、辽宁大学历史学院的权赫秀、北京大学历史系的臧运祜、华东师范大学历史系的沈志华、大连大学东北亚研究院的张晓刚、华南师范大学历史文化学院的左双文、河南大学历史文化学院的柳岳武、中国历史研究院古代史研究所的青格力、天津师范大学历史文化学院的王臻。2015 年以后涌现的高产作者只有 2 位。其中，权赫秀的论文集中发表在 2012—2014 年间，其他作者的论文发表时间则均匀分布在各个相关年份。图 8 中的节点连线表示合作发文情况。连线情况表明，近十年来我国中外关系史研究的作者之间合作研究较少。其中，中国历史研究院近代史研究所的徐志民参与两次合作，最大作者间的合作次数仅为 2 次，合作关系不密切，学者们更倾向于基于自身研究积累来开展相关独立研究。

（三）发文机构知识图谱分析

首先，对收集到的研究机构进行检查、合并等数据预处理，以提升数据质量。由于中国历史研究院等下属的研究所数量众多，且其中一些研究所在中外关系史研究方面做出了巨大贡献。因此，保留其研究所级别。其他机构大部分为大学，删除学院名称后将其规整至大学级别。此外，还将同一机构下不同学院作者的单位进行合并，仅统计一次，不算作合作发文。

接下来，利用CiteSpace软件识别出近十年来中外关系史研究文献的来源机构，共计有352个。然后统计首次发文年份情况，结果如图9所示。发文量在15篇以上的机构及其首发年份概况则如表5所示。

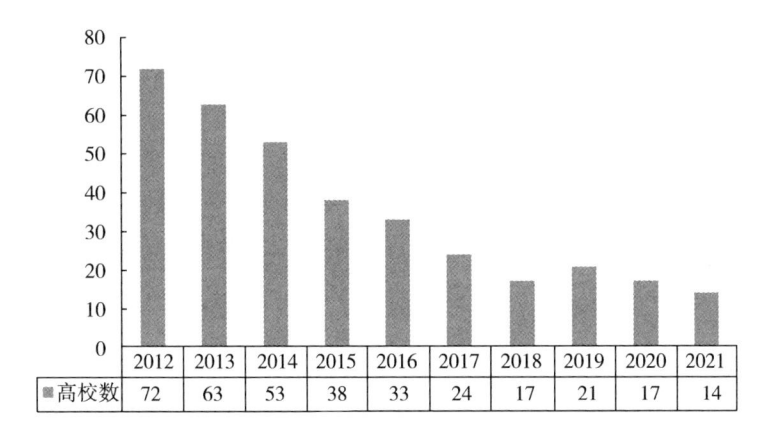

年份	2012	2013	2014	2015	2016	2017	2018	2019	2020	2021
高校数	72	63	53	38	33	24	17	21	17	14

图9　2012—2021年我国中外关系史研究机构首次发文时间及个数

表5　2012—2021年我国中外关系史研究机构发文量及首发年份

机构	发文量	首次出现时间
北京大学	42	2012
南开大学	32	2012
中国历史研究院古代史研究所	28	2012
华东师范大学	24	2012
中国历史研究院近代史研究所	22	2013
吉林大学	22	2012
福建师范大学	20	2012
中国人民大学	19	2012
北京师范大学	19	2012

接下来，利用 CiteSpace 软件绘制机构共现网络图。选择以发文数量在五篇以上的那些机构作为共现研究对象。绘制的网络图中以节点表示机构，节点间连线表示机构之间有合作关系，共计有 380 个节点、54 条节点间连线。节点字体大小与对应机构发文量高低呈正相关，不同节点、连线的灰度代表不同年份。连线的灰度不同，代表其是在不同年份产生的合作；节点灰度代表该机构在不同年份发表的论文；节点呈多层圈状，说明在对应年份均有文献产出。受篇幅限制，图 10 展示的仅是该共现网络图中的一部分截图。

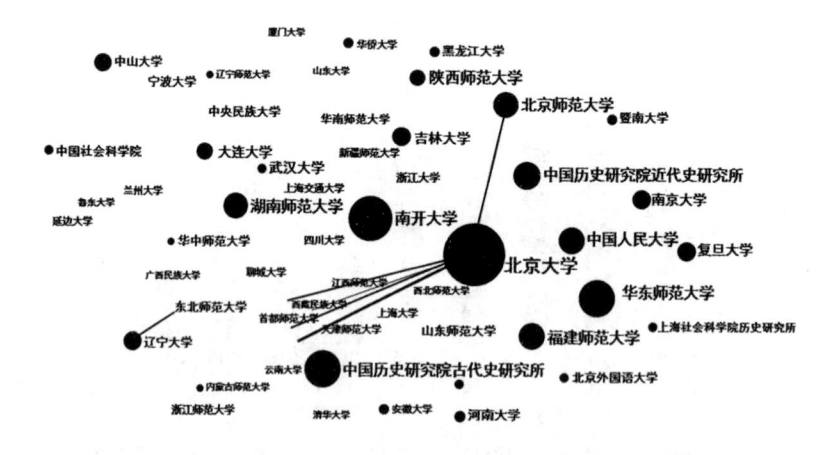

图 10　2012—2021 年我国中外关系史研究机构共现网络（部分）

从上述图表中可知，近十年来我国参与中外关系史研究的机构数逐年小幅增长。其中，发文量较多的机构分别是：北京大学、南开大学、中国历史研究院古代史研究所、华东师范大学、中国历史研究院近代史研究所、吉林大学、福建师范大学、中国人民大学、北京师范大学，绝大部分研究机构在 2012 年就有相关研究成果。其中，中国历史研究院的多个相关研究所在中外史研究方面做出了较大贡献。图 10 中节点之间的连线表示机构之间存在合作关系。图 10 中还显示出以北京大学为中心，与众多高校之间都有不同程度的合作研究概况。但是，从整体来看，各个机构之间的学术合作相对较少，并未形成广泛的合作关系，学术交流受到了一定的限制。

三 结 语

综上所述，国内中外关系史研究近十年发展稳中有进，已经形成了一批核心作者和核心研究机构。前五年的发文量较多，涌现出一大批高产作者，后四年虽然发文量较少，但每年仍有新增的研究人员和研究机构出现。研究内容主要以中国与美国、日本、苏联、朝鲜等国的关系研究为主，时间跨度则从古代、近代到现代均有涵盖，中日关系史作为该领域的热点与焦点话题，至今仍有广泛的研究，包括：古代与琉球间的交流、近代甲午战争以及现代钓鱼岛纷争等；对清朝中外关系史的研究也比较多。此外，一带一路是近年来中外关系史研究热点。史学研究地域性比较明显。例如，吉林大学、延吉大学、辽宁大学的研究主题多以东北亚地区关系研究院为主。数据统计分析结果还表明，以北京大学、南开大学、中国历史研究作为国内中外关系史研究的核心研究机构，合作关系主要围绕北京大学来进一步展开。从总体来看，我国学术界中外关系史的研究机构和发文作者相对比较分散，作者之间、机构之间的合作研究相对较少。国内中外关系史的研究还需要将普及与提高相结合[①]。目前，在史学研究中，中外交关系史的研究目前有着更广泛、更深入的研究发展空间。

通过上述知识图谱分析结果，笔者认为今后需要从以下四个方向来进一步推进国内中外关系史研究。

（1）完善学科体系

万明研究员曾以"后继无人""绝学"等语词来表述国内中外关系史某些方向的研究现状，所以她认为建立与完善中外关系史学科体系是当务之急。国内中外关系史相关研究人员和研究机构正在逐年增多，但集中在部分高校及研究单位，研究内容缺少系统性，未来应继续围绕中外关系史学科的研究对象、研究史、研究方法、研究理论等方面展开更深

---

① 荣新江：《丝绸之路研究热与中外关系史学科建设》，《社会科学文摘》2021年第7期。

入的研究。

（2）加强研究合作

研究结果表明，因为研究内容的专业性、地域性等方面的原因，国内中外关系史研究人员个人与各研究机构之间合作相对较少，呈现出一种"碎片化"的状态，具有强大凝聚力的科研群体尚未形成。未来，需要大力加强国内中外关系史领域的合作研究。一方面，要加强研究人员之间的合作交流，不同史学研究团队之间要从不同研究视域出发，协同发展。另一方面，还要开展跨学科和跨地域的机构之间的合作研究，充分利用各个研究团队与研究机构的专业实力，促进国内中外关系史研究不断向前发展。

（3）加强人才培养

近十年来，国内在中外关系史研究领域中逐年涌现出一些新的研究人员，但位列高产作者行列的研究人员相对较少。因此，有人认为要及时发现好苗子，培养兼备语言、史学素养和多学科知识的青年人才是加强学科建设的根本[1]。还有人认为，学科体系的结构是否健全、是否合理，取决于专业学者的培养和研究方向转移措施是否到位[2]。因此，加强国内中外关系史研究人才的发掘与培养，才能使国内中外关系史研究能够获得更加长远的发展。

（4）增强研究深度

尽管近年来国内中外关系史的研究主题比较多，但并不深入，且缺乏整体性。以丝绸之路为例，该研究热潮对中外关系史学科建设与研究发展均起到了较大的推动作用，国内也新创办了多份有关丝绸之路的学术专刊，但目前国内的丝绸之路研究内容比较琐碎，还没有出现有关"丝绸之路学"的系统指导研究[3]。此外，跟风和追逐热点的研究比较多，

---

[1] 李安山：《史料为重中之重——中外关系史研究的一点体会》，《上海师范大学学报》（哲学社会科学版）2021年第3期。

[2] 顾銮斋：《补缺、汲取、提升：关于中外关系史学科构建的一些思考》，《上海师范大学学报》（哲学社会科学版）2021年第3期。

[3] 荣新江：《丝绸之路研究热与中外关系史学科建设》，《上海师范大学学报》（哲学社会科学版）2021年第3期。

一些看似冷门的领域研究则比较少①。再者,在我国中外关系史研究当中,大多侧重与"中"有关,研究内容则大多限定在"中外交往""中外交流"等方面。有鉴于此,国内曾有学者建议,未来可以进一步拓展到更加宽广的中国史和世界史交融的视域当中②,多从"外"的角度来加以探析。

中国中外关系史的研究起源于20世纪20年代的中西交通史,至今已有近百年的学术史③,已经取得了丰富的学术成果。本文仅仅是对近十年来国内学术界有关中外关系史的研究论文进行创新性研究,主要采用了计量分析与可视化分析等方法来进行统计与分析,可以有助于国内学者从宏观上把握该领域的研究热点、核心作者、核心研究机构等概况,并为将来的学术研究和学科发展提供参考借鉴。

An Econometric Analysis of Domestic Research on the History of Sino-Foreign Relations Based on Knowledge Graph (2012–2021)

Lin Xiaonan, Xiao Ming, Wu Han, Chen Kewen, Wang Zichen

Abstract: This article collected a total of 1112 relevant Chinese research articles published from 2012 to 2021 using CNKI China Journal Full Text Database, Vipshop Chinese Journal Service Platform, Wanfang Database and the official website of the Institute of History, Chinese Academy of Social Sciences as data sources. Using CiteSpace software for visual analysis, we first summarized and analyzed the hot spots and trends in the development of research on the history of Sino-foreign relations in China by drawing keyword co-occur-

---

① 冯立军:《中国中外关系史学科建设管窥》,《丝绸之路》2021年第4期。
② 孙竞昊:《海外学科体系对中国中外关系史学科体系构建的启示》,《丝绸之路》2021年第4期。
③ 赵现海:《作为方法的中外关系史研究》,《中华文化论坛》2020年第2期。

rence mapping and mutation mapping. Secondly, by studying the author mapping and institution mapping, we determined the distribution of core human research figures and institutions in the field and the cooperation relationship. Again, journal mapping is drawn to study the basic distribution of academic research in the field in knowledge carriers. Finally, based on the analysis results, reference suggestions are given for the future development of the study of the history of Sino-foreign relations regarding discipline construction and research contents.

Key Words: History of Sino-foreign relations; CiteSpace; Bibliometric analysis; Knowledge mapping

《中外关系史研究》稿约

随着中国的崛起,中国的国际地位、国际影响力和塑造力的日渐提升,在习近平外交思想的指导下,中国特色的大国外交风生水起,学术界对中国外交的研究方兴未艾。从历史的角度来研究中国外交和中外关系,尤为重要。教育部发文要求进一步推动高校加强世界史相关学科建设和区域国别研究,推动世界史学科创新发展。北京师范大学及其历史学院,具有研究国际问题和中国外交史的历史传统和学科优势。为了历史学科的双一流建设,打造世界史和中国史的学科交叉平台,凝聚北师大世界历史学科特色,培养青年世界史人才,服务于国家外交和国际战略,推动国际关系史、中外关系史、世界历史和区域国别史的研究,北师大历史学院决定创办《中外关系史研究》学术集刊。

本刊以书代刊的形式,不定期出版。每期20万—30万字左右,1年1—2期。作者以国内外中外历史,特别是国际关系史、世界近现代史、区域国别史和中国近现代史的教师和博士研究生为主,同时约请国内外知名学者撰稿。读者面向国内外,本刊旨在推动中外关系史、国际关系史、世界历史学科和区域国别研究的发展和进步。

本刊拟设"理论探讨""近现代中外关系史""区域国别史""翻译与资料"等几个栏目。栏目不固定,根据稿件情况随机调整。欢迎投稿。

投稿邮箱:zwgxsyj@163.com

论文应为原创,字数1万—3万,并附文章中英文题目、内容摘要和关键词。其中,中文内容摘要约300左右,关键词一般3—5个。

稿件所涉文献引注格式,请参见《历史研究》杂志体例。本刊反对一稿多投。如3个月内未收到用稿通知,可自行处理。